JN237304

蔭山の センター政治・経済

ポイント & キーワード

代々木ゼミナール　蔭山克秀

はじめに

　本書は、学研からすでに刊行されている『蔭山のセンター政治・経済』の姉妹本だ。もちろん同書とはねらいが違っており、互いに補完しあうことで相乗効果が高まるよう工夫して書いた。だから本書と『蔭山のセンター政治・経済』の2冊を効果的に活用してぜひセンター本番で高得点が取れるよう頑張ってほしい。

　両者を比較すると、次のような違いがある。

『蔭山のセンター政治・経済』

　「政治・経済」という科目は、内容が非常に高度かつ複雑でとっつきにくい。そんな複雑な科目を攻略してもらうために、とにかく「分かりやすさ」を強く意識して執筆した参考書だ。そのため、文章は読みやすさを意識した平易さを保ち、背景知識もふんだんに掲載している。どんなに難解な単元でもこれさえ読めばしっかり理解してもらえるはずだ。だから、文章を読み飛ばさず何度もじっくり読み込んでいけば、わからない単元や苦手な単元はなくなり、どんどん理解が深まる。初めて「政治・経済」を学ぶ人、今まで覚えるだけで内容の理解をあきらめていた苦手単元がある人に最適だ。

『蔭山のセンター政治・経済　ポイント&キーワード』

　知識の補強と得点力アップをしてもらえることをめざして執筆した問題集だ。『蔭山のセンター政治・経済』は文章を読ませるよう工夫をしたが、こちらはより多くの用語と資料を掲載し、知識の漏れがないように注意した。特に図表やグラフ、年表などの資料の豊富さはかなりのもので、必要なものを妥協なく選んで掲載した。普段からこのくらいの資料に親しんでおけば、センター本番でもかなり多く出題される資料問題に不安を覚えることもなくなるだろう。

工夫満載の最強問題集！

　ここで本書の特長を少し説明しておこう。まず、テーマごとに「板書」と「講義」による大まかな流れの説明と、一問一答形式の問題で用語の不備を十分に補強してもらう。そして、最後にセンター形式の正誤判定問題を解くことで得点力を上げてもらう形になっている。

　板書についてはかなり工夫しており、一般の参考書や通常の授業では扱わないようなテーマ別板書なども、本書のオリジナルとして随所に掲載した。決して読み飛ばさず、ポイントをしっかり押さえてほしい。

　さらにはキーワードチェックの一問一答だが、短文の中に３語程度のキーワードを入れる形式にした。それによって「内容を理解しながら用語を覚えられる」形に仕上がっている。

　しかも本書に掲載している問題は、すべて僕が作ったオリジナル問題だ。だから、これからはもう「過去問しか解くものがない」などという心配はいらない。しかも出題の範囲もバランスよくし、問題文の長さを短めに抑えてリズミカルに解けるようにした。その結果、どんどん解き進めて、一般の過去問集では得られなかった達成感が味わえる問題集にすることができた。

倫・政にも完全対応！

　なお、「倫理、政治・経済（＝倫・政）」を受験する予定で本書を手にしている方も多いだろう。当然だが本書は倫政の「政・経」分野にも完全対応しているので安心してほしい。「倫理」分野の対策には、すでに刊行されている**『蔭山のセンター倫理』**シリーズをあわせて活用し、ぜひ高得点をねらってほしい。

　資料をこれだけ多く掲載した本を出すことは、僕の長年の念願だった。編集の手間とコストを考えたら、僕が編集者なら正直やりたくない。でもそんな無理を聞いてくれた上で、編集に尽力してくださった学研教育出版の田中宏樹氏に感謝の意を示しつつ、この文を締めさせていただきます。

蔭山　克秀

もくじ CONTENTS

はじめに ... 2
本書の特長と使い方 ... 6

第1部 政治分野

1 民主政治の思想と原理（1） 国家と法 ... 8
2 民主政治の思想と原理（2） 社会契約説 ... 16
3 人権保障の歴史 ... 22
4 人権の国際化・人権条約 ... 28
5 新旧憲法の比較／日本国憲法の成立 ... 36
6 主要国の政治体制 ... 44
7 基本的人権の尊重（1） 平等権・自由権 ... 52
8 基本的人権の尊重（2） 社会権・新しい人権など ... 60
9 平和主義（1） ... 68
10 平和主義（2） ... 76
11 国会 ... 84
12 内閣・裁判所（1） ... 92
13 裁判所（2） ... 100
14 地方自治 ... 108
15 選挙制度 ... 116
16 行政権の拡大 ... 124
17 政党と圧力団体 ... 132
18 戦後の日本政党史 ... 138
19 国際政治 国際連盟と国際連合 ... 146
20 冷戦 ... 154
21 軍縮問題（1） 世界的な核軍縮＆核以外の軍縮 ... 162
22 軍縮問題（2） 米ソ（米ロ）の核軍縮・日本の外交 ... 168
23 主な民族紛争 ... 174

第2部 経済分野

24	資本主義と社会主義・経済学説	182
25	経済主体と株式会社	190
26	市場機構・独占禁止法	198
27	国民所得と経済成長	206
28	通貨と金融	214
29	財政	222
30	戦後の日本経済(1)	230
31	戦後の日本経済(2)	238
32	日本経済の諸問題(1)	246
33	日本経済の諸問題(2)	254
34	労働問題(1) 労働三法	262
35	労働問題(2) 日本の労働問題	270
36	社会保障(1) 日本の社会保障制度	278
37	社会保障(2) 少子高齢化とその対策	286
38	労働と社会保障の歴史	294
39	国際経済	300
40	ブレトン＝ウッズ体制とその崩壊	308
41	南北問題・地域経済統合	316
42	日米貿易摩擦、ODA(政府開発援助)	324
43	環境問題(1) 世界規模の環境問題とその対策	332
44	環境問題(2) 日本の公害問題とその対策・リサイクルの動向	340
45	資源・エネルギー問題	348

さくいん	356

※本書に掲載しているデータは2013年3月時点の情報です。
※グラフ・図版などの数値は原則として四捨五入によって、くり上げています。
　そのため、合計とその内訳を合算した結果が一致しない場合があります。

本書の特長と使い方

本書は「センター政治・経済」を知り尽くした代ゼミの蔭山先生が書き下ろした最強のセンター政治・経済対策問題集です。重要な用語を整理し、さまざまな問題を解く中で知識を定着させ、得点力が身につくようにつくられています。

POINT 1 「板書＆講義」でポイントをつかむ！

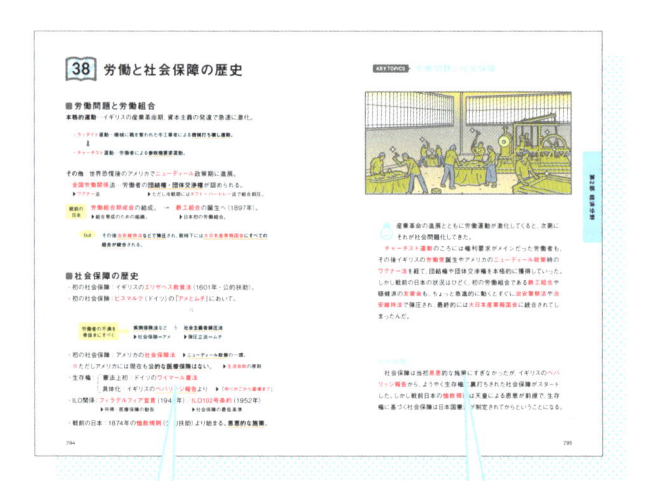

● 板書
蔭山先生の授業さながらのわかりやすく、要点のつまった板書を再現。各テーマのポイントが一気につかめます。

● ミニ講義
重要な出来事や論点にテーマを絞って展開する蔭山先生のミニ講義です。語り口調だから読みやすく、わかりやすい。

POINT 2 「一問一答」でキーワードチェック！

▶ 問題
短文中の空所を埋める形式。流れを理解しながら、重要用語をしっかり押さえることができます。

▶ 赤セルシート
答えの部分は赤セルシートでかくして勉強してください。問題文中の重要語句も赤字になっているので、赤セルシートでかくせます。

POINT 3 センター形式の正誤問題にチャレンジ！

▶ 問題
問題はすべて先生のオリジナル。正誤を判定するセンター形式の問題に慣れることができ、得点力が身につきます。

▶ 解答 & 解説
答えの部分は赤セルシートでかくせます。答えだけでなく、「なぜそうなるか」を説明した簡潔な解説つき。

1 民主政治の思想と原理（1）
国家と法

国家と法

国家の三要素
- **領域** ➡ 領土・領空・領海＋「排他的経済水域200カイリ」
  ▶領域外だが資源はget。
- **人民**
- **主権** ➡ 国家の有する**最高・絶対**の支配権。
  ▶領域支配権・最高意思決定権・対外独立性

●国民自身が主権を握った「国民主権」下でこそ民主政治は実現可。
　▶人民の人民による人民のための政治

※ただし濫用されると怖い ➡ 自然法に基づく行使が大前提に。

自然法と自然権

① **自然法**…人間として守るべき当然のルール
　　▶普遍的な社会常識、正しい理性の命令。

② **自然権**…人間の生まれながらの当然の権利
　　▶①の考えに基づき守られた権利

➡ ①だけでは②を守れない。だから国家が必要。
　▶社会契約説へ。

実定法：人間の行為により制定された法。強制力あり。

⬇

公　法	「**市民vs国や地方**」→憲法・刑法・地方自治法など。
私　法	「**私人（個人や企業）間**」→民法・商法など。
社会法	私法の不備を補完→労働や社会保障の法・独占禁止法など。

＋

※これら成文法に加え、**不文法**も実定法に入る。

＝

慣習法…長年の統治慣習が法規範化。
判例法…過去の裁判判例が法規範化。

➡ イギリスでは**コモン＝ロー**と呼び重視。

法の支配

自然法or自然法に基づく実定法

- 「国王といえども神と法の下にある」(=法の支配) … ○
  ▶イギリスの裁判官・ブラクトン(13世紀)とコーク(17世紀)の言葉。
- 「悪法も法なり(法内容の正当性は不問)」(=法治主義) … ✗

自然法が根底にない実定法

※戦前日本の「法律の留保」もこれにあたる。
▶法律の範囲内のみの人権保障。

三権分立

モンテスキューが『法の精神』で説いた、三権相互の「抑制と均衡」。

三権分立

立法権:**法律を制定**する権利。➡国会(議会)が担当。
▶国民の自由と安全を守る規範→国民の代表が作るべき。
●内閣不信任決議権、裁判官の弾劾権あり。

行政権:法に基づき**政治を執行**する権利。➡内閣が担当。
▶各中央省庁の仕事→省庁のトップ・大臣たちの権限に。
●衆議院の解散権、裁判官の任命権あり。

司法権:法で**事件を解決**する権利。➡裁判所が担当。
● 違憲立法審査権(法令審査権)で、国会・内閣の抑制可。
ただし裁判官の任命権は内閣にあり。

アリストテレスと国家

アリストテレスは「人間は社会的(ポリス的)動物である」として、国家の必要性を説いた。

国家統治のあり方

①君主制…僭主制(=専制。独裁政治)の危険。
②貴族制…寡頭制(=少数者による暴政)の危険。
③共和制…衆愚制(=無知な大衆の支配)の危険。

どれも短所はあるが、③が最善。

第1部 政治分野

KEY TOPICS 国家と法

支配権の行使とその正当性

一定の幅(領域)の中で人民が暮らし、そこで支配権(主権)を行使する。これがイェリネックのいう「国家の三要素」だ。その三要素の中で最も特徴的なのは主権だ。主権は国家固有の要素で、他の社会集団には絶対にない。そりゃそうだ。もし最高・絶対の支配権が何個もあったら、「国家が制定する法律や刑罰には絶対服従」という体系そのものがおかしくなる。これでは秩序が保てない。

人民自身が自らの自由と安全を守るために主権を行使する。それが国民主権であり、リンカーンがゲティスバーグ演説で主張した「人民の、人民による、人民のための政治」だ。

ただし、主権の行使は一歩間違えると、たちまち不幸な独裁を生む。だから主権という名の支配権は、人民自身が持つだけでなく、誰もが納得できる正当性がないといけない。そしてその正当な支配の根拠となるべき根源的ルール、それが自然法だ。

支配権の分散と民主政治

自然法とは、**他人の生命・自由・財産などを侵さないといった当たり前の社会常識**のことだ。この社会常識は、どこの国だろうとどの時代だろうと適用される**普遍的**なもので、**グロティウス**風に言えば「**正しい理性の命令**」ということになる。

この考えに基づいて**実定法**を作ったり、あるいはこの考えに王も含めたすべての人間が従う（＝**法の支配**）ようになれば、僕らの自由と安全は確保しやすくなる。それらを全部含めたものが民主政治なんだね。

ただし「支配」という言葉の強さ・怖さを考えると、あと一つやっておきたいことがある。それは**権力分立**だ。**強すぎる支配権が一箇所に集中しちゃうと危険**でしょ。だから**国家権力は立法・行政・司法と分散させ、互いに「抑制と均衡」の関係を保つことも大切**なんだ。

第1部 政治分野

●領土・領空・領海

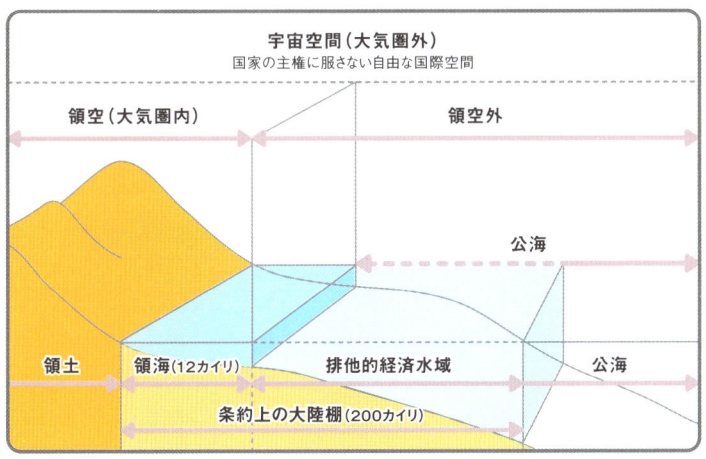

宇宙空間（大気圏外）
国家の主権に服さない自由な国際空間

領空（大気圏内）　　　領空外

公海

領土　領海(12カイリ)　排他的経済水域　公海

条約上の大陸棚(200カイリ)

※1カイリ＝1852m

一問一答でキーワードチェック!

問題

1. ❶ の定義する「❷」とは、**領域・人民・主権**の3つである。領域は領土・領空・領海に分けられるが、沿岸**200カイリ**は「❸」と呼ばれ、沿岸国はそこが**領域外**であっても、**一切の資源を手にできる**。

2. (a) **主権**には「❶ 権・❷ 権（統治権）・❸」の3つの意味がある。
(b) フランス人の ❹ は「**主権論の祖**」と呼ばれる。

3. 憲法・法律・判例など、強制力と結びついた社会規範を総称して ❶ という。また、社会の多数派が形成してきた行動様式を ❷ 、良心に働きかけて行動を規制する社会規範を ❸ という。

4. (a) 時や場所に制約されない普遍的な社会常識を ❶ といい、❷ はこれを「**正しい理性の命令**」と呼んだ。
(b) 自然法により守られた権利という考え方を ❸ という。

解答

❶ イェリネック
❷ 国家の三要素
❸ 排他的経済水域

❶ 最高意思決定
❷ 領域支配
❸ 対外独立性
❹ ボーダン

❶ 法
❷ 慣習
❸ 道徳

❶ 自然法
❷ グロティウス
❸ 自然権

1. 民主政治の思想と原理 (1) 国家と法

問題

5. 人間の行為により制定された法のことを広く ① という。① には「市民と国家の関係を規律する ② 」、「私人間を規律する ③ 」、「その不備を社会的に補完する ④ 」などの**成文法**だけでなく、**判例法**や**慣習法**など、イギリスで ⑤ と呼ばれる**不文法**も含まれる。

6. （a）権力者であっても法に従うべきであるという考え方を「 ① 」という。
（b） ② 主義とは、法内容の正当性は問わないという悪しき意味での**法律万能主義**になりやすい考え方である。戦前の日本にあった「**法律の範囲内のみの人権保障**」（= ③ ）の考え方がこれにあたる。

7. 国家権力を立法・行政・司法の3つに分け、互いに**抑制と均衡**を保たせる考え方を、 ① という。イギリス人の ② もこれを説いたが、代表的な思想家は『**法の精神**』を著した ③ である。

8. 古代ギリシアの哲学者 ① は「人間は ② 動物である」という言葉で、国家の必要性を説いた。

解答

5.
❶実定法
❷公法
❸私法
❹社会法
❺コモン＝ロー

6.
❶法の支配
❷法治
❸法律の留保

7.
❶三権分立
❷ロック
❸モンテスキュー

8.
❶アリストテレス
❷社会的（ポリス的）

センターレベルにチャレンジ!

次の問題の正誤を判定せよ。

問題

1 国家の三要素とは、領域・人民・市場の3つである。

2 排他的経済水域は、沿岸国に資源管理や汚染防止の義務を負わせるかわりに、一切の資源開発の権利を認め、外国船舶の自由航行禁止の権利を与える。

3 主権の持つ3つの意味とは、最高意思決定権・統治権・対外独立性である。

4 「近代自然法の父」とされるグロティウスは、自然法を「正しい理性の命令」と表現した。

5 自然権とは、生命・自由・財産など憲法で保障された人間としての当然の権利を守る権利のことである。

6 社会規範を比較すると、法は強制力を持つもの、道徳と慣習は強制力を持たないものとなる。

7 法を比較すると、憲法と刑法は公法、民法は私法、そして独占禁止法や労働基準法は社会法となる。

8 法を比較すると、成文法には拘束力があり、不文法には拘束力がない。

9 法は権力者をも拘束するという考え方を「法の支配」といい、法の形式のみを重視し内容の正当性を問わない権力者による統治を「人の支配」という。

10 三権分立とは、立法権・行政権・司法権相互の抑制と均衡の関係をいう。

11 「人間は社会的動物である」と説いた古代ギリシアのプラトンは、共和制を最善の政体とした。

1. 民主政治の思想と原理 (1) 国家と法

SCORE /11

解答 & 解説

1 ×
2 ×
3 ○
4 ○
5 ×
6 ○
7 ○
8 ×
9 ×
10 ○
11 ×

1 イェリネックの説いた「**国家の三要素**」は、領域・人民・**主権**である。

2 **排他的経済水域**はあくまで「資源のみ」に関するものであり、**各国の自由航行の権利は認められる。**

3 解説ページ (p.8) の「領域支配権」がここでは「**統治権**」になっているが、どちらでも正しい。

4 中世までの自然法（「神の意志」に近い）に**理性**の光を当てたのが、**グロティウス**である。

5 自然法は「**憲法や法律ができる以前**」から**普遍的**に存在するルールであり、自然権はその自然法によって認められた当然の権利である。

6 法には、主権を持つ国家権力に裏付けられた強制力があるが、道徳と慣習にはその裏付けがない。

7 「市民vs国や地方」が公法、私人間が私法、私法の不備を国家の介入で補うのが社会法である。

8 不文法であっても、イギリスの**コモン゠ロー（一般判例法）**など、拘束力があるものもある。

9 後半は「**法治主義**」。「人の支配」とは絶対王政のような、法に拘束されない権力者による支配のこと。

10 **モンテスキュー**は『法の精神』で、三権すべて対等な形の三権分立を説いた。

11 これは**アリストテレス**。ちなみに共和制とは、国家元首を選挙で選ぶ政体、つまり国王のいない政体のこと。

2 民主政治の思想と原理(2)
社会契約説

■社会契約説

社会契約説とは**自然権を確保**するために、人民相互の同意に基づいて**国家が形成**されたとする説。

ホッブズ…『**リヴァイアサン**』より。
- 自然状態の人間は、自由・平等だが**欲望**に支配されている。
  - ⇒ ・「**万人の万人に対する闘争**」
    - ・「人が人に対して狼」
    - = **自己保存**の必要な戦争状態(生命危機)

  社会契約 強い主権者(一個人or合議体)に守ってもらう国家を作ろう。
  ▶結果的に**絶対王政を正当化**。

ロック…『**市民政府二論(統治論二篇)**』より。
- 自然状態は自由・平等・平和だが、**強制力がないため不安定**。
  ⇒ これでは、特に**所有物と身体の自由**の保護に不安がある。

  社会契約 これらの自由を確保するため、国民の代表機関である**議会**が統治する国家(=**間接民主制**)を作ろう。
  ▶議会が人民を裏切ったら行使する**抵抗権**を認める。

ルソー…『**社会契約論**』より。
- 自然状態の自由・平等は、**私有財産**の発生により**不自由・不平等**に。

  社会契約 **全人民で公共の利益をめざす国家**を作ろう。
  (=**一般意志**に基づく国家)

- **全体意志**(利己的利益をめざす意志の集まり)とは別。
- **選挙で代表を選ぶ形ではなく**、全員参加の**直接民主制**に。
  ▶ルソーは選挙制度を批判。

KEY TOPICS 自然権と社会契約説

社会契約説と3人の思想家

人間として守るべき当然のルールを**自然法**と呼び、その自然法によって守られた権利を**自然権**と呼ぶのは、第1章で見た通りだ。

だが実際には、**世の中に自然法しかない状態（＝自然状態）では、自然権を完全に守るのは無理**だ。だって自然状態ってのは一切の強制力がないってことだよ。そこには法律も警察もなければ、裁判所も刑務所も軍隊もない。これではもし誰かが自然法を破っても、一切それを取り締まることはできない。

そこで、**自然権を確実に守るためには、強制力を行使できる社会集団である国家が必要**だって考え方が生まれてくる。これが**社会契約説**なんだ。ここでは**ホッブズ、ロック、ルソー**の3人を扱うけど、それぞれが重視した自然権の違いに注目すると、いろんなことが見えるよ。

第1部 政治分野

一問一答でキーワードチェック!

問題

1 (a)「他人の生命・財産・自由を侵害しない」など、**人間として守るべき当然のルール**を自然法といい、それによって守られた「自分の生命・財産・自由などを守る権利」を自然権という。また**世の中に自然法しかない状態**を ① という。

(b) ① では、強制力を持つものがなく、自然権の侵害者が現れても取り締まることはできない。そこで、**自然権をよりよく守るには、強制力のある社会集団である国家が必要**だという考え方が生まれてくる。この考え方を ② という。

2 ① は著書の『 ② 』で、「自然状態の人間は自由で平等だが欲望に支配されており、万人の万人に対する闘争に陥りやすい。その中で ③ を実現するには、**強い主権者に守ってもらう国家を作る**必要がある」と主張した。

3 (a) ① は著書の『 ② 』で、「自然状態の人間は自由・平等・平和だが、**自然状態のそれらは不安定**であるため、**自己の ③ や身体の自由に不安が生じる**」と主張した。

解答

❶ 自然状態
❷ 社会契約説

❶ ホッブズ
❷ リヴァイアサン
❸ 自己保存

❶ ロック
❷ 市民政府二論（統治論二篇）
❸ 所有物

2. 民主政治の思想と原理（2）
社会契約説

(b) また、「自然権を確保するには、議会が統治する ④ 国家を作った上で、議会による権力の不法な行使に備えて人民に ⑤ を与える必要がある」と説いた。

❹ 間接民主制
❺ 抵抗権

4　(a) ① は著書の『 ② 』で、「人間の自然状態は自由・平等・平和の実現する理想状態であったが、 ③ の発生により、**不自由・不平等という自然状態からの離反が発生した**」と主張した。

❶ ルソー
❷ 社会契約論
❸ 私有財産
❹ 一般意志
❺ 直接民主

(b) また、「自由・平等の回復をめざすには、**公共の利益をめざす全人民的意志**である ④ に基づく共同体を形成し、その中で全人民の声を反映させるべく ⑤ 制の政体をとるべきだ」と訴えた。

5　国家に関するその他の学説には、国王の権力は神から授かったとする**フィルマー**の ① 説、国家は企業などと同じく法人組織であり、国王はその法人の下部機関であるとする**イェリネック**の ② 説、国家は生物であり、個人はそれを構成する細胞ととらえる**スペンサー**の ③ 説などがある。

❶ 王権神授
❷ 国家法人
❸ 国家有機体

センターレベルにチャレンジ！

次の問題の正誤を判定せよ。

問題

1 人民が主権を確保するために、相互の同意に基づいて国家が形成されたとする説を、社会契約説という。

2 社会契約説は一般に、市民革命を正当化する理論と考えられている。

3 ホッブズは、自然状態に蔓延する不自由と不平等が「万人の万人に対する闘争」を招くと考えた。

4 ホッブズは、人民が闘争を回避し、自己を保存するため、自然権を放棄し、統治者に服従する国家を形成したと考えた。

5 ロックは、自然状態における自由と平等は、政治社会が形成されない限り不完全であると考えた。

6 ロックは、人民が自然権の保障を求め、統治者に権力を信託する形で国家が形成されたと考えた。

7 自然権の十分な保障のため、ロックは国王の統治を人民の代表機関である議会が支える間接民主制を唱えるとともに、国王に対する抵抗権の必要性も訴えた。

8 ルソーは、自然状態における自由と平等は、私有財産の発生により生じた貧富の差で失われたと考えた。

9(a) ルソーは、公共の利益をめざす全人民的意志である全体意志に基づく共同体を形成し、そこで自由・平等の回復を図るべきと主張した。

9(b) 自由・平等の実現のため、ルソーは国王による統治を廃し、公正に選挙された人民の代表機関である議会が国家を統治すべきと訴えた。

2. 民主政治の思想と原理(2) 社会契約説

SCORE /10

解答 & 解説

1 ✗
2 ◯
3 ✗
4 ◯
5 ◯
6 ◯
7 ✗
8 ◯
9(a) ✗
9(b) ✗

1 社会契約説は「主権」ではなく、人民の「**自然権**」確保のために国家が作られたとする説。

2 「自然権の抑圧者＝専制君主」であることが多かった。そのため、**専制君主のいない国家に作り変えよう**というのが、社会契約思想の起源。

3 ホッブズは人間を**利己的**ととらえ、その利己的な人間が自由かつ平等に動くために「**万人の万人に対する闘争**」が起こると考えた。

4 **3**は一種の**戦争状態**であるから、**自己保存のため強い主権者に守ってもらう**という考え方。

5 国家も法律もない**自然状態**では、何の強制力もないため、どうしても自然権の保護が不十分になると考えた。

6 権力の信託とは「逮捕・拘禁・防衛などの強制力を、信頼して託す」ということ。

7 本当に自然権を「確保」したいなら、国王のような他者に任せた政治ではなく、人民中心（つまり「**議会が統治**」する国家）にしないといけない。

8 **私有財産制**は、貧富の差により人間の「平等」を奪い、支配と従属の関係で「自由」をも奪う。

9(a) 「**一般意志**」の誤り。「**全体意志**」とは、**利己的利益をめざす意志の総和**をさす用語で、誤文の中で頻出。

9(b) 完全な自由と平等のためには「選挙された代表」でも不十分。**全人民参加（直接民主制）**が理想。

3 人権保障の歴史

■自由権
「国家からの自由」（18世紀的権利）

背景：
- **絶対王政** ▶人の支配
- → **市民革命** ▶清教徒／名誉／米独立／仏革命
- → **市民の自由へ** ▶法の支配

自由権に関わる**歴史的権利文書**
① **マグナ＝カルタ**（1215年）…「**貴族→王**」に各種の制限を認めさせた文書。
　　　　　　　　　　　　　　　▶「市民が」自由権を勝ち取るのはまだ先。
② **権利請願**（1628年）…裁判官が暴君に対して示した、①の**再確認**文書。
③ **権利章典**（1689年）…「議会→王」に対する、さらなる王権の制限。
　　　　　　　　　　　　➡ここから国王は「**君臨すれども統治せず**」へ。

■参政権
「国家への自由」（19世紀的権利）

背景：
- 金持ち市民にのみ参政権
- → **産業革命** ▶労働者の生活苦
- → 「労働者にも参政権を」▶**チャーチスト運動**

■社会権
「国家による自由」（20世紀的権利）
→「人間らしい生活」のため、国家に積極的な介入を求める権利。

背景：
- 資本主義発達。政府は国防・治安のみ。▶**夜警国家・小さな政府**
- → **資本主義の矛盾** 失業・貧困増加
- → **福祉国家** 政府が不平等是正。▶**大きな政府**

社会権の目的 → **生存権**の具体化…
- 「**人間たるに値する生活**」（ドイツ・**ワイマール憲法**）
- 「健康で**文化的な最低限度の生活**」（日本）

● これで弱者を救済しつつ、強者は「**公共の福祉**」原理で規制。

KEY TOPICS 人権獲得の歴史

5つの基本的人権

僕たちに与えられている基本的人権は5つある。**自由権・平等権・参政権・請求権・社会権**だ。中でも特に重要なのは自由権、参政権、社会権の3つだ。ここでは、この3つの権利が獲得されるまでの歴史について見てみよう。

まず自由権。これは「国家権力の介入や干渉から自由になる権利」のことで、「18世紀的権利」とも呼ばれる。**自由権にとって最大の障害物は国家権力そのものであり、その国家権力を打破する市民革命が18世紀までに行なわれた。**

次に参政権。これは市民革命後の産業革命期に、生活苦にあえいだ労働者たちが参政権を求める運動(=チャーチスト運動)を起こしたことが発端となって獲得されたと考えられている。

さらには社会権。これは自由競争が生み出す社会の不平等を是正するために「国家に積極的な介入をしてもらう権利」だ。その根底にあるのが生存権だ。生存権が権利と認められて初めて、**国民を助ける責務が政府に生まれたと考えればいいわけだね。**

一問一答でキーワードチェック!

問題

1. **自由権**とは**国家権力の介入・干渉から自由になる権利**のことで、「　❶　」ともいう。また、獲得時期から「　❷　的権利」とも呼ばれる。

解答

❶ 国家からの自由
❷ 18世紀

2. イギリスにおいて自由権の確立は、**国王が自らの課税権と逮捕拘禁権の制限を認め**た13世紀の　❶　に始まり、17世紀に作られたその再確認的文書である　❷　、名誉革命後の　❸　と続くことで成し遂げられた。

❶ マグナ=カルタ
❷ 権利請願
❸ 権利章典

3. アメリカでは、18世紀の**独立革命**時に発表された　❶　宣言（ロックの社会契約説の影響が大きい）、フランスでは18世紀の**フランス革命**後に発表された　❷　宣言（権力分立の規定あり）などを契機に、自由権が確立した。

❶ 独立
❷ 人権

4. **参政権**とは国政に参加する権利のことで、「　❶　」ともいう。また、獲得時期から「　❷　的権利」とも呼ばれる。

❶ 国家への自由
❷ 19世紀

5. 産業革命で機械に仕事を奪われた労働者たちは、当初、**機械打ち壊し運動**（＝　❶　運動）を展開した。しかし、それでは根本的な解決にならず、今度は**労働者による参政権要求運動**（＝　❷　運動）を展開するに至った。その流れの中で参政権は拡大した。

❶ ラッダイト
❷ チャーチスト

3. 人権保障の歴史

問題

6. 世界で初めて**男子普通選挙**が実現した国は ① （1848年）である。**女子参政権**が初めて認められたのは ② （1893年）で、**憲法が規定する初の男女普通選挙権**が認められたのは ③ （1919年）である。

7. **社会権**とは、人間らしい生活のために**国家に積極的な介入を求める権利**のことで、「 ① 」ともいう。また、獲得時期から「 ② 的権利」とも呼ばれる。

8. (a) 20世紀初頭、経済体制は**自由放任**、政治は**国防・治安**を維持するのみという「 ① 」と呼ばれる**小さな政府**が主流となり、資本主義は急速に発達した。
   (b) しかし、そのせいで社会の不平等が拡大したため、ドイツは1919年制定の ② 憲法において、 ③ 権という形で初めて**社会権**の考え方を示した。

解答

❶ フランス
❷ ニュージーランド
❸ ドイツ

❶ 国家による自由
❷ 20世紀

❶ 夜警国家（やけい）
❷ ワイマール
❸ 生存

センターレベルにチャレンジ！

次の問題の正誤を判定せよ。

問題

1 イギリスでは、13世紀に発表されたマグナ＝カルタにより、市民が自由を獲得した。

2 イギリス議会の宣言文を国王が承認する形でマグナ＝カルタは受け入れられた。

3 イギリスでは、名誉革命後に作られた権利章典により議会主権が確立し、国王は「君臨すれども統治せず」となった。

4 アメリカのバージニア州が18世紀に発表した州憲法は、基本的人権の保障を宣言した初の成文憲法である。

5 アメリカで独立革命中に発表された独立宣言には、天賦人権思想や抵抗権など、ロックの影響が見られる。

6 フランス革命後に発表されたフランス人権宣言には、表現の自由・信教の自由・所有権などの自由権に加え、国民主権や権力分立が規定されていた。

7 イギリスでは産業革命期、労働者が参政権を要求するラッダイト運動が起こり、これが参政権の拡大につながった。

8 世界初の男子普通選挙はフランスで行われ、世界初の女子参政権はイギリスで獲得された。

9 社会権とは、自由権の不備を補うべく国家に積極介入を求める権利で、「20世紀的権利」とも呼ばれる。

10 社会権を規定した初の憲法はドイツのワイマール憲法であり、そこでは生存権を「人間たるに値する生活の保障」と規定している。

11 ワイマール憲法における不平等の是正は弱者救済のみで、強者に対する規制はない。

3. 人権保障の歴史

SCORE /11

解答 & 解説

1 ✗ マグナ゠カルタで獲得したのは貴族や僧侶の権利であり、市民が自由を勝ち取ったわけではない。

2 ✗ マグナ゠カルタは、課税権と逮捕拘禁権の制限を、国王自らが発表した、反省文的文書。

3 ○ この権利章典により、今日のイギリスと同様の政治体制が確立した。

4 ○ バージニア州憲法の一部である「バージニア権利章典」のこと。

5 ○ 天賦人権とは、人間の生まれながらの権利（＝自然権）のことで、独立宣言では「造物主により一定の権利が与えられ…」と表現されている。

6 ○ 権力分立（第16条）が特に有名。信教の自由は、かなり控え目な表現で第10条に規定されている。

7 ✗ これは「機械打ち壊し運動」。労働者による参政権要求運動はチャーチスト運動。

8 ✗ 世界初の女子参政権獲得は、1893年のニュージーランド。

9 ○ センター試験では「20世紀ではないのに社会権を保障」などという誤文が、しばしば出るので注意。

10 ○ 生存権は社会権の中心。「社会権＝生存・教育・労働」の権利と覚えておこう。

11 ✗ ワイマール憲法では不平等の是正のため、弱者救済として生存権、強者規制として「公共の福祉」原理を規定している。

第1部 政治分野

4 人権の国際化・人権条約

■人権の国際化

ルーズベルトの「**四つの自由**」 ＝ ①言論と表明の自由 ②信教の自由 ③恐怖からの自由 ④欠乏からの自由

‖

人権尊重が世界平和の大前提 → 戦後の**世界人権宣言**につながる。

世界人権宣言：各国が達成すべき共通の基準として採択。
▶人権初の世界基準 ➡ but 拘束力なし

国際人権規約：世界人権宣言の**条約化**（＝**拘束力あり**）。

‖

A規約	**経済**的・**社会**的及び**文化**的権利（**社会権**規約）
B規約	**市民**的及び**政治**的権利（**自由権**規約）
B規約に関する第一選択議定書	B規約（＝**自由権**）を自国政府が侵害した場合、被害者個人が**規約人権委員会**に申し出ることができる。

- AB両規約とも、第1条は「**民族自決権**」の確認。
- 日本はA規約の中の「**祝祭日の給与**」「**公務員の争議権**」「**高等教育の無償化**」の3点を**留保**（＝パス）して批准。
- 日本は**B規約の第一選択議定書**を、**司法権の独立が侵害される可能性がある**ことを理由に批准せず。
  ▶裁判所の仕事を国連が取るな、ということ。
- B規約の**第二選択議定書**（＝**死刑廃止条約**）も、日本は死刑容認の世論が強いため、**批准予定なし**。なお最高裁も「**死刑は憲法第36条で禁止する残虐刑にあたらず**」との見解を示す。

■代表的な人権条約

●難民の地位に関する条約（＝難民条約・1951年）

難民＝「**人種・宗教・政治**」的難民　▶**経済難民**は含まず。

内容　難民認定されれば　→　受け入れ国の国民と同一の教育・公的扶助
追放・送還禁止　▶ノン＝ルフールマンの原則

中心機関　**国連難民高等弁務官事務所（UNHCR）**

解決方法　本国への帰還／受け入れ国への定住／第三国への定住
　⇒※日本も2010年より「**第三国定住難民**」の受入開始。

日本の批准　1981年（→ただし全体的な**受け入れには消極的**。）

●人種差別撤廃条約（1965年）

- **人種や皮膚の色、民族的出身に基づく差別**の撤廃をめざす。
  ▶国連憲章なら「**人種・性・言語又は宗教**による差別」の撤廃を求める。
- 南アフリカの**アパルトヘイト**（＝人種隔離政策）がきっかけ。
  ▶1991年廃止。その後南アフリカでは**マンデラ**大統領（黒人初）が誕生。
- 日本は批准に伴い「**北海道旧土人保護法→アイヌ文化振興法**」へ。
  ▶アイヌ民族抑圧法　　▶日本初の民族保護法

●子どもの権利条約（1989年）…日本は1994年に批准。

子ども＝**18歳未満／権利行使の主体／意見表明権**などの保障

●女子差別撤廃条約（1979年）

日本は1985年に**男女雇用機会均等法**を制定した後、批准。
▶締約国には「差別撤廃義務」があるため。

日本が未批准の条約

- **ジェノサイド禁止**条約…**集団殺害**は公人・私人・統治者を問わず犯罪。
- ハーグ条約…**子供の親権**をめぐる国際トラブルを解決する条約。
  ※ハーグ条約については、政府が2013年内の批准に向けて、国内法の整備などを進めている。
- 障害者権利条約
- **死刑廃止条約**

第1部　政治分野

KEY TOPICS 人権保障の世界的広がり

　人権保障という考え方が世界的な広がりを見せるきっかけとなったのは、第二次世界大戦だ。

　戦争は人権侵害の温床になる。特にナチスによる人権侵害はひどかった。彼らがポーランドの**アウシュビッツ収容所**で行ったユダヤ人の大虐殺（**ホロコースト**）は、世界に「**人権侵害と戦争拡大の負の連鎖**」をまざまざと印象づけた。つまり人権が軽ければ軽いほど戦争は簡単に拡大し、戦争が拡大すればするほど人権はますます軽く扱われるということだ。

　ならば逆に、**世界に人権尊重の空気を根づかせれば、戦争のない平和な世界を作れる**んじゃないか——アメリカ大統領**ルーズベルト**はそう考え、1941年に「**四つの自由**」を発表した。その考えが雛形となって、彼の死後の1948年に、**人権初の世界基準である世界人権宣言**が国連で採択される運びとなったんだ。

　ただし残念ながら、**世界人権宣言には拘束力がなかった**。そうすると、せっかくの優れた内容も破られ得になってしまう。そこで拘束力を持たせるための作業が進み、ついに1966年、**世界人権宣言の条約化**が成され、**国際人権規約**が完成したんだ。

条約の限界

国際人権規約は、まさに人権尊重の集大成的な条約だ。そこには**A規約**（社会権）・**B規約**（自由権）だけでなく、**自由権を自国政府に侵害された際に、個人が規約人権委員会に救済を申し出ることができる駆け込み寺的規定**（＝**B規約に関する第一選択議定書**）まで存在する。これらの規定をすべての独立国家が守ることになったら、世界の人権保障は磐石だ。

ただし、条約には限界がある。**条約は、不参加の国まで拘束することはできない**んだ。

ならば、しばられたくない国はどうするか？　**最初から条約に参加しないか、あるいは自国に都合の悪い部分だけ留保（パス）して批准**することになる。世界共通のルール作りへの道のりは、思ったより険しいんだ。

●地域的人権条約、代表的な人権NGOなど

欧州人権条約（1950年）
世界初の地域的人権条約
欧州人権裁判所を設置

米州人権条約（1969年）
2番目の地域的人権条約
（中南米含む）

アフリカ人権憲章（1981年）
別名「バンジュール憲章」

アムネスティ＝インターナショナル※（1961年発足）
「良心の囚人」救済をめざして活動する人権NGO

※和名は「国際人権救援機構」。

第1部 政治分野

一問一答でキーワードチェック!

問題

1. ナチスによるユダヤ人の大虐殺(=**アウシュビッツ収容所**での ❶)より、人権意識の拡大が急務であると考えたアメリカ大統領の ❷ は、1941年に「**四つの自由**」(❸ の自由/ ❹ の自由/ ❺ からの自由/ ❻ からの自由)を発表し、人権尊重こそが世界平和の基礎であると主張した。

2. (a)1948年、人権初の世界基準である ❶ が国連総会で採択された。ただし拘束力がなかったため、1966年には ❶ を**条約化した** ❷ **が採択**された。

(b) ❷ は、**社会権**規約である「 ❸ 権利に関する規約(**A規約**)」、**自由権**規約である「 ❹ 権利に関する規約(**B規約**)」、**規約人権委員会**による救済措置が規定された ❺ から成っている。

3. 日本は1979年に、 ❶ ・ ❷ ・ ❸ の3点を留保、またB規約の第一選択議定書を未批准のまま、国際人権規約を批准した。

解答

❶ ホロコースト
❷ ルーズベルト
❸ 言論と表明
❹ 信教
❺ 恐怖
❻ 欠乏

❶ 世界人権宣言
❷ 国際人権規約
❸ 経済的・社会的・文化的
❹ 市民的・政治的
❺ B規約の第一選択議定書

❶ 祝祭日の給与
❷ 公務員の争議権
❸ 高等教育の無償化

4. 人権の国際化・人権条約

問題

4. **難民の地位に関する条約**では、難民の本国への ① を禁止している。また、② は救済対象に含んでいない。なお、国連における難民問題の窓口機関は ③ である。

5. **人種差別撤廃条約**は、南アフリカで1991年まで続いた人種隔離政策・① をきっかけとして、1965年に採択された。日本の批准は1995年と遅いが、これは国内に差別的な ② 法があったためである（現在は ③ 法へ）。

6. **子どもの権利条約**は、主に親から搾取の対象として扱われる**発展途上国の子どもを守るため**、1989年に採択された。同条約では、子どもは ① として扱われ、子どもの ② 権なども保障されている。

7. **死刑廃止条約**として知られる ① は1989年に採択され、今日では**死刑廃止国が140カ国前後にまで増大**した。しかし日本は死刑容認の世論が強く、**同条約を批准する予定はない**。最高裁も**死刑は ② にあたらず**」との見解を示している。

解答

- ❶ 追放・送還
- ❷ 経済難民
- ❸ 国連難民高等弁務官事務所
  （UNHCR）

- ❶ アパルトヘイト
- ❷ 北海道旧土人保護
- ❸ アイヌ文化振興

- ❶ 権利行使の主体
- ❷ 意見表明

- ❶ B規約の第二選択議定書
- ❷ 残虐刑

センターレベルにチャレンジ!

次の問題の正誤を判定せよ。

問題

1 ルーズベルト大統領が発表した「四つの自由」とは、言論と表明の自由・信教の自由・恐怖からの自由・苦役からの自由である。

2 世界人権宣言は、各国が達成すべき共通の基準として、1948年の国連総会で採択された。

3 世界人権宣言には拘束力がなく、内容も自由権しか規定されていないなど、不十分な点が多い。

4 国際人権規約は、自由権を規定したA規約、社会権を規定したB規約に加え、B規約に関する2つの選択議定書から成り立っている。

5 日本は国際人権規約の内容をすべては受け入れず、一部を留保した上で批准した。

6 難民の地位に関する条約では、人種・宗教・政治・経済などの理由により自国の保護を受けられない者を難民と定義している。

7 国連難民高等弁務官事務所（UNHCR）によると、難民を本国に強制送還することは禁止されている。

8 女子差別撤廃条約の批准に合わせて、日本では国籍法の改正や男女雇用機会均等法の制定が行われ、また高等学校における家庭科の男女共修が実現した。

9 子どもの権利条約では、子どもを意見表明権や権利行使の主体ととらえることを、締約国に義務づけた。

10 死刑廃止条約の批准に伴い、日本も死刑制度廃止の前段階として、現在事実上、死刑執行を停止している。

4. 人権の国際化・人権条約

SCORE /10

解答 & 解説

1 ×
2 ○
3 ×
4 ×
5 ○
6 ×
7 ○
8 ○
9 ○
10 ×

1 最後の2つは「恐怖からの自由（平和主義）」と「**欠乏**からの自由（生存権）」で、両方を合わせると**平和的生存権**になる。

2 「各国共通の基準＝**人権初の世界基準**」と覚えておこう。

3 世界人権宣言には確かに拘束力はないが、規定内容には**自由権だけでなく社会権や参政権もある**。

4 A規約が社会権で、B規約が自由権。2つの選択議定書は、1つはB規約の運用に関する**規約人権委員会の救済機能**について定め、もう1つは**死刑廃止条約**そのもの。

5 日本が留保したのは、公務員の争議権・祝祭日の給与・高等教育の無償化だったが、**2012年、日本政府は高校・大学教育無償化の留保を撤回**した。

6 難民条約では、貧困を理由とする**経済難民は救済対象に含んでいない**。

7 難民認定を受けた者を本国に強制送還することを禁止する原則を「**ノン＝ルフールマンの原則**」という（※認定が出なければ不法入国者として強制送還）。

8 国籍法撤廃により、子どもの国籍に関し、**従来の父系血統優先主義から父母両系血統主義へ**と改められた。

9 子どもの権利条約は、主に親から搾取の対象とされている途上国の子どもを保護するために必要。

10 日本は死刑制度容認の世論が根強いため、**死刑廃止条約への批准予定はない**。

第1部 政治分野

5 新旧憲法の比較／日本国憲法の成立

■大日本帝国憲法（＝明治憲法。1890年施行）

形式 欽定憲法（天皇が制定）／硬性憲法（改正に特別な手続きが必要。）
▶ただし国民投票はなし。

天皇
- 唯一の主権者
- 神聖不可侵
- **統治権を総攬**
  ▶三権すべてを掌握。

帝国議会	→天皇を「協賛」
国務大臣	→天皇を「輔弼」
裁判所	→「天皇の名において」裁判

※これらに加え、さらに**強大な天皇大権**も数多くあり。
▶軍の統帥権や緊急勅令（議会の協賛なく天皇が発する命令）など。

国民の権利 「臣民」（＝天皇という主君の臣下）としての不十分な権利。

法律の留保（＝法律の範囲内のみの人権保障）の制限あり。

規定は**自由権のみ**
- 思想、良心／学問／職業選択の自由なし。
- 表現／人身の自由は規定が不十分。
- 参政権や社会権は規定なし。

▶しかも不十分。

その他 地方自治・違憲立法審査権なし。

■日本国憲法（1947年施行）

形式 民定憲法／硬性憲法（改正に特別な手続き（第96条）必要）
▶国民が制定。▶総議員の3分の2以上の賛成で国会が発議→国民投票

主権者 国民（→天皇は象徴。国事行為のみ行う（内閣の助言と承認の下）。）
▶第6条：総理＋最高裁判官の任命
▶第7条：衆議院の解散／恩赦の認証など

国民の権利 永久不可侵→※ただし「公共の福祉」の制限あり。
▶国や社会全体の利益。

日本国憲法の成立

1945年 連合国軍最高司令官総司令部（GHQ）、憲法改正を示唆。
→**憲法問題調査委員会**発足。
▶松本烝治委員長の名をとって「松本委員会」とも呼ばれる。

1946年 松本案が却下される。→**GHQ民政局**は、マッカーサーの指示により、わずか10日で**独自案**を作成。

⬇

マッカーサー三原則（戦争放棄／封建制廃止／天皇制存続）
　　　＋
民間の「**憲法研究会**」案（国民主権・象徴天皇制）
　　　∥
マッカーサー草案…これを**若干修正**し、**日本政府の改正草案**に。

1946年6月 帝国議会で審議・修正（→その後**枢密院**でも審査・可決）
⬇
1946年11月 **新憲法として公布**し、翌年より施行。

改憲の動き… 昔 復古主義的　今 時代に合った**最高法規**を！
➡国会内に**憲法調査会**を設置し、**調査・検討**（2000年〜）

⬇

- 三大原理を維持／前文はシンプルに／象徴天皇制は維持
- 第9条と自衛権、武力行使はあいまいなまま。
- **新しい人権**（環境権・プライバシー権・知る権利）を明記（＝**加憲**の考え）。

　　　＋

- **国民投票法**（2007年）…「**18歳以上の日本国民**」が投票。
- 発議すべき改正原案は**憲法審査会**で審理。

KEY TOPICS 憲法をめぐる動き

法とは主権者を守るもの

大日本帝国憲法は、天皇主権の時代であった明治期に、日本と同様に君主権の強かった**プロシア**(現ドイツ)憲法を参考にして作られた**欽定憲法**だ。

主権者の違いなんて大したことじゃない。国民主権も天皇主権も一緒さ——そんなふうに考えている人がいるなら、すぐにその考えを改めよう。

主権者が違えば、その国の法体系は根本から変わる。なぜなら主権者とはその国の「絶対的な支配者」であり、法とはその主権者を守るようにできているからだ。

例えば国民主権の国では、法は「国民の自由と安全を守るため」に存在している。ということは、天皇主権の国の法とは「天皇ただ一人を守るためにのみ存在」していることになる。

そこでは国民は「臣民」(=唯一の主権者に対する家臣)にすぎず、**その権利は主権者から恩恵で与えられただけの限定的なもの**になる。どう? 国民主権も天皇主権も一緒だなんてありえないでしょ。

憲法改正に向けた動き

　日本はかつて天皇主権の国だった。でも敗戦を機に新憲法である日本国憲法が制定されて国民主権となり、**天皇は国政機能を有さない象徴**となった。これで国民の自由と安全は確保された形だ。

　しかし、その新憲法も、今日では随所に時代に合わない箇所が目立ち始めている。そこで**2000年、衆参両院に憲法調査会が設置された。憲法内容の調査・検討**が実施され、来るべき改憲に向けて2007年には**国民投票法**も整備された。かつてはタブー視されがちだった憲法改正がなされ、時代に合った憲法に改正される日は、そう遠くないかもしれない。

●国民投票法の流れ

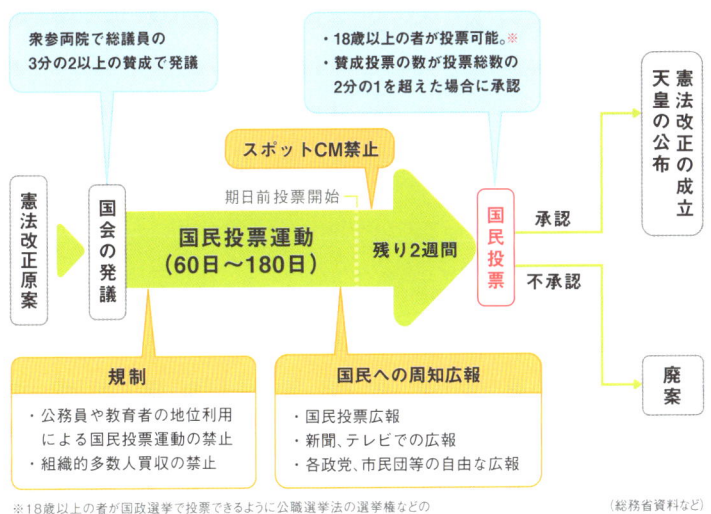

憲法改正原案 → 国会の発議（衆参両院で総議員の3分の2以上の賛成で発議） → 国民投票運動（60日～180日）［スポットCM禁止　期日前投票開始　残り2週間］ → 国民投票（・18歳以上の者が投票可能。※ ・賛成投票の数が投票総数の2分の1を超えた場合に承認） → 承認 → 憲法改正の成立 天皇の公布 ／ 不承認 → 廃案

規制
・公務員や教育者の地位利用による国民投票運動の禁止
・組織的多数人買収の禁止

国民への周知広報
・国民投票広報
・新聞、テレビでの広報
・各政党、市民団等の自由な広報

※18歳以上の者が国政選挙で投票できるように公職選挙法の選挙権などの規定を改正するまでは、国民投票の投票権者も20歳以上とされている。

（総務省資料など）

一問一答でキーワードチェック!

問題

1. **大日本帝国憲法**は、形式上は天皇が制定した ① であり、改正に特別の手続きを要する ② である。

2. 大日本帝国憲法では、天皇は唯一の主権者にして ① の存在であった。また ② 者として三権すべてを掌握していた。そのため、帝国議会は天皇の立法権行使の ③ 機関、各国務大臣は天皇の行政権行使の ④ 機関、また裁判所は「**天皇の名において**」裁判する機関にすぎなかった。

3. 天皇には議会や大臣から独立して軍の指揮・命令を行える ① や、緊急時に帝国議会の協賛なく行使できる ② などの ③ が与えられていた。

4. かつての国民は**天皇の従者**を意味する ① にすぎず、その権利も天皇から**恩恵**で与えられた不十分なもので、しばしば「 ② 」(=法律の範囲内のみの人権保障)の制限を受けた。また旧憲法には、 ③ と ④ 権は規定されていなかった。

解答

1.
① **欽定憲法**
② **硬性憲法**

2.
① **神聖不可侵**
② **統治権の総攬**
③ **協賛**
④ **輔弼**

3.
① **統帥権**
② **緊急勅令**
③ **天皇大権**

4.
① **臣民**
② **法律の留保**
③ **地方自治**
④ **違憲立法審査**

5. 新旧憲法の比較／日本国憲法の成立

問題

5. **日本国憲法**は、国民が制定した ① であり、改正に特別な手続きを要する ② である。主権者は**国民**で、天皇は ③ となり、内閣の**助言と承認**に基づいて儀礼的な ④ のみを行うこととなった。

6. 終戦直後、連合国軍最高司令官総司令部（GHQ）から憲法改正の示唆を受け、日本政府は ① を設置した。しかしそこで示された ② は「 ③ 」（天皇の統治維持）を基本としていたため、GHQにより却下された。

7. GHQ民政局は、マッカーサー自身が示した ① と、日本の民間団体「 ② 」が示した案を軸として ③ を作成し、日本政府に渡した。その後、草案は政府・議会・ ④ の審議を経て若干の修正が加えられ、日本国憲法として公布された。

8. 2000年、**衆参両院**に、**憲法内容の調査・検討を行う** ① **が設置され**、このころから改憲論議が活性化してきた。2007年には ② 法と発議原案作成を行うための ③ も作られた。

解答

- ❶ 民定憲法
- ❷ 硬性憲法
- ❸ 日本国の象徴
- ❹ 国事行為

- ❶ 憲法問題調査委員会
- ❷ 松本案
- ❸ 国体の護持

- ❶ マッカーサー三原則
- ❷ 憲法研究会
- ❸ マッカーサー草案
- ❹ 枢密院

- ❶ 憲法調査会
- ❷ 国民投票
- ❸ 憲法審査会

センターレベルにチャレンジ!

次の問題の正誤を判定せよ。

問題

1(a) 大日本帝国憲法は、盛り上がる自由民権運動に配慮し、プロシア憲法を参考に制定された。

1(b) 同憲法は、天皇が制定した欽定憲法であり、改正に特別の手続きを要する硬性憲法であった。

1(c) 同憲法における主権者は天皇と一部の藩出身者に限られ、政治的責任追及にも特別の手続きを要した。

2 当時の内閣は天皇を輔弼しつつ、国会に対し連帯して責任を負う議院内閣制をとった。

3 国会や内閣と違い、独立性を求められる裁判所は当時も司法権の主体であり、違憲立法審査権を行使した。

4 当時の国民は臣民であり、恩恵で与えられた人権保障は不十分な上、法律の留保による制限がついた。

5 日本国憲法における主権者は国民であり、天皇は日本国の象徴として、儀礼的な行為のみを行う。

6 敗戦後、幣原内閣は憲法調査会を設置したが、そこが作成した政府案は「国体の護持」を基本とするもので、GHQに却下された。

7 第90回帝国議会での改憲審議には初選出の女性議員も参加し、衆参両院の審議を経て、旧憲法の改正手続きをとった末に新憲法は公布された。

8 今日の改憲論議には、2000年衆参両院に設置された憲法調査会での調査・検討内容が反映している。

9 2007年、国民投票の手続きを定めた国民投票法が制定され、18歳以上の日本国民に投票権が付された。

5. 新旧憲法の比較／日本国憲法の成立

SCORE　／11

解答 & 解説

1(a) ✗
1(b) ◯
1(c) ✗
2 ✗
3 ✗
4 ◯
5 ◯
6 ✗
7 ✗
8 ◯
9 ◯

1(a) 憲法制定と国会開設を求める**自由民権運動**に配慮したら「国民主権」になる可能性があるから、政府は反発して君主権の強い**プロシア憲法**を参考にした。

1(b) ちなみに今日の日本国憲法は、国民が制定する**民定憲法**で、改正に特別手続きを要する**硬性憲法**。

1(c) 主権者は天皇ただ1人。政治責任も、天皇は**神聖不可侵**な存在だから、追及できなかった。

2 当時の内閣（国務各大臣）は天皇の輔弼だけが仕事だから、議会を無視した「**超然内閣**」でもよかった。

3 天皇が「**統治権を総攬**」する以上、司法権も「**天皇の名において**（＝代理人として）」行使されていた。

4 旧憲法の「臣民権利義務」には「**法律の範囲において**」という**法律の留保**規定が数多く出てくる。

5 天皇が行う国事行為は憲法第6条と第7条に規定されているが、必ず**内閣の助言と承認**が必要。

6 幣原内閣が作ったのは「**憲法問題調査委員会**」。ただしここが作った政府案（松本案）は、内容的に**ほぼ旧憲法のまま**（「**国体の護持**」が基本）だったなどの理由で、GHQに門前払いされた。

7 旧憲法下最後の国会に初選出の女性議員39名がいたが、審議は「衆参」ではなく「**衆議院と貴族院**」。

8 2005年に最終報告書を国会に提出した。

9 憲法改正を規定した第96条には「国民による投票」としか書かれてないため、具体化のため立法化。

6 主要国の政治体制

イギリス

政体 議院内閣制…内閣は議会に対し連帯責任。
➡ 国王は「君臨すれども統治せず」(象徴的)。

内閣の構成 ➡
> 首相：下院第一党の党首を国王が任命。
> 首相＋閣僚：**全員が国会議員**を兼任。

議会 上院(貴族や僧侶)／下院(国民が選出)
➡ **下院優越**の原則あり(予算先議権＋内閣不信任)

政党 **二大政党制**(労働党と保守党)
➡ 野党は次期政権に備え「**影の内閣**」を組織。

その他
> ・違憲立法審査権**なし**(イギリスは立法と司法の距離が近すぎる)。
> ➡ **英最高裁判所**設立(2009年)。議会から独立した司法をめざす。
> ・**上院改革**(1999年～)…世襲**貴族議員の議席**が一部を除き**廃止**に。

フランス

政体 大統領制＋議院内閣制 ➡ ※**保革共存政権**(＝**コアビタシオン**)になることもあり。

・大統領…元首。**外交・防衛**の代表者。直接選挙(任期5年)
　➡ 強大な権限(首相任免／下院解散／議会からの不信任なし)
・首相…**内政**の代表者。**議会第一党の党首**を大統領が任命。

ドイツ

政体 大統領制と議院内閣制があるが、**連動していない**。
・大統領…**象徴的**存在。形だけの元首(国政機能はほぼない)。
・首相…**国政のトップ**。議会の過半数の賛成で選出。
　➡ ※選出と同時に旧首相は解任(＝**建設的不信任**決議制)。

アメリカ

政体 **大統領制**…任期4年／三選禁止／強大な権限あり

間接選挙…各州から**人口比例**で選んだ**大統領選挙人**が、大統領を選出。

> まず各州で選挙→勝った政党がその州の選挙人人数枠を独占（＝**勝者独占方式**）→選挙人の投票で大統領を選出

議会 上院（各州2名）／下院（各州人口比例）
　　　⇒やや上院が優越（条約の批准、高級官僚の任命権）

政党 **二大政党制**（共和党と民主党）

その他 **厳格な三権分立**（**モンテスキュー**型）→**三権の独立性**が強い。

⬇

大統領→議会
- ・大統領と閣僚は、**国会議員との兼任不可**。
- ・**議会解散権・法案提出権なし**。
  - ▶※例外的に**教書**送付権＋法案**拒否権**はあり。

議会→大統領
- ・**不信任決議権なし**（→政策上の失敗は追及できず）。
- ・ただし「大統領の違法行為・極端な非行」があれば、大統領の**弾劾決議**ができる（弾劾例なし）。

その他 裁判所に**違憲立法審査権**あり。

中国

政体 **民主集中制**…権力は人民の代表機関である**全国人民代表大会**に集中。

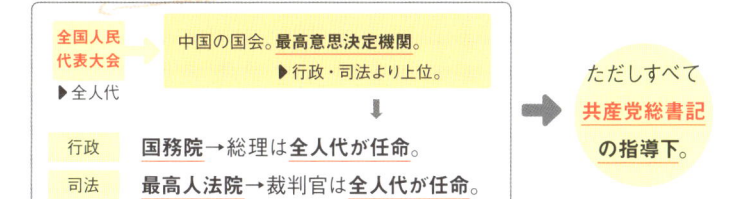

全国人民代表大会 ▶全人代
中国の国会。**最高意思決定機関**。
▶行政・司法より上位。

⬇

行政　**国務院**→総理は**全人代**が任命。
司法　**最高人法院**→裁判官は**全人代**が任命。

➡ ただしすべて**共産党総書記**の指導下。

KEY TOPICS 主要国の政治制度

各国の政治制度については、英米の制度がよく問われる。それぞれ日本の政治制度との比較も交えながら見てみよう。

イギリスの政治制度

まずイギリスは、日本と同様に**議院内閣制**をとる国だ。ただしその内容は、日本のものよりも徹底している。

議院内閣制は、仕事面で関係の近い**内閣と国会の協力関係が維持**されていることが前提だ。だから日本でも、協力関係が維持されやすいように、首相と過半数の大臣は国会議員を兼任することになっている。

でもイギリスはもっと徹底していて、**首相も大臣も全員が国会議員を兼任**している。確かにそのほうが、両者の協力がより強固になる。

またイギリスといえば、二大政党である労働党と保守党のどちらかが政権を握ることが常である。だから**野党も「影の内閣」を組織して次期政権に備え、その運営費用は公費から負担**される。

アメリカの政治制度

一方アメリカは、**三権の独立性を重視する**モンテスキュー型の三権分立制をとっている。協力関係が維持されているイギリスとは対照的で、「立法は立法、行政は行政、それぞれ干渉しあわずやっていきましょう」みたいな形となる。

だから大統領と各省の長官は国会議員との兼任ができない。**大統領に**議会解散権や法案提出権**はない**。ただし大統領は国家元首である分若干強く、**議会から**不信任**を受けることはなく**、議会に対する教書送付権や法案拒否権も認められる。

近年は、中国の政治制度も要注意になった。経済面での躍進や社会主義市場経済にばかり気を取られがちだけど、政治面でも注目を浴びる国だけにしっかり押さえておこう。

●アメリカ合衆国大統領選挙のスケジュール

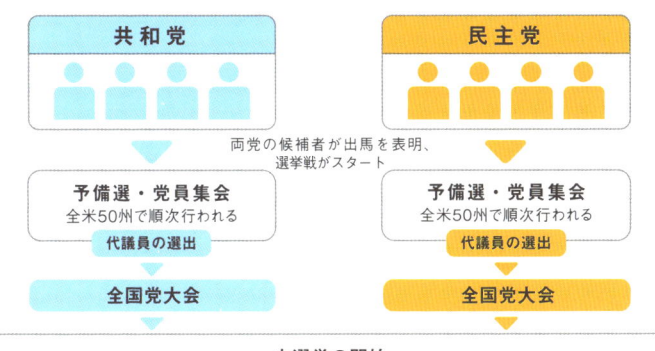

```
    共和党                              民主党
      │                                  │
      │  両党の候補者が出馬を表明、       │
      │  選挙戦がスタート                 │
      ▼                                  ▼
  予備選・党員集会                   予備選・党員集会
  全米50州で順次行われる              全米50州で順次行われる
    代議員の選出                        代議員の選出
      │                                  │
      ▼                                  ▼
    全国党大会                         全国党大会
      │                                  │
      └──────────┬───────────┘
                 ▼
              本選挙の開始
   各党の候補者がTVでの公開討論や、マスメディアへの露出、全国遊説などを通じて国民に支持を訴える
                 ▼
              一般投票日
                 ▼
         大統領選挙人による投票
                 ▼
              新大統領就任
```

一問一答でキーワードチェック!

問題

1. ［❶］制を採るイギリスでは、首相と閣僚は**全員が国会議員を兼任**する。ただし［❷］権がない、［❸］の判事を上院から選出するなど、議会と他の国家機関の関係が近すぎることの弊害が指摘される。

2. イギリスでは1999年より［❶］が実施され、**世襲貴族議員を中心として上院の議席数が大幅に削減**された。また最高法院に代わり、2009年より［❷］が設置され、議会から独立した司法がめざされている。

3. イギリス議会では［❶］の原則に基づき、下院に**予算先議権**と**内閣不信任決議権**が与えられている。また［❷］と［❸］の**二大政党制**で、野党は次期政権に備えて「［❹］」を組織することが公的に認められている。

4. **大統領**に強大な権限が集中するアメリカでは、［❶］（**大統領選挙人**による投票で最終決定、その人数枠は各州［❷］で決定）で大統領を選出する。

解答

❶議院内閣
❷違憲立法審査
❸最高法院

❶上院改革
❷イギリス最高裁判所

❶下院優越
❷労働党
❸保守党
❹影の内閣

❶間接選挙
❷勝者独占方式

6. 主要国の政治体制

問 題

5. アメリカ議会には、上院は州の代表、下院は国民の代表という性格がある。各院固有の権限があるが、**①** の批准や **②** の任命などの権限がある点、やや上院優越とされる。なお政党は、**③** と **④** の二大政党制である。

6. アメリカは **①** 型の**厳格な三権分立制**をとっており、三権の独立性が強い。大統領は **②** 権と **③** 権を持たず（ただし例外的に議会への**教書送付権**と**法案拒否権**はあり）、また議会も大統領の**不信任決議権**を持たない（大統領の資質を問う場合の **④** 決議権はあり）。

7. 社会主義国である中国では **①** 制が採られており、権力は **②** の指導の下、人民の代表機関である **③** に集中している。

8. フランスは**大統領制**と**議院内閣制**を採るが、強大すぎる大統領権限を抑制するため、「**①** （保革共存政権）」になることがある。**これは大統領と首相の所属政党が別である状態をいう。**

解 答

❶ 条約
❷ 高級官僚
❸ 民主党
❹ 共和党

❶ モンテスキュー
❷ 議会解散
❸ 法案提出
❹ 弾劾

❶ 民主集中
❷ 共産党総書記
❸ 全国人民代表大会

❶ コアビタシオン

▶ センターレベルにチャレンジ!

次の問題の正誤を判定せよ。

問題

1 議院内閣制を採るイギリスでは、首相と過半数の国務大臣は国会議員を兼任している。

2 イギリスの議員構成は、上院が非民選の貴族と聖職者のみ、下院が民選で労働党と保守党のみの二大政党制であり、野党になった側が「影の内閣」を組織している。

3 イギリスでは近年上院改革が行われたが、これは司法と上院の関係が近すぎ、違憲立法審査権が有効に機能しないことが問題視されたためである。

4 アメリカでは、各州に独自の憲法や裁判所など広範な自治権を認める連邦制を採用している。

5 アメリカ大統領選挙における勝者独占方式では、場合によっては票数の少ない方が大統領になり得る。

6 アメリカ議会は、上院に条約の承認権、下院に高官の任命権など、各院にそれぞれ固有の権限を認めている。

7 アメリカでは三権の独立性が強く、特に立法府と行政府が原則干渉し合わない、モンテスキュー型の厳格な三権分立制が採用されている。

8 フランスには大統領と首相がいるが、ドゴールが第五共和制を選択して以来、大統領権限が強大になっている。

9 ドイツには大統領と首相がいるが、大統領は象徴的な存在であり、政治の実権は首相が掌握している。

10 中国では民主集中制がとられているため、政治の方針はすべて全国人民代表大会が決定し、事実上共産党総書記に実権はない。

6. 主要国の政治体制

SCORE　　/10

解答 & 解説

1 ✗
2 ✗
3 ✗
4 ○
5 ○
6 ✗
7 ○
8 ○
9 ○
10 ✗

1 イギリスの議院内閣制は日本のものよりも徹底しており、**首相と国務大臣は全員が国会議員**を兼任する。

2 下院は「労働党と保守党のみ」の議員ではなく、2010年から保守党と連立政権を組んでいる自由民主党など、いくつかの弱小政党も議席を持つ。

3 両者の距離が近いというのは合っているが、そもそも**イギリスに違憲立法審査権はない**。

4 アメリカは、州により死刑制度がなかったり、大統領選挙の投票方法が違ったりすることもある。

5 **勝者独占方式**では、選挙人が多い大きな州で際どく勝ち、かつ、小さな州での圧勝が続くと、相手立候補者よりも**票数の少ない大統領が誕生**する。

6 これらは両方とも上院の権限。下院には**予算先議権**と**大統領弾劾の訴追権**がある。

7 原則的にはその通りだから○。ただし**教書送付権**や**法案拒否権**、**大統領の弾劾**など、例外はけっこうある。

8 **第五共和制**は、フランス革命以降続くフランスの共和制のうち、**ド＝ゴール大統領**が採用した、**大統領権限の非常に強大な政体**。だから国民は、バランスをとるため議会選挙で大統領が所属する政党とは別の政党を与党にする**コアビタシオン**を選択することもあった。

9 ドイツは首相の国。大統領に実権はない。

10 全人代は「ほぼすべて（軍は除く）」の決定権を持つが、**憲法にも「共産党の指導の下」と明記**されている。

第1部 政治分野

7 基本的人権の尊重（1）
平等権・自由権

平等権（第14条／第24条／第26条／第44条）
法の下の平等（第14条）

- **尊属殺人**重罰規定（刑法第200条）…親殺しだけ死刑or無期は不平等？
    - **判決** 刑法第200条は**違憲**（→1995年に削除）。
- **衆議院定数不均衡**（公職選挙法）…都市と地方で「一票の重み」に格差。
    - **判決** 格差**1：3**超で**違憲**／選挙のやり直しはなし（＝**事情判決**）。
- **国籍法**訴訟…両親の婚姻を子供の国籍要件とするのは不当？
    - **判決** **違憲**（父母の未婚は子供の努力でカバーできないため不当。）
    - ▶※なお民法の「非嫡出子の法定相続分は2分の1」は、現状合憲。

自由権①「**精神的自由**」（第19条／第20条／第21条／第23条）
思想・良心の自由（第19条）

- 三菱樹脂事件…学生運動の過去で内定取消は不当？
    - **判決** **合憲**（▶※憲法の人権規定は**私人間**には**適用しない**。原告の敗訴。）
- **君が代不起立**訴訟…教職員が第19条を争点に裁判（現状**合憲**）。

信教の自由（第20条）

- 津地鎮祭訴訟…地鎮祭への公費支出は**政教分離**違反？
    - **判決** **合憲**（地鎮祭は**世俗的行事**。宗教的意義は薄い。）
- **愛媛玉串料**訴訟…愛媛県知事の**靖国神社**への公費支出はどうか。
    - **判決** **違憲**（靖国神社は戦前の**軍国主義のシンボル**で特別。）

表現の自由（第21条）＝集会・結社・言論・出版／通信の秘密／検閲の禁止

- 家永教科書訴訟…教科書検定は**検閲**（＝表現物の事前審査＆規制）？
    - **判決** 検定制度自体は**合憲**。（ただし一部、裁量逸脱あり。）
- 東京都公安条例事件…デモ行進の許可制は**集会の自由**を侵害？
    - **判決** **合憲**（デモの暴徒化を防ぐ→「**公共の福祉**」に合致。）

自由権②「経済的自由」（第22条／第29条）

居住・移転及び職業選択の自由（第22条）

- **薬事法**（薬局開設距離制限）
  → 「付近に薬局があると開業不可」は第22条違反？

財産権（第29条）

- **森林法**（共有林分割制限規定）
  → 共有林の売買に他の所有者の許可は必要？

どちらも**違憲** → 人権制限するに足る合理的根拠が乏しい。

※ 経済的自由は、他の自由権より「**公共の福祉**」の制約が強い。

自由権③「人身の自由」

不当な身体拘束からの自由権（国の**刑罰権濫用への歯止め**）。

基本
- **罪刑法定主義** → ・**法定手続き**の保障（第31条）
  ・**遡及処罰**の禁止（第39条）
  ・一事不再理（第39条）
- **奴隷的拘束**及び**苦役**からの自由（第18条）

刑が未確定の被告人の扱い方の原則
＝
「**疑わしきは罰せず**」

その他の人身の自由

- 裁判を受ける権利（第32条）
- 逮捕の要件（**令状主義**）（第33条）
  ▶ 司法官憲（＝裁判官）発行の令状が必要。
- 不法な抑留・拘禁の禁止（第34条）
- **住居不可侵**（第35条）／拷問・**残虐刑の禁止**（第36条）
  ▶ ここでも**令状主義**。　▶ ※最高裁見解…死刑は残虐刑にあたらず。
- **刑事被告人の権利**（第37条）／不利益な**供述・自白の強要禁止**（第38条）
  ▶ 公平・公開裁判／証人・弁護人依頼

第1部 政治分野

KEY TOPICS 憲法と基本的人権

僕たちの基本的人権は、日本国憲法第3章「国民の権利及び義務」(第10〜第40条)に規定されている。当然、それらに違反するような法律などあってはならない。でも、実際には時々あるんだ。ここではその代表的なものを見ていこう。

平等権に関する違憲判決

平等権には違憲判決がらみの裁判が多いが、中でも特に注目度が高いのが、衆議院定数訴訟だ。「**1票の格差が1:3を超えたら違憲**」という裁判上の目安が長年使われてきたが、近年最高裁が「**1票の格差2.30倍が違憲状態**」という新たな解釈を示した。詳しくは「15.選挙制度」で見るけど、この点には要注意だ。

自由権に関する違憲判決

自由権に関する裁判も覚えるべきものが多い。新しめの判例に注

目してみると、信教の自由（第20条）がらみで、2010年に「**砂川市有地神社違憲訴訟**」というのがあった。これは北海道砂川市が、市の土地を空知太神社に無償で貸与していた事件なんだけど、判決はもちろん**政教分離に違反していていたため違憲**となった。

あと、新しい判例ではないけど、経済的自由に関する２つの判例（**薬事法**＆**森林法**）も、どちらも違憲判決が出ているので覚えておこうね。これらの判例では関係なかったけど、**経済的自由は特に「公共の福祉」（国や社会全体の利益）の制約を受けやすい**ってこともしっかり覚えておこう。

人身の自由

さあ、そしていよいよ「**人身の自由**」だ。これは**逮捕された人などが国家権力から不当に扱われないための自由権で、ある意味では最も「国家からの自由」という言葉に近い。**

ここには判例はからんでこないんだけど、憲法の第何条にどんな規定があるのか、とにかく覚えにくい。僕もかつて何回も語呂合わせや替え歌で乗り切ろうとしたけど、ダメだった。だから君らも大変かも知れないけど、何度も何度もブツブツつぶやいて地道に頭に入れてください。センターには本当によく出るからね。

● **生存権に関する裁判**（くわしくは次の章で扱います）

	内容
朝日訴訟 （1957〜1967年）	月600円の生活保護費で「最低限度の生活」を強要するのは、**生存権**（憲法第25条）の侵害か。
堀木訴訟 （1970〜1982年）	年金額の併給を認めないのは**生存権**（憲法第25条）の侵害か。

⬇

判決	生存権は、**立法や行政上の指針**（＝**プログラム**）にはなるが、司法によって効力が担保される権利ではない（＝合憲）。

一問一答でキーワードチェック!

問題

1. **衆議院定数不均衡**裁判では、都市部と地方の「**1票の格差**」が問題となったが、最高裁は格差 **❶** 倍超で違憲との判決を下した。ただ新しい判例では「格差 **❷** 倍で**違憲状態**」、「 **❸** （各県にまず1議席ずつ配分し、その後人口に比例して議席を選挙区に配分する方式）は不合理」と示されている。

2. （a）信教の自由ではしばしば **❶** 違反（宗教行事や団体への公費支出）が問題となる。

（b） **❷** 訴訟では公費支出が合憲だったが、 **❸** 訴訟では**靖国神社への公費支出がからみ、違憲**となった。また、2010年には、北海道砂川市が神社に土地を無償貸与していたという **❹** 訴訟に違憲判決が下った。

3. **❶ への公式参拝**問題では、戦没者を祀る **❶** に**A級戦犯が合祀**されていることが問題とされる。公式参拝を行なったのは、歴代首相の中で **❷** 元首相だけである。
※違憲の確定判決はなし。

解答

❶ 3
❷ 2.30
❸ 一人別枠方式

❶ 政教分離の原則
❷ 津地鎮祭
❸ 愛媛玉串料
❹ 砂川市有地神社

❶ 靖国神社
❷ 中曽根康弘

7. 基本的人権の尊重（1）
平等権・自由権

問題

4. 経済的自由の違憲性を争った ❶ 規定と ❷ 規定に関する裁判では、**どちらも違憲**の判決が下された。ただし経済的自由は、他の自由権と比べて ❸ の制約を受けやすい。

5. (a) **人身の自由**は、**国家権力による不当な身体拘束からの自由権**であり、軸となるのはマグナ＝カルタ以来の ❶ 主義である。
(b) 憲法第31条では ❷ が、第39条では法制定前の行為を遡って処罰しないという ❸ と、無罪確定者の再審理を禁ずる ❹ などが保障されている。

6. (a) その他人身の自由に関する規定には、逮捕（第33条）と家宅捜索（第35条）の際には ❶ が発行する令状が必要であるとする ❷ 、不当な ❸ の禁止（第34条）などがある。
(b) また、最高裁が「死刑はこれにあたらず」と判示した ❹ の禁止（第36条）、黙秘権や弁護人を依頼するといった ❺ の諸権利（第37条）、自己に不利益な ❻ の強要の禁止（第38条）などがある。

解答

❶ 薬事法薬局開設距離制限
❷ 森林法共有林分割制限
❸ 公共の福祉

❶ 罪刑法定
❷ 法定手続きの保障
❸ 遡及処罰の禁止
❹ 一事不再理

❶ 裁判官
❷ 令状主義
❸ 抑留・拘禁
❹ 拷問・残虐刑
❺ 刑事被告人
❻ 供述・自白

センターレベルにチャレンジ!

次の問題の正誤を判定せよ。※ただし判決はすべて最高裁確定のものとする。

問 題

1 刑法第200条の尊属殺人重罰規定は、法の下の平等を侵害するとの違憲判決と同時に削除された。

2 衆議院定数不均衡裁判では、過去2度の違憲判決を受け、選挙のやり直しを実施した。

3 愛媛玉串料訴訟では、政教分離の原則をめぐって初めて法律が憲法違反との判決が下された。

4 首相の靖国神社参拝をめぐる訴訟では、政教分離の原則に基づき、しばしば違憲判決が出される。

5 薬事法をめぐる裁判では、同法の薬局開設距離制限規定が職業選択の自由を侵害するとの判決が下された。

6 森林法をめぐる裁判では、同法の共有林分割制限規定が財産権を侵害するとの判決が下された。

7 憲法第31条で保障されている法定手続きの保障は、罪刑法定主義を明文化した規定といえる。

8 憲法第18条で規定する奴隷的拘束及び苦役からの自由では、たとえ犯罪処罰であっても、当人の意に反する苦役は禁止されている。

9 逮捕と家宅捜索の際には、現行犯の場合を除いては、必ず警察署が発行する令状が必要となる。

10 憲法第36条では拷問と残虐な刑罰を禁止しているが、最高裁はかつて死刑が残虐な刑罰であるとの見解を示したことがある。

11 憲法第39条では、法制定前の行為を事後にできた法で裁いてはいけない旨が規定されている。

7. 基本的人権の尊重（1）平等権・自由権

SCORE /11

解答 & 解説

1 ✗
2 ✗
3 ✗
4 ✗
5 ○
6 ○
7 ○
8 ✗
9 ✗
10 ✗
11 ○

1 刑法第200条に対する違憲判決は1970年代に出されたが、**法が削除されたのは1995年**だった。

2 2度の違憲判決はあったが、**選挙という特殊事情に配慮し、選挙のやり直しはしなかった**（＝**事情判決**）。

3 同訴訟で違憲判決が下されたのは「**知事の行為**」に対してであり、法律に対してではない。

4 小泉氏や中曽根氏など、首相在任中に**靖国神社を参拝**した首相は複数いるが、**いずれも違憲判決は出ず**、むしろ裁判所が憲法判断を回避することが多い。

5 **薬事法**の同規定は、憲法上の権利（職業選択の自由）を制限するほどの合理性は認められなかった。

6 **森林法**の同規定も、同じく憲法上の権利（財産権）を制限するほどの合理性は認められなかった。

7 マグナ＝カルタ以降の**罪刑法定主義**は、日本国憲法では第31条に規定されている。

8 憲法第18条に「**犯罪による処罰を除いては**」と明記されている。

9 逮捕令状・捜索令状などの令状類を発行するのは、警察署ではなく**裁判所**。

10 最高裁はかつて「**死刑は残虐刑にあらず**」との見解を示している。

11 これを「**遡及処罰の禁止**」という。第39条にはもう2つ、同一事件で「重ねて審理されない（＝**一事不再理**）＋何度も処罰されない（＝**二重処罰の禁止**）」がある。

第1部 政治分野

8 基本的人権の尊重(2)
社会権・新しい人権など

社会権(第25条／第26条／第27条／第28条)
- 生存権(第25条)「健康で文化的な最低限度の生活」を営む権利。
    - 朝日訴訟(月600円の生活保護費)／堀木訴訟(年金類の併給ダメ)
    - **判決** 合憲(第25条は国の責務の宣言＝プログラム規定(救済に直結せず。))

請求権(第16条／第17条／第32条／第40条)
- 請願権(第16条)国や地方に苦情や希望を申し出る権利。
    - ➡苦情や希望を言うだけ(その後の保障なし)。
- 国家賠償請求権(第17条)…公務員の不法行為→賠償請求。
    - 郵便法訴訟…郵便局員のミス→郵便法に賠償規定なし(違憲)。
- 刑事補償請求権(第40条)冤罪に対する償いを請求する権利。
    - ➡※1970年代より再審請求が通り始め、「死刑→逆転無罪」多発。

■新しい人権
- 憲法に明文規定なし。
- プライバシーの権利
    - 『宴のあと』事件…三島由紀夫が、特定政治家の私生活を題材に小説を執筆。
    - **判決** 三島側の敗訴(プライバシーの権利＝判例として確立)
- 知る権利＝「行政機関の保有情報」を知る権利(判例は未確立)。
    - ➡※ただし関連立法として情報公開法は制定(2001年)。

> ・国の行政機関の保有情報のみが対象。
> ・政府の説明責任(アカウンタビリティ)明記。
> ・外国人でも請求可／国民の「知る権利」は明記されず。

- アクセス権…マスメディアに接近し意見・反論をいう権利(判例未確立)。
- 環境権…快適で人間らしい環境を求める権利(判例未確立)。
    - ➡※裁判時は「第13条(幸福追求権)＋第25条(生存権)」が根拠。

■外国人や少数民族の扱い

指紋押捺
- **外国人登録法**に基づく押捺制度は**全廃**（1999年）。
- ただし**テロ対策での押捺制度**が新設（2007年）。
  ▶ **出入国管理法**に基づく。

参政権 　国・地方とも**一切なし**。
　　➡ ただし**住民投票権**を認めた自治体はあり。

公務員採用 　地方の一部で**国籍条項**の撤廃が進む（一般職・管理職の採用も若干あり）が、**国ではほとんど採用なし**。

難民 　受け入れに**消極的**。難民認定はかなり厳しめ。
　▶ 2009年より**UNHCR（国連難民高等弁務官事務所）**の責任者は**日本人**。

少数民族 　**アイヌ文化振興法**による保護が始まり（1997年～）、差別的な**北海道旧土人保護法**は廃止。

■日本における女性・児童と人権

●男女共同参画社会基本法（1999年）

男女の固定的な役割意識（＝**ジェンダー**）を改める。

（男も）家事・育児に
（女も）仕事・政治に　→　男女が共に参加できる社会をめざす。

●選択的夫婦別姓制度

導入案はあるが、**まだ実現せず**。

ドメスティック・バイオレンス（DV）防止法（2001年）

夫・恋人からの暴力に対し、裁判所が防止や保護命令を下す。

●児童買春・ポルノ規制法（1999年）

児童買春者やあっせん者、児童ポルノの製造・販売者を処罰し、上記目的のための人身売買を禁止する。

●児童虐待防止法

学校や病院に通報義務、親権の一時停止など。

KEY TOPICS 生存権と新しい人権

生存権の重要性

社会権の中心は何かといえば、当然生存権だ。社会権には生存・教育・労働の3種類がある。わたしたちが何のために教育を受け、仕事に就くかといえば、それは生きるためだ。だから社会権の中心に生存権がくるということは、自然なことなんだ。

ところが生存権は、裁判上十分に担保されている権利とは言い難い。**朝日訴訟**や**堀木訴訟**では、「**プログラム規定説**」が採用された。これは憲法第25条の生存権規定とは、「**こういう生活を実現できるような政治を作るべき**」という国の責務の宣言であり、立法や行政上の指針にはなるが、司法によって効力が担保されているわけではない（つまり裁判による救済には直結しない）とする説だ。

確かに社会権でやるような、国家が積極介入して社会の不平等を是正させるなんてのは、自由権とは違ってスケールも大きく、コストもかかるだろう。でも「権利」を謳う以上はしっかり守ってくれないと困る。だって生存権の不備が行き着く先は「死」なんだから。

新しい人権と裁判

新しい人権とはプライバシーや知る権利など、**憲法に明文規定のない人権の総称**だ。さすがに日本国憲法も、施行後70年近くが経つと、施行当時には想定できなかったような人権問題が出てくる。しかし憲法に規定がないと裁判がやりにくい。だから新しい人権をめぐる裁判では、主に憲法第13条（**個人の尊重・幸福追求権**）が使われる。

第13条はどんなトラブルの時にも使える「**人権の包括的規定**」だ。確かに幸福追求権は、どんな時でも使えるフレーズでしょ。でもその拡大解釈にも限界がある。やはりそろそろ憲法そのものを大々的に見直すべき時期にきているのかもしれない。

外国人の人権保障

その他この章には、日本に暮らす外国人の人権や、女性・児童の人権などをまとめておいた。特に**外国人の人権保障に関して、日本は全体的に消極的**だ。君らも日本では何が認められていて何が認められていないかを、しっかり押さえておいてほしい。

●諸外国における外国人への参政権付与状況

凡例
- ○：一定期間の居住または永住権取得を条件として付与している（要件が書かれていない場合は、短期間の居住または一時的な滞在を条件として付与している）。
- △：居住または永住権取得以外の要件を条件として付与している。
- ▲：一部の地域において付与している。
- ×：付与していない。

	対象者の国籍	国政レベル 選挙権	国政レベル 被選挙権	地方レベル 選挙権	地方レベル 被選挙権	要件等
イギリス	英連邦諸国 アイルランド	○	○	○	○	
	EU加盟国	×	×	○	○	
	その他	×	×	×	×	
フランス	EU加盟国	×	×	○	○	6か月以上の居住または5年以上直接地方税を納入している者。なお、外国人地方議員は、元老院議員の選挙権を有しない。
	その他	×	×	×	×	ー
ドイツ	EU加盟国	×	×	○	○	州の参政権は対象外で、郡及び市町村のみ。バイエルン州及びザクセン州は首長の被選挙権を除く。
	その他	×	×	×	×	
イタリア	EU加盟国	×	×	○	○	首長の被選挙権を除く。
	その他	×	×	×	×	ー
オランダ	EU加盟国	×	×	○	○	
	その他	×	×	○	○	5年以上の居住。
スペイン	EU加盟国	×	×	○	○	ー
	ノルウェー	×	×	○	○	3年以上の居住。
	その他	×	×	×	×	
カナダ	英連邦諸国	×	×	△▲	×	サシュカチュワン州→1971年6月23日の時点で選挙人名簿に登録されており、6か月以上居住している英連邦市民。
	その他	×	×	×	×	
アメリカ	すべての国	×	×	▲	▲	メリーランド州のタコマパーク市などでは、国籍に関係なく選挙権・被選挙権を付与している。シカゴでは子どものいる外国人に教育委員選挙の選挙権・被選挙権を付与している。
韓国	すべての国	×	×	○	×	永住資格取得後3年以上が経過した者。

（国立国会図書館資料より作成）

一問一答でキーワードチェック!

問題

1. 生活保護費をめぐる ① 訴訟と障害者年金をめぐる ② 訴訟では生存権が争点となった。しかし両訴訟とも、**憲法第25条は法や行政の指針にはなるが司法により効力が担保されるわけではないとする** ③ が採用され、原告の主張が退けられた。

2. (a) 郵便法は、かつて公務員だった郵便局員のミスに対する賠償規定に不備があった。 ① 訴訟ではこれに対し、第17条の ② 違反とする違憲判決が下された。
　(b) また1970年代より ③ 請求の受理が増加したことで、**冤罪への償いを規定した** ④ (第40条) の行使が増えている。

3. 『 ① 』事件では作家の三島由紀夫が敗訴したことで、プライバシーの権利が **判例として確立** した。なお近年は、個人情報の流出阻止の観点から、新たに「 ② 権利」という考え方も加味されてきた。

4. **知る権利** とは「 ① **の保有する情報を知る権利**」のことである。関連立法として ② が制定されているが、同法は **国の行政機関の情報のみを対象** としている。また、政府の ③ (アカウンタビリティ) が明記されているが、国民の「**知る権利**」については**明記されていない**。

解答

1.
- ❶ 朝日
- ❷ 堀木
- ❸ プログラム規定説

2.
- ❶ 郵便法
- ❷ 国家賠償請求権
- ❸ 再審
- ❹ 刑事補償請求権

3.
- ❶ 宴のあと
- ❷ 自己の個人情報をコントロールする

4.
- ❶ 行政機関
- ❷ 情報公開法
- ❸ 説明責任

8. 基本的人権の尊重（2）
社会権・新しい人権など

問題

5. 裁判において、**環境権**は ① （第13条）と ② （第25条）を組み合わせた権利とされる。しかし、 ③ 訴訟では**夜間飛行の差し止め請求が認められず**、まだ判例としては確立していない権利である。

6. **外国人登録法に基づく** ① **制度は全廃**されているが、テロ対策のため**出入国管理法に基づく指紋採取**は始まっている。

7. 選挙権・被選挙権を問わず、 ① 権は現状では**国においても地方においても一切認められていない**。また、公務員採用に関する ② は、法律ではなく採用募集要項に書かれている。

※外国人の公務員採用は、**地方で一部認められ、実際に採用している自治体もあるが、国ではまだほとんど採用がない**。

解答

①**幸福追求権**
②**生存権**
③**大阪空港騒音**

①**指紋押捺**

①**外国人参政**
②**国籍条項**

センターレベルにチャレンジ!

次の問題の正誤を判定せよ。

問題

1 朝日訴訟と堀木訴訟では、いずれも憲法上の生存権は国の責務の宣言にすぎず、具体的権利の賦与は立法府の裁量に委ねられるとの判決が下された。

2 郵便法訴訟では、当時、公務員であった郵便局員の配達遅延を損害賠償する規定のなかった郵便法に対し、違憲判決が下された。

3 冤罪後の補償を求める憲法上の規定はあるが、再審請求が認められたことがないため、実施された例はない。

4 『宴のあと』事件で著者の三島由紀夫が敗訴したことで、プライバシーの権利は判例として確立した。

5 情報公開法の制定により、国や地方の行政機関に対し情報開示を請求できることになったが、同法に国民の「知る権利」は明記されなかった。

6 環境権をめぐる大阪空港騒音訴訟では、過去の騒音への賠償は認められたが、夜間飛行の差し止め請求は退けられたため、環境権は判例として確立していない。

7 現在日本では、外国人に対する参政権は、国・地方とも一切認めていない。

8 公務員採用に関する国籍条項の撤廃を受け、現在日本では、外国人の公務員採用が積極的に進み始めている。

9 1997年にアイヌ文化振興法が制定され、少数民族の保護とアイヌ人の先住権が明記された。

10 児童虐待防止法の施行により、親の子に対する保護監督権が強化された。

8. 基本的人権の尊重(2) 社会権・新しい人権など

SCORE / 10

解答 & 解説

1. ○
2. ○
3. ×
4. ○
5. ×
6. ○
7. ○
8. ×
9. ×
10. ×

1 いわゆる**プログラム規定説**の適用。「立法府の裁量に委ねる」とは「**国会が制定する生活保護法に具体的保護は任せる**」という意味。

2 当時の郵便法の賠償規定は「**紛失か破損**」の場合のみだったため、この不備を違憲とした。

3 **再審請求**は1970年代から積極的に通り始めたため「**死刑判決→逆転無罪**」が多発し、冤罪に対しての償いを金銭的に受けられるケースが増加した。

4 ただし、この判例は、プライバシーが表現の自由に優越するという意味ではない。**両者はあくまでも対等**であり、事件ごとに裁判官が判断する。

5 知る権利が明記されなかったのは事実だが、情報公開法の範囲は「**国の行政機関**」のみ。

6 同訴訟では住民側の訴えが半分しか認められていないため、環境権は判例として確立してはいない。

7 外国人に住民投票を認めた自治体はあるが、**選挙権・被選挙権は一切認められていない**のが現状。

8 公務員の国籍条項は、法律ではなく**採用募集要項の規定**なので、一括削除はできない。また現状では、「**地方を中心に採用する所も出てきた**」程度。

9 **先住権規定はない**。認めている国もあるが、**所有権や独立問題もからむ**ため、日本は認めていない。

10 子どもを虐待する親に対し保護監督権を強化したら、子どもを虐待から守れなくなる。

9 平和主義 (1)

■自衛隊

憲法上の平和主義 = 前文：平和的生存権 / 第9条：戦争放棄／戦力不保持／交戦権否認

- かなり徹底 → but **冷戦**激化で**アジアの資本主義体制を守る必要**がでる。

  ⇒ 「**警察予備隊→保安隊→自衛隊**」設置。
  ▶憲法第9条との整合性について見解が分かれる。

学者	自衛戦争は憲法上可能だが戦力不保持に触れるため、**違憲**。
政府	自衛のための最小限の「**実力**」→「戦力」ではないので**合憲**。
国民	自衛隊は**9条違反**だと思うが、**存在の必要性**は感じる。

- 政府はこの解釈で**改憲なしに自衛隊を増強**。=「**解釈改憲**」
  ▶裁判でも自衛隊への違憲判決は、長沼ナイキ基地訴訟の一審のみ。

●第9条をめぐる裁判

・砂川事件…米軍は合憲／安保条約の是非は**統治行為論**で回避。
・長沼ナイキ事件…**一審で「自衛隊への違憲判決」(唯一)** が出たが、その後は**統治行為論**で判断回避。
  ▶**統治行為論**…高度に政治的な問題は司法審査の対象外とする考え。

■日本の防衛原則

・**集団的自衛権**の禁止…**親しい国に助っ人しに行くのはダメ**。
・**専守防衛**…自国への攻撃時、**自分たちだけで専ら守るのみ**。
  ▶「個別的自衛権」に専念。
・**非核三原則**…核兵器を「**作らず・持たず・持ち込ませず**」
・**シビリアン＝コントロール（文民統制）**
  …自衛隊統括の最高責任者は、**文民**に限る。
  ▶憲法第66条で「総理、大臣は文民」と規定。

- 総額明示方式…防衛予算は「中期防衛力整備計画」に合わせ、**4〜5年単位で編成**。▶従来の「GNP1%枠」は廃止。
- 海外派兵の禁止…武力行使を伴わない「派遣」ならばOK。

■日米安全保障条約

日本への**米軍駐留**を認める条約。

　目的　「極東の平和と安全の維持」のため。

　　旧安保　1951年：サンフランシスコ平和条約と同時。米の日本防衛義務なし。
　　新安保　1960年：軍事同盟色up。反対闘争や強行採決を経て締結。

⬇

- **軍備増強**義務…事実上、**第9条違反の可能性**あり。
- **共同防衛**義務…**日本の領域**への武力攻撃に対し、日米双方は共同防衛。
- **事前協議**制度…米軍の重要な配置or装備変更／日本の米軍基地からの戦闘行動 ➡ 日米は前もって話し合う（→ but 実施例なし）。

　　＋

日米地位協定…基地内では日本の法は適用外など（→従属的）。

● 安保関連・その他
- **安保ただ乗り**論…「**アメリカの軍事力に無賃乗車**している」との批判。
- **思いやり予算**…日本が米軍基地運営費の70%を負担。
- **沖縄への基地偏在**…日本全体の米軍基地の75%が集中。

KEY TOPICS 憲法と自衛隊

平和憲法と自衛隊

戦争放棄・戦力不保持・交戦権の否認── 日本国憲法第9条は、何重にもストッパーがかかっていて、絶対に戦争ができない作りになっている。まさに世界に類を見ない、徹底した平和憲法だ。

しかし、その平和憲法を持つ国に、なぜか自衛隊がある。この辺は戦勝国であるアメリカと当時の国際情勢に振り回された結果だ。つまりアメリカとしては、**日本の非軍事化と民主化は完全にやっておきたい。しかし冷戦が激化する中、アジアの資本主義体制を守るには日本にも戦ってもらう必要がある**。こうした背景から、日本に憲法第9条と自衛隊を持たせるに至ったんだ。

そうなると自衛隊が合憲なのか違憲なのかが気になる。しかし実は現状、それに対する明確な答えはない。学者は違憲、政府は合憲、一般の国民は「違憲だが存在は必要」と考えている。つまり三者三様バラバラな考えの中、政府は「中期防衛力整備計画」を実行し、**改憲なしに自衛隊を増強する**「解釈改憲」を実行しているんだ。

憲法第9条をめぐる司法判断

憲法第9条の内容に照らして自衛隊が違憲か否かをめぐっては、これまで司法の場で何度か問われてきた。明確に違憲判決を出したのは長沼ナイキ訴訟の札幌地裁での判決のみ。その他の場合の多くは**統治行為論**を採用し判断を回避している。

日米安全保障条約

日米安全保障条約は「米軍の日本駐留を認める条約」だが、**軍備増強義務**や**共同防衛義務**をはじめとして、どんどん軍事同盟色の強い運用へとシフトしている。それは国際社会の変化に敏感に反応した結果なのかもしれない。でも**条約改定は1960年を最後に一度もなく**、10年ごとに自動更新されている。

もしもその内容に不満なら、**片方からの通告で一方的に条約を破棄できる**ことになっているが、日本はそれもしない。

● 憲法上の平和主義

前文

「日本国民は…平和を愛する諸国民の公正と信義に信頼して、われらの安全と生存を保持しようと決意した」
（＝**国際協調主義**）

「われらは、全世界の国民が、ひとしく**恐怖**と**欠乏**から免かれ、**平和のうちに生存する権利**を有することを確認する」
（＝**平和的生存権**）

第9条

「…**国権の発動たる戦争**と、**武力による威嚇**又は**武力の行使**は、国際紛争を解決する手段としては、永久にこれを放棄する」（第1項）

「陸海空軍その他の**戦力**は、これを保持しない。国の**交戦権**は、これを認めない」（第2項）

一問一答でキーワードチェック！

問題

1. 憲法第9条1項：「　❶　たる戦争と**武力**による**威嚇**又は　❷　は、国際紛争を解決する手段としては、永久にこれを放棄する」2項：「前項の目的を達するため、陸海空軍その他の　❸　は、これを保持しない。国の　❹　権は、これを認めない」

2. 1950年の**朝鮮戦争**を機に、日本はGHQの指令に従い　❶　を設置し、1952年には　❷　として改組した。その後、1954年に　❸　（日米相互防衛援助協定）を機に　❹　として改組した。

3. 日本政府は、自衛隊を戦力ではなく**自衛のための必要最小限の**　❶　ととらえた上で　❷　計画を実行し、**改憲なしに自衛隊を増強**するという　❸　を繰り返してきた。

4. 在日米軍の違憲性をめぐる　❶　では、**一審で米軍を戦力とする違憲判決**が出たが、最高裁では「米軍は合憲／安保条約の是非は**高度に政治的な問題で司法審査になじまない**（＝　❷　論）」との判決が下された。

解答

❶ 国権の発動
❷ 武力の行使
❸ 戦力
❹ 交戦

❶ 警察予備隊
❷ 保安隊
❸ MSA協定
❹ 自衛隊

❶ 実力
❷ 中期防衛力整備
❸ 解釈改憲

❶ 砂川事件
❷ 統治行為

9. 平和主義（1）

問 題	解 答

5. 自衛隊の違憲性をめぐる裁判は数多くあるが、統治行為論などによる判断回避が目立つ。ただし、 ❶ **事件の一審でのみ、違憲判決が出されている**。

❶長沼ナイキ

6. **日米安全保障条約**は1960年に改定されたが、その内容は ❶ 義務・ ❷ 義務・ ❸ 制度などを含むものであった。また基地運営の詳細を規定した ❹ は、法運用のあり方や犯罪者の取り扱いなどについて批判が多い。

❶軍備増強
❷共同防衛
❸事前協議
❹日米地位協定

7. (a)「自国が武力攻撃を受けていなくても、自国と密接な関係にある国が攻撃された場合はその国を守る」という権利を ❶ という。

(b) 政府によると、**日本にも ❶ はあるが憲法には明記されておらず、その行使は第9条に違反するもの**になる。日本に認められているのは、 ❷ を原則とする ❸ の行使のみである。

❶集団的自衛権
❷専守防衛
❸個別的自衛権

8. 日本は**海外派兵**を禁止しているが、武力行使を伴わないものは「 ❶ 」とみなし、容認している。

❶派遣

センターレベルにチャレンジ!

次の問題の正誤を判定せよ。

問題

1 日本国憲法第2章「戦争の放棄」は第9条のみであり、憲法上、他に平和主義への言及は存在しない。

2 朝鮮戦争の激化に伴い、GHQは対日占領政策を転換し、日本政府に警察予備隊設置の指令を出した。

3 日本政府は自衛隊を必要最小限の戦力ととらえ、その解釈で防衛力整備計画に基づき、憲法を改正することなく自衛隊を増強してきた。

4 最高裁は長沼ナイキ訴訟において、住民側からの平和的生存権に基づく訴えの利益を認めた上で、自衛隊を違憲とする判決を下した。

5 1951年に締結された日米安全保障条約には、米軍による日本防衛義務は規定されていなかった。

6(a) 1960年に改定された日米安全保障条約には、軍備増強義務や共同防衛義務、経済協力、一方からの通告のみで条約を終了できる旨などが規定されている。

6(b) 同条約では米軍の行動に関して、重要な配置変更や装備変更がある際には事前協議を実施することになっているが、実施例が少ないことが問題になっている。

7 政府の見解では、日本は集団的自衛権を保持しているが、その行使は憲法違反扱いになるとしている。

8 文民統制に基づき、自衛隊の最高指揮監督権は内閣総理大臣が持ち、隊務統括は防衛大臣が行っている。

9 自衛隊の海外派兵は、PKO協力法やテロ特措法など、法の規定の許す範囲内でのみ可能である。

9. 平和主義(1)

SCORE / 10

解答 & 解説

1 ✗ 　第9条以外にも、憲法**前文**に**平和的生存権**の規定がある。

2 ○ 　共産主義のアジアでの勢力拡大を食い止めるため、マッカーサーは日本に**警察予備隊**の設置を指令した。

3 ✗ 　自衛隊は「**実力**」組織であって「**戦力**」ではないというのが政府の解釈。なお後半の「改憲なく改憲と同じ実態を作ること」を**解釈改憲**という。

4 ✗ 　これは同裁判の「**一審判決**」。その後は「**高度に政治的な問題は私法審査の対象外**」とする**統治行為論**で、自衛隊の憲法判断は回避されていく。

5 ○ 　極東の平和と安全の維持のために置かれた米軍基地だが、**旧安保には日本そのものを防衛する義務は規定されていなかった**。

6(a) ○ 　盲点になりやすい所なので、ここで覚えよう。

6(b) ✗ 　**事前協議制度**は、実施例が「少ない」ではなく「ない」のが問題点。

7 ○ 　これも盲点になりやすい箇所。さらに「国連憲章では集団的自衛権を部分的に認めている」+「第9条違反扱いだが**憲法への明記はなし**」という点も覚えておこう。

8 ○ 　憲法第66条に「総理とその他の大臣は文民のみ」とあるため、これらを自衛隊の最高責任者にしておけば文民統制になる。

9 ✗ 　「**派兵**」はダメで「**派遣**」はOK。安全保障に関する問題ではお手つきのワードが多いので注意しよう。

第1部 政治分野

10 平和主義（2）

■冷戦後の安保

●ガイドライン関連法（1999年）

冷戦後の安保 → 条約改正はないが、**安保の意義の再定義**が必要に。
▶「対ソ→対北朝鮮」重視へ。

●日米安保共同宣言（1996年）

「**アジア太平洋**」の平和と安全重視を宣言。
▶※単なる宣言。安保条約上は「極東」のまま。

➡これに伴い「**ガイドライン**」も見直しへ。
▶日米防衛協力のための指針。

> **ガイドライン**（1978年）…「**日本への攻撃**」に備える。主に**対ソ**用。
> ▶＝日本有事
> ⬇
> **新ガイドライン**（1997年）…「**日本が巻き込まれるおそれのある事態**」用。
> ▶＝周辺事態

ソ連なき今、新たな懸案事項である朝鮮半島情勢や中国・台湾間の緊張に対処できる日米協力方針になった。

⬇

※ただし米から「**実効力の確保**」を求められる。
　➡具体化のため**ガイドライン関連法成立**（1999年）。
　　　　　　‖

> **周辺事態法**… 周辺事態発生 ─ ・自衛隊は**米軍を後方支援**。
> 　　　　　　　　　　　　　　　└ ・**民間・自治体**への協力要請。
>
> 自衛隊法改正…周辺事態時の、在外邦人の救出。
> 日米物品役務相互提供協定（ACSA）改正…日米間の**物品・役務の相互提供**。
> ▶平時のみ→「周辺事態時含む」へ。

● その他の動向
・米軍の**普天間飛行場**(沖縄) → **名護市**辺野古へ移設することに。
　　　　　　　　　　　　　▶住民投票での賛成を経て。
　　※その際、事故の多い垂直離着陸機・**オスプレイ**も辺野古に移す予定。
　➡住民は反対運動。

・**防衛計画大綱**(10年毎の大枠)と**中期防**(5年ごとの具体的方針)を発表。
(2010年)
　　➡中国・北朝鮮の動向に注意し、**テロや離島侵攻を想定**。
・日米間の**「核持ち込み」の密約**。
・「思いやり予算」は**減額**傾向。

● 有事法制(2003年)

| 有　事 | = | ・**武力攻撃**事態(=日本が攻撃されている)
・**武力攻撃予測**事態(=日本が攻撃されそう) |

● 自衛隊による**私有地の強制収用・隊員の武器使用**などが可能に。
　　　　▶※ただし国民保護の視点が欠落→翌年「**国民保護法**」も制定。

● その他の有事立法
テロ対策特別措置法(2001年)

> アフガニスタンでテロ掃討中の米英軍を、**海上自衛隊がインド洋上で後方支援**することに。(→2年間の時限立法だが、その後延長。)

※同法は**2007年失効**し、海上自衛隊は一時的に**インド洋から撤収**。
　→翌年「**新テロ特措法**」として復活。海自も活動再開(→2010年失効)。

イラク復興支援特別措置法(2003〜2007年)

> イラク戦争後、まだ戦闘行為が続くイラクに陸・海・空自を派遣し後方支援。(→**戦闘中の外国領土に初めて上陸**(2008年任務完了)。)

KEY TOPICS 冷戦後の安保と有事関連法制

再定義が必要な安保の存在理由

日米安保条約の第1条「極東条項」によると、アメリカは極東の平和と安全の維持のため日本に基地を置いていることになっている。しかし実際には、冷戦期におけるアメリカの敵国・ソ連の**近くに基地がほしかった**から、というのが、偽らざる本音だろう。

だとすると、冷戦が終結し、ソ連が消滅した1990年代初頭には**「何のための安保か？」**という問題が当然起こってくる。日本国民を納得させるためには、よっぽどいい理由がないとまずいよね。そこでアメリカは日本の近くに火種がないか、必死に探した。

アジアの情勢と安保

そして見つけたのが、朝鮮半島情勢や中国・台湾間の緊張だ。朝鮮戦争は1953年に板門店で休戦協定が結ばれたもののまだ終戦しておらず、中国・台湾間の緊張も一向に解消する気配がない。つまりこれらは、「**放置すると日本にまで波及するおそれのある事態**」（＝周辺事態）につながりやすい。

有事関連法制

そこで1997年には新しい「**日米防衛協力のための指針**」（＝**新ガイドライン**）が作られた。そして周辺事態に備え、実効性を持たせるため、**周辺事態法**を軸とする**ガイドライン関連法**を制定したんだ。

しかしその後**北朝鮮の脅威はさらに拡大し、核開発や日本への攻撃的挑発**などの問題も起き、とても「周辺事態」なんてのん気に構えていられなくなってきた。

そこで2003年には、日本への直接攻撃（＝**武力攻撃事態**）に備えた**有事関連法制**が整備されることとなった。これで有事の際には自衛隊員がサッと動けるようになった。

動向に注目すべき事項

今は普天間飛行場の移設問題を軸に勉強しておくといいだろう。なかなか具体化しない印象だけど、名護市側も住民投票で受け入れを表明しているし、移設は既定の路線と考えて、しっかり内容を頭に入れておこう。

● 「思いやり予算」の推移

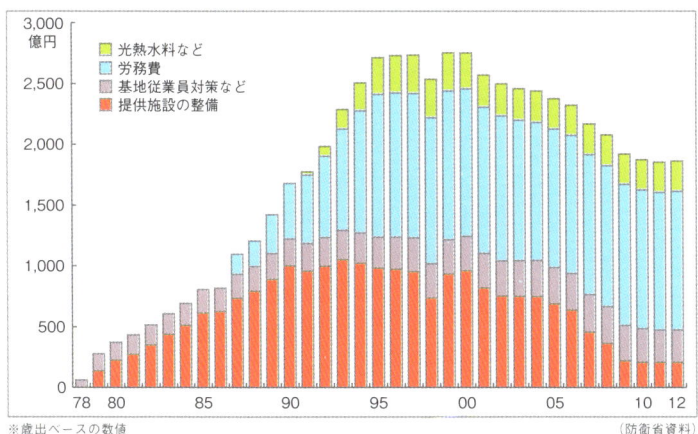

※歳出ベースの数値　　　　　　　　　　　　　　　　　　（防衛省資料）

一問一答でキーワードチェック!

問題

1. 冷戦の終結・ソ連の崩壊など、国際情勢の変化を受け、**安保の意義の再定義**が必要となった日米両国は、1996年 **❶** を発表し、重視すべき地域を「 **❷** 」から「 **❸** 」へと変更した。

2. (a) 日米安保体制の再定義に伴い、「<u>日米防衛協力のための指針(ガイドライン)</u>」は **❶** へと改められた。また、備えるべき事態も「日本有事」から「 **❷** 」となった。ガイドラインを具体化するための法整備も進み、1999年には **❸** が成立した。

(b) ただし、**❶** はあくまでも「**放置すれば日本に波及するおそれのある事態**」に対するものであり、日本への直接攻撃(＝ **❹**)までは想定していなかった。そこで2003年、日本への攻撃に備えた **❺** が整備された。

4. アフガニスタンの **❶** 政権が、アメリカ同時多発テロの首謀者である、国際テロ組織 **❷** の**オサマ＝ビン＝ラディン**をかくまっているとして、2001年より米英軍によるアフガニスタン攻撃が始まった。その<u>米英軍にインド洋上で燃料補給をするなど後方支援</u>を行うため、2001年に **❸** 法が制定された。

解答

❶日米安保共同宣言
❷極東
❸アジア太平洋

❶新ガイドライン
❷周辺事態
❸ガイドライン関連法
❹武力攻撃事態
❺有事法制

❶タリバン
❷アルカイダ
❸テロ対策特別措置

10. 平和主義（2）

問題

4. **イラク戦争**後も**戦闘行為が続くイラク**に、**自衛隊を上陸**させて後方支援にあたらせるため、2003年に ① が制定された。

5. ソマリア沖に出没する海賊から民間船舶を護衛するため、2009年に海上自衛隊の派遣を可能にする ① が制定された。

6. 沖縄県宜野湾市にある米軍 ① は、市街地という地理的危険性、1995年に起きた少女暴行事件、米軍への基地供与をめぐる知事の ② 拒否などを受けて、 ③ 市の辺野古に移設することになった。ただし、事故の多い垂直離着陸機・ ④ の辺野古配備については反対も多く、いまだ不透明な情勢である。

解答

❶イラク復興支援特別措置法

❶海賊対処法

❶普天間飛行場
❷代理署名
❸名護
❹オスプレイ

センターレベルにチャレンジ!

次の問題の正誤を判定せよ。

問題

1(a) 1996年、冷戦後の情勢変化に合わせて日米安全保障条約は改正され、米軍駐留の目的を「極東」から「アジア太平洋の平和と安全の維持」に改めた。

1(b) それに合わせて「日米防衛協力のための指針(ガイドライン)」も改められ、協力場面を「日本有事」から「周辺事態」へと改めた。

2 1999年、ガイドライン関連法が制定され、周辺事態時の日米共同作戦行動、民間・自治体への協力要請、物品や役務の相互提供などが規定された。

3 2003〜2004年、日本への直接攻撃を含めた有事に対応するため有事法制が整備され、自衛隊の実力行使や有事の際の国民保護のあり方などが規定された。

4 2001年、テロと戦う米英軍の後方支援を行うためテロ対策特別措置法が制定され、日本は医療・救援活動や燃料・武器・弾薬などの補給活動を行った。

5 2003年、イラク戦争後の復興支援活動のためイラク復興支援特別措置法が制定され、自衛隊はイラクの非戦闘地域に上陸し、後方支援活動を行った。

6 沖縄県宜野湾市にある米軍普天間飛行場は、県内の名護市に移設される予定だったが、当時の民主党鳩山政権の外交交渉により、県外移設されることが決定した。

7 ソマリア沖に出没する海賊船から日本の貿易船を守るため、2009年に海賊対処法が制定された。また、実際に日本の貿易船護衛のため、海上自衛隊が派遣された。

10. 平和主義 (2)

SCORE /8

解答 & 解説

1(a) ✗
1(b) ○
2 ✗
3 ○
4 ✗
5 ○
6 ✗
7 ○

1(a) 内容はほぼ正しいが、これは橋本・クリントン間で1996年に発表された「**日米安保共同宣言**」。安保条約の改正は、**1960年を最後にその後は一度もない**。

1(b) 旧ガイドラインは、主に**対ソ用の日米防衛協力指針**だったため、冷戦後の時代に合わせて**北朝鮮や中台間の緊張に対処**できるものに改めた。

2 **ガイドライン関連法**の中心法である周辺事態法は、周辺事態発生時に自衛隊が米軍の「**後方支援**」を行う法であり、**軍事的な共同作戦行動は行わない**。

3 周辺事態ではなく日本への直接的な攻撃（＝**武力攻撃事態**）とその予測事態に備えた諸法が**有事法制**で、そこでは**自衛隊の実力行使も容認**される。

4 テロ特措法は、アフガニスタンで戦う米英軍に、**海上自衛隊がインド洋上からガソリン補給のような後方支援**を行う法であり、武器弾薬の補給はダメ。

5 ただしイラク戦争後のイラクは内戦状態であり、非戦闘地域もいつ戦闘地域に変わるかわからない状況であった。

6 **普天間飛行場**は、旧来の日米合意通り、沖縄県**名護市辺野古**へ移設予定。鳩山氏の「最低でも県外」発言は、状況を混乱させるだけで立ち消えた。

7 インド洋ソマリア沖は海洋貿易の要衝だが、近年内戦が続くソマリアの沖で海賊行為が頻発したため、同法制定と自衛隊派遣につながった。

第1部 政治分野

11 国会

国会とは

憲法上の地位 →
- 国会＝「**国権の最高機関 ＋ 唯一の立法機関**」(第41条)
- 国会議員は**全国民**の代表(第43条)→地元や支持母体にしばられない。

➡ **衆議院**(480人・任期4年・解散あり)／**参議院**(242人・任期6年・解散なし)

国会の種類

常会(通常国会)	**1**月召集／**予算**審議／会期**150**日
臨時会(臨時国会)	・議員の要求／内閣の必要などに応じて。 ・衆 任期満了後／参 通常選挙後(双方30日以内)
特別会(特別国会)	衆議院解散総選挙後30日以内→**内閣総理大臣**の指名。
緊急集会(参院のみ)	衆 解散中の緊急時(→次国会で10日以内に 衆 の同意必要)

議員特権 会期中の**不逮捕**／院内発言への**免責**／歳費給付(＝所得保障)
▶現行犯などは例外　▶裁判上の責任不問　▶一般国家公務員の最高額以上

衆議院の優越…(a)総理指名／(b)条約承認／(c)予算案議決／(d)法律案議決

(a)総理
(b)条約　… 衆議院 可決 →
(c)予算

- 参議院 否決後、両院協議会も不一致
  or
- 参議院 議決なし((a)**10**日／(b)(c)**30**日)

＋ ➡● 「**衆議院の議決＝国会の議決**」に。

(d)法律 … 衆議院 可決　参議院 否決or 参議院 議決なし(**60**日以内)

➡● 衆院で出席議員の「**3分の2以上の再可決**」で成立。

衆議院だけの権限…**内閣不信任決議権**、予算先議権

> **※不信任と解散**
> **69**条解散:「**内閣不信任決議への対抗**」の解散(→内閣に主導権なし)
> **7**条解散:「**天皇の国事行為**(内閣の助言と承認)」解散(→主導権あり)

国会運営の原則

- 表決…原則「出席議員の過半数」。「**出席議員の3分の2以上**」はこれら。

  - 議員資格を失わせる時…議員の資格争訟＆除名時
  - **秘密会**の開会要求時／法律案の再可決時
  - **憲法改正の発議**時…これのみ「総議員の3分の2以上」

- **定足数**（**最小出席者数**＝総議員の**3分の1**）
- 両議院は原則公開（**秘密会も可**）
- 会期不継続…会期中に審議未了→原則**廃案**。
- **委員会中心主義**…日米は「**本会議＜委員会**」
  ▶イギリスは本会議中心。

国会・その他

① **憲法改正**の発議（憲法**第96条**にある改正手続き）

　　総議員の3分の2以上の賛成で**発議**→**国民投票**で過半数の賛成が必要。

② **弾劾裁判所**の設置（不適格な裁判官を国会が解任。）

　　訴追委員が訴えを起こす→**弾劾裁判**の実施
　　▶衆参各10名　　　　　▶衆参各7名の裁判員

③ **国政調査権**…証人喚問や記録の提出を要求できる権限。

④ **国会審議活性化法**（1999年）

  - **政府委員**の廃止…大臣の国会答弁補佐の官僚は不要。
  - 週1回の**党首討論**（クエスチョン・タイム）の実施。
  - **政務次官**の廃止…かわりに各省庁に**副大臣**を設置。

ねじれ国会…衆議院と参議院とで**与野党が逆転**。

- 法案成立に影響（2008年には**57年ぶりに「衆院再可決」**。）
- **国会同意人事**に影響（日銀総裁などは**衆参双方の同意**が必要。）
- 国政調査権…**参院独自の証人喚問**も可。
- **問責決議**…参院による「**内閣不信任決議**」の代わり。
  ▶拘束力なし／個々の大臣対象。

第1部 政治分野

KEY TOPICS 国会の持つ権限

立法作業の重要性

憲法第41条でいう「**国会は国権の最高機関**」とは「主権者である国民の代表が集まる大切な機関」ぐらいの意味で、他の二権より上位という意味ではない。

でも国会は「**立法機関**」でもあり、国民の自由と安全を守るための規範である法律を作る。これは主権者である国民が自らを守るための、非常に重要な作業だ。

この**立法作業が公平かつ十分になされることが、国民的利益の増進**につながる。だから恣意的な立法作業にならないよう国会議員は「**全国民の代表**」(第43条)でなければならない。だから議員活動の自由が確保されるよう様々な**議員特権**が認められ、より多くの国民の声を反映している**衆議院の優越**が認められ、行政との協力が必要な時に備えて**議院内閣制**が採用されているのだ。

ねじれ国会による意思決定の停滞

ただその国会で、近年異変が起きている。民主党の台頭に伴って起きた、**衆議院と参議院とで与野党が逆転するという「ねじれ国会**」だ。この現象が起こると、衆議院で可決された法案が参議院で否決されるなんてことも増えるし、行政のトップである内閣総理大臣に対する**問責決議**や**証人喚問**なんて事態にもつながりかねない。確かに、与野党含めて国民の声がより多く反映する方が健全な民主主義と言える。でも、事あるごとに政治の意思決定が停滞してしまうのが果たしていいことなのかどうか、これはかなり難しい問題だね。

●国会の組織と衆議院・参議院の違い

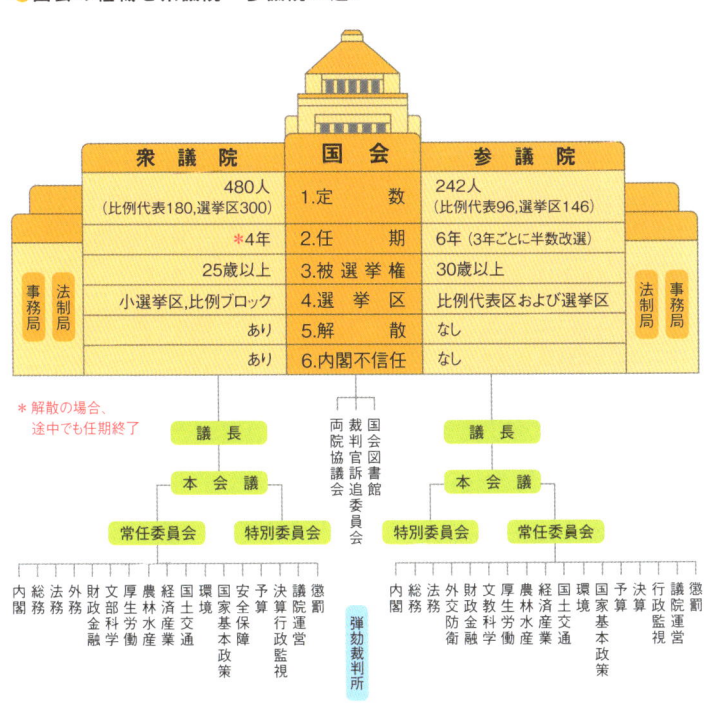

衆議院		国会	参議院
480人(比例代表180,選挙区300)	1.定数		242人(比例代表96,選挙区146)
*4年	2.任期		6年(3年ごとに半数改選)
25歳以上	3.被選挙権		30歳以上
小選挙区,比例ブロック	4.選挙区		比例代表区および選挙区
あり	5.解散		なし
あり	6.内閣不信任		なし

事務局・法制局

*解散の場合、途中でも任期終了

衆議院: 議長 — 本会議 — 常任委員会／特別委員会
- 常任委員会: 内閣／総務／法務／外務／財政金融／文部科学／厚生労働／農林水産／経済産業／国土交通／環境／国家基本政策／予算／決算行政監視／議院運営／懲罰

両院協議会／裁判官訴追委員会／国会図書館

弾劾裁判所

参議院: 議長 — 本会議 — 特別委員会／常任委員会
- 常任委員会: 内閣／総務／法務／外交防衛／財政金融／文教科学／厚生労働／農林水産／経済産業／国土交通／環境／国家基本政策／予算／決算／行政監視／議院運営／懲罰

●日本の政治機構（三権分立）

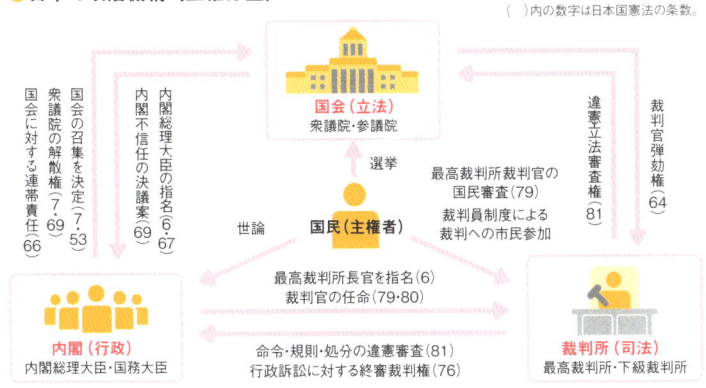

（　）内の数字は日本国憲法の条数。

国会（立法） 衆議院・参議院

内閣（行政） 内閣総理大臣・国務大臣

裁判所（司法） 最高裁判所・下級裁判所

国民（主権者）

- 国会に対する連帯責任(66)
- 衆議院の解散権(7・69)
- 国会の召集を決定(7・69)
- 内閣不信任の決議案(69)
- 内閣総理大臣の指名(6・67)
- 世論
- 選挙
- 最高裁判所裁判官の国民審査(79)
- 裁判員制度による裁判への市民参加
- 違憲立法審査権(81)
- 裁判官弾劾権(64)
- 最高裁判所長官を指名(6) 裁判官の任命(79・80)
- 命令・規則・処分の違憲審査(81) 行政訴訟に対する終審裁判権(76)

第1部 政治分野

一問一答でキーワードチェック！

問題

1. 憲法第 ① 条は、国会の地位について、「国会は国権の ② であって、国の唯一の ③ である」と規定している。また、第 ④ 条では、国会議員を「 ⑤ 」としている。

2. 国会にはいくつかの種類がある。
① ：毎年**1月**に召集されて**予算**審議が行なわれる。
② ：臨時で必要となった場合や衆議院任期満了選挙後に開かれる。
③ ：**衆議院解散総選挙後**に開かれる。
④ ：**衆議院解散中の緊急時**に開かれる。

3. 国会議員には、会期中の ① 特権、院内発言への ② 特権、所得を保障する ③ 特権などの議員特権が認められている。

4. （a）国会では「 ① の指名／ ② の承認／ ③ の議決／**法律案の議決**」の4項目で、**衆議院の優越**が認められている。前者3つにおいては、衆参の議決が食い違った場合、最終的に「**衆議院の議決＝国会の議決**」となる。法律案だけは「衆議院で ④ 以上の再可決」があれば成立する。

解答

❶41
❷最高機関
❸立法機関
❹43
❺全国民の代表

❶常会
❷臨時会
❸特別会
❹緊急集会

❶不逮捕
❷院外無責任（免責）
❸歳費給付

❶内閣総理大臣
❷条約
❸予算
❹3分の2

11. 国会

問題	解答

(b)衆議院だけに認められている権限として、⑤権と⑥権がある。しかし前者は**党の分裂等がない限り成立することはあり得ず、過去4例しか成立していない**。

❺内閣不信任決議
❻予算先議

5. ①中心のイギリスと違い、**日本はアメリカ同様、②中心主義を採用している**。そのため議案の審議は、いきなり本会議にかけるのではなく、まず③（予算や省庁関連）や④（法案などの案件ごと）で細部を詰める。また、必要に応じて学識経験者を招いた⑤も開く。

❶本会議
❷委員会
❸常任委員会
❹特別委員会
❺公聴会

6. 国会のその他の仕事には、①の発議、②の設置、③を駆使した**証人喚問**などがある。

❶憲法改正
❷弾劾裁判所
❸国政調査権

7. 1999年、官僚主導の国会から政治家主導の国会に戻すため、①法が成立した。同法成立により、大臣補佐官僚であった②制度は廃止され、副大臣的なポストであった③も廃止（代わりに**副大臣・大臣政務官**を設置）された。また週1回の④が実施されることになった。

❶国会審議活性化
❷政府委員
❸政務次官
❹党首討論

センターレベルにチャレンジ!

次の問題の正誤を判定せよ。

問題

1 特別国会は衆議院解散中の緊急時に召集されるもので、そこでの議決は次の国会開会後10日以内に衆議院の同意がなければ、効力を失う。

2 国会議員は、任期中に逮捕されることはない。

3 国会会期中に審議未了になった案件はすべて廃案となり、再び審議にかけられることはない。

4 開かれた民主主義を原則とするため、特別な手続きを経ない限り秘密会を開くことはできない。

5 出席議員の3分の2以上の賛成を求める議決はいくつかあるが、総議員の3分の2以上の賛成を求めるのは憲法改正の発議だけである。

6 日本の国会審議は本会議中心のアメリカと違い、イギリスと同じ委員会中心主義である。

7 証人喚問は衆参それぞれが独自に行えるが、虚偽の発言をしても処罰の対象にならないなど、拘束力がない。

8 法律案に関しては、衆議院で可決されたものが参議院で否決されても、衆議院の出席議員の3分の2以上の賛成で再可決すれば成立する。

9 国会改革で、政府委員や政務次官が廃止され、代わりに副大臣と大臣政務官が置かれた。

10 国会改革で、イギリスのクエスチョン・タイムを参考にした党首討論制度が採り入れられた。

11. 国会

解答 & 解説

1 ✗
2 ✗
3 ✗
4 ◯
5 ◯
6 ✗
7 ✗
8 ◯
9 ◯
10 ◯

1 これは参議院の緊急集会の話。特別国会は、衆議院解散総選挙後30日以内に召集される、内閣総理大臣指名の国会。

2 「任期中」ではなく「**国会の会期中**」。

3 次の国会で再提出するか、今国会の最後に継続審議の手続きをすれば、再び審議できる。

4 国会は公開が原則だが、出席議員の3分の2以上の賛成で秘密会にすることができる。

5 前者は法律案の再可決や秘密会の開会要求など複数あるが、後者は憲法改正の発議のみ。

6 アメリカとイギリスが逆。日本はアメリカを参考にした**委員会中心主義**であり、イギリスのような**本会議中心主義**の国とは違う。

7 衆参独自に行えるのは正しいが、虚偽の証言をすれば偽証罪になるなど、拘束力はある。

8 「**衆議院の優越**」の1つ。他の3つ（予算・条約・総理）はすべて、両院の意見が食い違えば「衆議院の議決＝国会の議決」となるが、法律案だけ特別。

9 政務次官を廃し、副大臣と大臣政務官が置かれた。

10 **党首討論**は毎週水曜日に開催されることになっているが、実際には開かれないことも多い。

12 内閣・裁判所 (1)

■内閣

憲法上の地位　「行政権は内閣に属する」(第65条)

- **総理大臣**…議員の中から国会の議決で指名。→天皇が任命。
  - ▶戦前：「同輩中の首席」 → 戦後：「**内閣の首長**」
- **国務大臣**…**過半数は国会議員**。総理が任命。天皇が認証。
  - ▶※イギリス…全員が国会議員を兼任／アメリカ…兼任不可

意思決定は、**閣議**における**全会一致**制。

国会との関係は議院内閣制　「内閣は国会に対し**連帯責任**」を負う(第66条)。
  - ▶総理と過半数の大臣は**議員兼任**／**不信任と解散**

内閣の仕事　裁判官の任命／条約締結／国事行為への「**助言と承認**」など

行政委員会…「**中立・公平**」を要する任務を担当。他の国家機関からの**独立性**が高い。

- 公正取引委員会 (独占禁止法のチェック)
- 国家公安委員会 (警察行政のチェック)
- 中央労働委員会 (労使対立のチェック)
- 人事院 (公務員の労働条件のチェック)

→ **準司法**(独自の**審判**)、**準立法**(独自の**規則**)的機能あり。

内閣総辞職

第69条　衆議院が**内閣不信任決議を可決**した場合。
  ➡ **10日以内に衆議院を解散しない**と総辞職。

第70条　内閣が**衆議院を解散**した場合。
  ➡ 解散総選挙後の**特別国会召集時**に総辞職。

第70条　内閣**総理大臣が欠けた**場合。
  ➡ 自動的に総辞職。

■裁判所

憲法上の地位　「司法権は**最高裁及び下級裁**に属する」（第76条）

- これら以外の**特別裁判所**設置は禁止。（第76条）
  - ▶戦前の行政裁判所・皇室裁判所・軍法会議など
- 行政機関による**終審**裁判は禁止。（第76条）
  - ▶行政委員会の審判レベルならOK。

裁判の種類　どれも**三審制**（地裁→高裁へ**控訴**→最高裁へ**上告**）が原則。

▶※判決以外の命令・決定への上訴は「**抗告→特別抗告**」。

- 民事（私人間の対立）
- 刑事（刑法違反）
- 行政（違法な行政行為）

裁判官が主導→「**職権主義**」
弁護士・検事・被告人が主導→「**当事者主義**」
　　　　　　　　　　　　　　　　▶これが主流。

司法権の独立　裁判所は干渉を受けず、公正・独立性を確保。

対外的独立　他の国家機関の干渉を排除。→**大津事件**
　＋　　　　▶立法・行政など。
対内的独立　司法内部における干渉を排除。→**平賀書簡問題**
　　　　　　　▶上級裁・上司など。

※司法権の独立を保つための憲法上の規定

裁判官の独立　「裁判官は**良心**に従い**独立**して職権を行い、**憲法・法律**にのみ拘束される」（第76条）

身分保障
- 所得保障…相当額を保障。在任中は減額なし。
- 定年制…最高裁・簡易裁は70歳。他は65歳。
- 罷免は「**心身の故障／公の弾劾／国民審査**」のみ。

KEY TOPICS 内閣と裁判所

議院内閣制

内閣は行政権の主体だ。行政権というのは「**立法権（法律を作る）と司法権（事件を解決）以外の政務を執行する権限**」なんだけど、明確な定義がなくわかりにくい。だから簡単に「各省庁や地方公共団体が行う仕事を行政事務という」とだけ覚えておこう。

内閣は内閣総理大臣とその他の国務大臣から構成される。日本では**議院内閣制**が採られていて、内閣と国会の協力関係を維持するために、国会議員兼任の大臣が一定数いる。**総理は必ず国会議員から、国務大臣は過半数が国会議員から選出されるんだ。**

議院内閣制とは「**内閣の存立を国会の信任に依存する制度**」、つまり国会から信頼された内閣こそが内閣たり得るという制度だ。6章「各国の政治制度」でも書いたように、イギリスでは議院内閣制が徹底され、全大臣が国会議員を兼任している。一方、アメリカは三権の独立性尊重の立場からこの制度を採らず、兼任不可の立場をとっている。**日本は過半数が兼任だから、英米の中間型**といえるね。

司法権の独立

司法権は、法を適用して事件を解決する権限だ。司法機関は最高裁判所と下級裁判所（簡裁・家裁・地裁・高裁）から成る。これ以外の裁判所を特別裁判所といい、原則的に設置が禁じられている。また「**行政機関による**終審裁判**の禁止**」という規定があるが、終審裁判とは最高裁レベルの確定判決を出す裁判ってこと。つまり逆にいうと、**行政委員会の審判みたいな、確定判決手前のレベルまでならば、行政機関でも行えます**よってことになる。

司法権の独立とは、裁判所が司法内外から干渉されないようにし、公正と独立性を確保する原則のことだ。それを保つための憲法上の規定も多い。ていねいに覚えておこう。

大津事件	ロシア皇太子への傷害事件。政府は死刑判決を強要したが、大審院長児島惟謙は反発し、**下級裁に無期判決を指示**。（→行政権からの独立性は保たれたが、司法内部で下級裁に圧力をかけたのは問題。）
浦和事件	心中未遂により子を殺した女性に対し「懲役3年、執行猶予3年」の判決。→**参院は「刑が軽すぎる」と決議**。（→これが問題視された。）
平賀書簡問題	自衛隊と憲法第9条にからむ長沼ナイキ訴訟の一審時、**地裁上司が部下の裁判官の判決に手紙で干渉**。

● 三審制

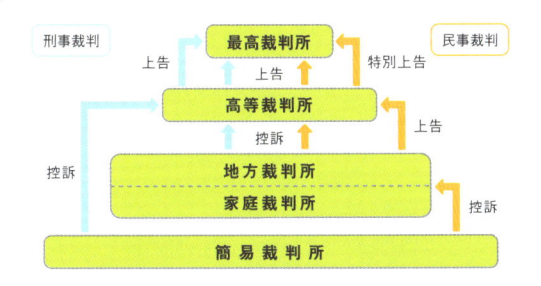

刑事裁判　　　最高裁判所　　　民事裁判
　上告　　　上告　　特別上告
　　　　　　高等裁判所
　　　　　　　控訴　　　　　　上告
　控訴　　　地方裁判所
　　　　　　家庭裁判所　　　　控訴
　　　　　　簡易裁判所

一問一答でキーワードチェック!

問題

1. 憲法第67条では、内閣総理大臣は**国会議員の中から国会の議決で指名**し、天皇が任命するとしている。戦前の総理は「　❶　の首席」に過ぎなかったが、今日では「　❷　」として、**他大臣の任免権**を持つ（第68条）。

※同じく第68条によると、総理が任命する国務大臣は、**過半数が国会議員を兼任**していなければならない。

2. 内閣が衆議院を解散する形には２つのパターンがある。まず**内閣不信任決議への対抗**としての解散で、これを　❶　という。この場合は10日以内に解散するか総辞職するかしかない。もう１つの解散が、**天皇の**　❷　**としての解散**で、これを　❸　という。こちらは内閣の**助言と承認**が前提となる。

3. 　❶　とは、**内閣の存立を国会の信任に依存する制度**である。内閣と国会は、協力関係維持のために、**首相と過半数の大臣を国会議員兼任**とする。もし協力維持が困難になれば、　❷　と　❸　により選挙に持ち込み、両者の関係をリセットする。

解答

❶同輩中
❷内閣の首長

❶69条解散
❷国事行為
❸7条解散

❶議院内閣制
❷内閣不信任決議
❸衆議院の解散

12. 内閣・裁判所 (1)

問題

4. **公正取引委員会**や**中央労働委員会**などの ❶ は、中立・公平を要する任務を担当する。そのため他機関から独立していることが必要であり、独立性を担保するため、❷ 機能や ❸ 機能が認められる。

5. 憲法第76条に「司法権は最高裁判所及び下級裁判所に属する」とあり、これ以外の ❶ の設置は禁止されている。また行政機関による ❷ も禁止されている。

6. 裁判には**民事・刑事・行政**裁判があるが、いずれも ❶ を原則としている。また近年の裁判は、かつてのような裁判官主導の ❷ ではなく、弁護士・検事・被告人らが主導する ❸ が主流である。

7. **司法権の独立**には対外的独立と、対内的独立とがあるが、独立性を担保するため、裁判官は**十分な所得保障**がなされており、**在任中に減額されることはない**。また罷免の要件も明確化されており、❶ ・ ❷ ・ ❸ 以外で罷免されることはない。

解答

❶ 行政委員会
❷ 準司法的
❸ 準立法的

❶ 特別裁判所
❷ 終審裁判

❶ 三審制
❷ 職権主義
❸ 当事者主義

❶ 心身の故障
❷ 公の弾劾
❸ 国民審査

第1部 政治分野

センターレベルにチャレンジ！

次の問題の正誤を判定せよ。

問題

1 国務大臣は過半数が国会議員だが、内閣総理大臣だけは必ず国会議員の中から選出される。

2 戦前の内閣総理大臣は、他大臣との関係において「同輩中の首席」だったが、今日は「内閣の首長」として、他大臣の任免権をもつ。

3 内閣の意思決定は、閣議における全会一致制である。

4 内閣の職務は、最高裁長官の指名、条約の締結、恩赦の認証、天皇の国事行為への助言と承認などである。

5 衆議院が内閣不信任決議を可決したり、内閣が衆議院を解散した時には、内閣は総辞職する。

6 特別裁判所とは、特定の身分の者や特別な種類の事件のみを扱う裁判所で、今日の行政裁判所や皇室裁判所がそれにあたる。

7 憲法は、行政機関による終審裁判を禁止している。

8 今日の民事裁判や刑事裁判は、弁護士や検察官が裁判を主導する職権主義が主流である。

9 刑事裁判は、国は刑罰関係法を適用するための手続きなので、検察官が原告となる。

10 司法権の独立には、外部の国家機関からの独立性と、司法内部における独立性の二種類がある。

11 裁判官は憲法上、主権者である国民に従って独立して職務を行い、憲法と法律にのみ拘束される。

12 裁判官の罷免は、心身の故障、公の弾劾、国民審査のいずれかによるもののみである。

12. 内閣・裁判所(1)

SCORE　　/12

解答 & 解説

1. ○
2. ○
3. ○
4. ×
5. ×
6. ×
7. ○
8. ×
9. ○
10. ○
11. ×
12. ○

1 憲法第67条と第68条に規定されている。

2 同輩中の首席は、主権者である天皇の下において他大臣と同格のまとめ役だが、天皇が国政機能を持たない象徴となった以上、内閣総理大臣が首長という最高責任者になる。

3 閣議決定は過半数の賛成ではないから注意。

4 恩赦は内閣が「決定」し、天皇が「認証」する。

5 不十分。前者は「不信任決議の可決後、10日以内に衆議院を解散しない場合」に総辞職、後者は「解散総選挙後の特別国会召集時」に総辞職となる。

6 特別裁判所は憲法第76条で禁止。行政・皇室裁判所は戦前の組織。ただし今日も、国会内に設置された弾劾裁判所は特別裁判所だが、憲法第64条に規定があるため「憲法で認めた例外」と解されている。

7 ただし終審までは至らない、行政委員会の審判等の準司法的機能は容認されている。

8 これは当事者主義。職権主義は裁判官が主導。

9 刑事裁判は「よくもうちの国のルールを破ったな」という裁判なので、検察官が原告となる。

10 外部の国家機関とは国会や内閣のこと、司法内部とは上級裁判所や上司のこと。

11 憲法第76条の規定に戻すなら、「主権者である国民」を「良心」にする。

12 裁判官の罷免事由になりうるものはこれだけ。

第1部 政治分野

13 裁判所（2）

■違憲立法審査権

違憲立法審査権とは、一切の**法律・命令・規則・処分**が憲法に適合するか否かを審査する権限（→**全裁判所にあり**）。

ただし
- 何らかの**具体的事件のついで**でないと行使できない。
  ▶裁判所の最優先の仕事＝事件解決だから。
- 違憲判決が出た法律は、**その事件に限り無効**。
  ▶法の削除は国会の仕事だから。

■司法制度改革

● **裁判員制度**（2009年〜）…**重大な刑事事件の一審のみ**裁判員の参加を義務づける。

　　　　　　　　　　　裁判官と一緒に「(a)**事実認定**＋(b)**量刑決定**」
　　　　　　　　　　　　　　　　　　▶有罪or無罪　▶懲役何年か

- 20才以上の日本国民…**国会議員・首長・自衛官・司法関係者**などは対象外。
  ▶※辞退可能者…70歳以上／地方議員／学生など
- 候補者が正当な理由なく裁判所に行かないと**罰金**。
- **陪審制**（アメリカで採用。日本にも戦前一時期のみあった）**とは別**。
  ▶陪審員は事実認定のみ（＝**評決**）。／裁判官は量刑決定のみ（＝判決）。
- **守秘義務**あり（裁判終了後も）。
- 裁判官3名＋裁判員6名→双方各1名以上を含む多数決で決定。

＋

公判前整理手続（2005年〜）

　裁判前に、**弁護士と検事がそれぞれの持つ証拠を示し合う**。
　　　　　▶審理期間短く／裁判員にわかりやすい裁判に。

被害者参加制度（2008年〜）

　被害者本人や遺族が法廷に立ち、意見を述べる（殺人などで）。
　　▶裁判員へのわかりやすさなどを念頭に置く。

■その他の重要事項

- **検察審査会**（2009年改正）…有権者からくじで選ばれた11人の審査会員が、検察官の「**不起訴**」「**起訴猶予**」の妥当性を審査。　▶証拠不十分　▶裁量で起訴せず。

「起訴相当」の決定が2回出れば**強制起訴** → **弁護人が検察官代わり**となり裁判。

- **公訴時効の廃止**…**殺人と強盗殺人の時効廃止**に（2010年～）。

※法制定時で時効になっていない**すべての事件に適用** → 「**遡及処罰の禁止**」に**違反**する疑いあり。
▶憲法第39条

- ロースクール（法科大学院）…法曹人口の拡大をめざす。
- 裁判迅速化法…一審を2年以内の短い期間内に終わらせる。
- **計画審理**…民事で裁判官が当事者双方と話し合い、**尋問や判決の時期などを計画的に決めておくこと。**
- **労働審判法**（2006年～）…リストラなどの労働紛争を迅速に解決するため、まず**労働審判**を行い紛争審理（→無理なら裁判へ）。
- **知的財産高等裁判所**…著作権や特許権に関する訴訟を専門に扱う。
▶東京高等裁判所内のみに2005年設置。
- **日本司法支援センター**…全国どこにいても法律相談ができる社会をめざして、2006年にスタート。
▶＝法テラス
- **少年法改正**（2000年）…**刑事罰適用年齢**を「**16→14歳以上**」に引き下げ。
▶2007年より少年院送致下限も「14→概ね12歳以上」に。

第1部 政治分野

KEY TOPICS 司法制度の改革

制約の多い日本の違憲立法審査権

違憲立法審査権は、「一切の法規範が最高法規である憲法に違反しないか」を審査する裁判所の権限だ。これがうまく機能していれば、重大な人権侵害の多くを未然に防ぐことができるようになる。

ただし、日本の違憲立法審査権には制約が多い。まず何らかの**具体的事件**の**ついででないと、行使できない**。これは裁判所が事件解決のための機関である以上、仕方ない。ちなみにドイツなどには**憲法裁判所**というのがあって、法制定後すぐに違憲審査できるけど、**日本でそれを作ると特別裁判所になってしまう**ので無理。

また仮に**法律に違憲判決が出ても、それが即法律の削除につながるわけではない**のも弱いところだ。なぜなら法の削除は制定の延長上にあるから、立法権の仕事。司法は「**この事件に限り、当法律は違憲・無効**」と判断することしかできないんだ。

活発化する司法制度の改革

近年、司法制度改革の動きが活発になっている。めざしている主な方向性とは「法曹人口の増加」「市民が参加する裁判」「裁判官に市民感覚を」などだ。

司法試験の合格者を増やして法曹人口を増やすために法科大学院（ロースクール）を設置したり、裁判に直接市民を参加させるために裁判員制度が始まったりしたんだ。こうして市民に身近な裁判を実現するとともに、わかりやすい裁判をめざして、公判前整理手続きや被害者参加制度なども導入されている。

他にも司法制度は大々的に変わったから、細かい知識をしっかり頭に入れておこう。

第1部 政治分野

●裁判員選任手続きの流れ

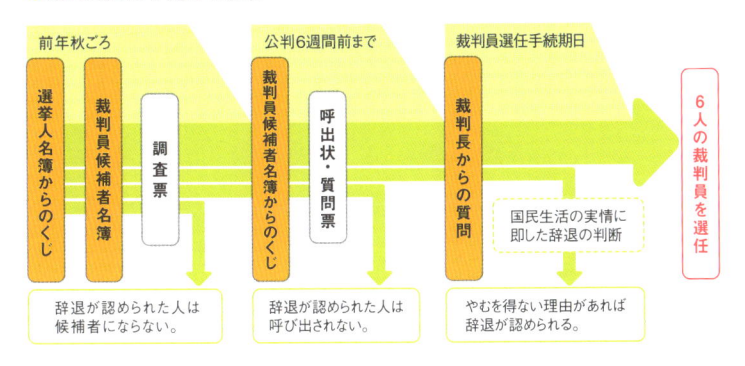

前年秋ごろ
- 選挙人名簿からのくじ
- 裁判員候補者名簿
- 調査票
 → 辞退が認められた人は候補者にならない。

公判6週間前まで
- 裁判員候補者名簿からのくじ
- 呼出状・質問票
 → 辞退が認められた人は呼び出されない。

裁判員選任手続期日
- 裁判長からの質問
 → 国民生活の実情に即した辞退の判断
 → やむを得ない理由があれば辞退が認められる。

→ 6人の裁判員を選任

一問一答でキーワードチェック!

問題

1. 一切の**法律・命令・規則・処分**が憲法に適合するか否かを審査する裁判所の権限を、☐❶☐という。ただし日本では、何らかの☐❷☐の裁判に付随する形でないと行使できず、また違憲判決が出た法律は、**その事件に限り無効**となる。

2. 2009年より、**重大な**☐❶☐の一審に限り、市民から選出した**裁判員**の参加を義務づける**裁判員制度**がスタートした。裁判員は**裁判官と共に、**☐❷☐**と**☐❸☐**の両方を行なう。**

※アメリカなどの陪審制では、**陪審員**が事実認定のみの「**評決**」を下し、裁判官が量刑決定のみの「**判決**」を下す。

3. 裁判への市民参加が実現したことにより、市民にわかりやすい裁判がめざされるようになった。そのため、**裁判前に弁護士と検事が各々の証拠を示し合う**☐❶☐や、**被害者本人や遺族が法廷に立ち、意見などを述べられる**☐❷☐制度が始まった。

解答

❶**違憲立法審査権**
❷**具体的事件**

❶**刑事事件**
❷**事実認定**
❸**量刑決定**

❶**公判前整理手続き**
❷**被害者参加**

13. 裁判所 (2)

問題

4. もう1つの市民参加として注目されるのが、[①] 制度である。これは、選挙権を有する国民の中から選出された審査員が、**検察官の下す「不起訴処分」と「起訴猶予処分」の妥当性を審査する**というものである。2009年より「[②]」の決定が2回出たら、裁判所が指定する [③] を起訴人として強制起訴されることになった。

5. 2010年に刑法と刑事訴訟法が改正され、殺人や強盗殺人など一定の刑事事件において、[①] の廃止が実施された。これは2010年時点で時効を迎えていないすべての事件に適用されるため、憲法第39条で禁止されている [②] にあたらないかなどが、問題点として指摘されている。

6. 近年では、迅速な問題解決をめざすための司法制度改革が目立つ。例えば労働紛争を迅速に解決するため、裁判前にまず [①] を行なう、民事裁判を計画的に進めるために [②] を導入する、第一審を2年以内の早い時期に終わらせるために [③] 法が制定される、などの改革がなされている。

7. 法律相談しやすい社会をめざして、[①]（法テラス）が2006年に設置された。

解答

❶ 検察審査会
❷ 起訴相当
❸ 弁護士

❶ 公訴時効
❷ 遡及処罰

❶ 労働審判
❷ 計画審理
❸ 裁判迅速化

❶ 日本司法支援センター

センターレベルにチャレンジ!

次の問題の正誤を判定せよ。

問題

1 違憲立法審査権は、一切の法律・命令・規則・処分に不備があるか否かを審査する裁判所の権限である。

2 違憲立法審査権により違憲判決が下された法律は、ただちに無効・削除となる。

3 市民が参加する裁判員制度は、重大な刑事事件の一審でのみ実施される。

4 裁判員制度では、裁判員は事実認定を、裁判官は量刑決定を行う。

5 裁判員制度では、職業裁判官全員の賛成がないと判決が下せない。

6 裁判実施前に弁護士と検察官が裁判所に集まり、裁判の争点を確定し、証拠を決定する制度が導入されている。

7 犯罪被害者や遺族が法廷に立ち、被告人への質問や量刑への意見を述べる制度が導入されている。

8 2009年より、検察官の下す不起訴や起訴猶予処分の妥当性を審査する検察審査会制度が発足した。

9 検察審査会で起訴相当の決定が2回出れば強制起訴となり、その際の起訴人は弁護士から指定される。

10 2010年より、一定の刑事事件において公訴時効が廃止され、2010年以降に起こったすべての一定刑事事件に適用されることになった。

11 2006年より全国各地に日本司法支援センター(法テラス)を設置し、情報提供や各種サービスの提供などを行っている。

13. 裁判所（2）

解答 & 解説

1 ×　「不備」ではなくて「**憲法に適合するか否か**」を審査する。

2 ×　違憲判決が出た法律は、**その事件に限り無効**となるが、**法の削除は国会の仕事**なので裁判所には不可能。

3 ○　すべての事件への市民参加は不可能だし、長期の参加は市民生活に大きな負担をかけるから。

4 ×　これは**陪審制**。裁判員制度は事実認定と量刑決定の両方を裁判員と裁判官の合議で行う。

5 ×　裁判員・裁判官双方**各1名以上を含む過半数**の賛成で判決は下せる。

6 ○　**公判前整理手続き**のこと。

7 ○　**被害者参加制度**のこと。

8 ×　内容的には正しいが、**検察審査会**制度そのものは1948年からある。2009年は検察審査会法の改正があった年。

9 ○　これが2009年の法改正内容。検察官の判断に反する強制起訴のため、**起訴人には裁判所が指定する弁護人がなる**。

10 ×　2010年「より前」に起こった事件も時効廃止の対象になる。**遡及処罰の禁止**に触れるとの指摘もあるが、新たに刑罰を増やすわけでなく、**現行法の運用を修正するだけだからOK**との解釈で始まった。

11 ○　**法テラス**には職員だけでなく常勤の弁護士もいて、無料で法律相談に応じてくれる。

14 地方自治

「地方自治は**民主主義の学校**である」(ブライス)

地方自治の本旨（憲法第92条）
- **団体自治** ある程度国から独立。独自の権限あり。
- **住民自治** 住民の意思を尊重。→**直接請求権**

請求の種類	必要署名数	請求先	請求後の動き
条例の制定・改廃	有権者の**50分の1**	首長	**20日以内**に議会召集
事務の監査	有権者の**50分の1**	監査委員	監査の実施・公表
議会の解散 議員・首長の解職	有権者の**3分の1**※	選挙管理委員会	**住民投票**を実施

▶ ※「有権者数40万人超の自治体でのリコール」のみ、「40万人の3分の1」と「40万人を超える人数の6分の1」の合計数を必要署名数とする。

地方公共団体の仕事

従来 ①**固有**事務(本来業務)＋②**委任**事務(「国→地方」に委任)
　　　➡ ②の1つ「**機関委任**事務(首長等に委任)」が**問題視**される。

2000年〜 **地方分権一括法**で、**事務の大幅再編**等が実現。

- **自治事務**：地方が**自主的**に担う。
- **法定受託事務**：**法**に基づき地方に委任。

➡ 従来の**機関委任**事務などは**廃止**。

▶ ※国の関与に不服→**国地方係争処理委員会**で審査。

地方公共団体の機関

議会 条例・予算の議決、首長の**不信任**決議
　　　　▶3分の2の出席＋4分の3の同意で成立。

首長
- 議会の**解散** ▶不信任への対抗のみ。
- 条例・予算等の**拒否権** ▶議会3分の2以上の再可決で無効に。

| 1960～70年代 | 社会・共産党系首長のいる自治体（＝革新自治体）が増加。 |
| 近年 | 政党無所属の首長（＝無党派知事）が支持されやすい。 |

地方財政

| 歳入 2012年 | 地方税 39.9% | 地方交付税交付金 24.9% | 国庫支出金 15.5% | 地方債 13.8% | その他 9.3% |

（『日本国勢図会』2012/2013）

- 地方税＝
  - 地方の自主財源（自分で調達）＋一般財源（自由に使える）
  - 「住民税／固定資産税／(法人)事業税」の3つが中心。
- ●全予算のわずか3〜4割しかない＝「三割自治」
- 地方交付税交付金…地方間の格差是正のために国が交付。
- 国庫支出金（＝補助金）…国が使い道を指定して交付。

地方分権改革

三位一体改革	地方の自主性を損ねる国庫支出金と地方交付税を減らし、代わりに国税の一部を地方に譲る。
構造改革特区	まず特定の地域のみで様々な規制緩和を実施し、うまくいけば全国展開を検討。
平成の大合併	2010年に終了。市町村数は「3000以上→1727」へ。 ▶ ※「都道府県の合併案」は道州制案。

その他の重要事項

- 財政再生団体…財政健全化が困難な自治体。2013年現在、夕張市のみ。
- 住民投票条例…「リコール成立／市町村合併の是非／特別法の制定」以外での住民投票には、まず住民投票条例の制定要求が必要。
- ふるさと納税…居住地以外（出身地など）に寄付→住民税を一部控除。
- 専決処分…本来議会が決めることを、首長が決める。
- 名古屋（有権者175万人）でのリコール
  …(40万人×3分の1)＋(135万人×6分の1)≒35万人
  ➡名古屋は有権者の5分の1の署名が必要。

第1部 政治分野

KEY TOPICS 地方自治と地方分権改革

　　ブライス（イギリス）は地方自治を「民主主義の学校」と呼び、トクヴィル（フランス）は「自治が自由に対して持つ関係は小学校が学問に対して持つ関係と同じ」と表現した。これらはどちらも、地方という身近な単位の延長線上に民主主義が存在することを意味している。

　憲法第92条には「地方自治の本旨」という言葉がある。これは「地方自治の本来あるべき姿」という意味の言葉で、その内訳は団体自治（＝地方公共団体が自分の地域を自分で治める）と住民自治（＝そこに暮らす住民が自分の地域を自分で治める）である。国とは違い、地方は住民との距離が近いのだから、住民自治を具体化する直接請求権の行使などが大切になってくる。

　また、地方では近年、様々な面から改革が進んでいる。事務の面では機関委任事務の廃止、税財政面では三位一体改革、そして全体的な面では市町村合併の促進などだ。これらの改革のおかげで地方の基盤は強化され、国に対して自主性を発揮できる機会も増えた。だから首長も昔みたいに「上下・主従関係」に甘んじるのではなく、独自色のある地方を作っていくべき時代になっているといえるだろうね。

●住民投票条例を制定した主な自治体

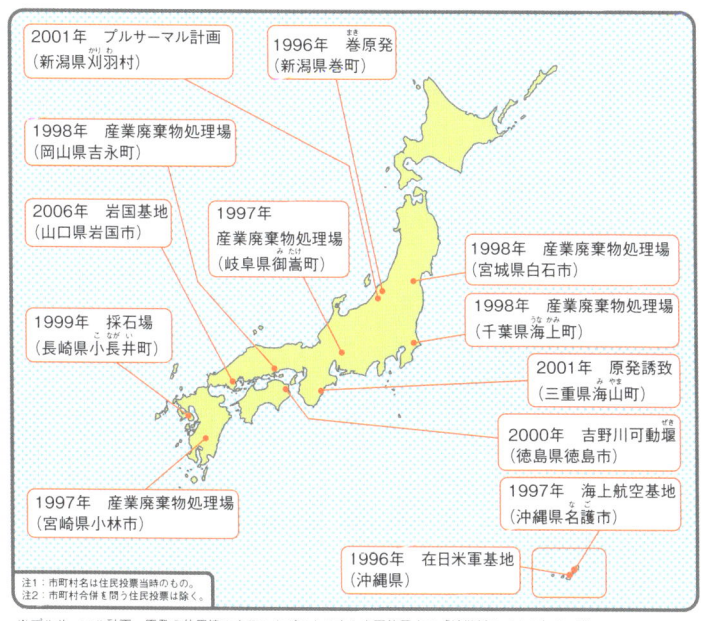

- 2001年　プルサーマル計画（新潟県刈羽村）
- 1996年　巻原発（新潟県巻町）
- 1998年　産業廃棄物処理場（岡山県吉永町）
- 2006年　岩国基地（山口県岩国市）
- 1997年　産業廃棄物処理場（岐阜県御嵩町）
- 1998年　産業廃棄物処理場（宮城県白石市）
- 1998年　産業廃棄物処理場（千葉県海上町）
- 1999年　採石場（長崎県小長井町）
- 2001年　原発誘致（三重県海山町）
- 2000年　吉野川可動堰（徳島県徳島市）
- 1997年　産業廃棄物処理場（宮崎県小林市）
- 1997年　海上航空基地（沖縄県名護市）
- 1996年　在日米軍基地（沖縄県）

注1：市町村名は住民投票当時のもの。
注2：市町村合併を問う住民投票は除く。

※プルサーマル計画…原発の使用済みウランやプルトニウムを再使用する「核燃料サイクル」の一環。

●市町村数の推移

年	市	町	村
1999	671	1,990	568
2010	757	786	184
2012	787	748	184

※2012年の数値は2012年4月1日の数値。

（総務省資料より作成）

一問一答でキーワードチェック!

問題

1. イギリスの**ブライス**は地方自治を「 ① の学校」と表現し、フランスの**トクヴィル**は自治と自由の関係を「 ② 」の関係と同じであると表現した。

2. 憲法第92条の「**地方自治の本旨**」とは、 ① と ② のこととされる。 ② は直接民主制的な手段である ③ 権により具体化されている。

3. 地方公共団体の統治は、 ① である**議会**と、 ② である**首長**により行われる。議会は条例・予算の議決だけでなく、国政調査権の地方版にあたる ③ の行使や、首長の ④ などを行う権限を持つ。対する首長は、 ④ への対抗として議会の ⑤ 権や、条例・予算の ⑥ 権を行使することができる。

4. 学生運動が盛んだった1970年前後には、社会・共産党系首長のいる ① が増加した。今日では政党色の薄い無所属の首長である ② 知事が人気を得ている。

解答

1.
①民主主義
②小学校と学問

2.
①団体自治
②住民自治
③直接請求

3.
①議事機関
②執行機関
③100条調査権
④不信任決議
⑤解散
⑥拒否権

4.
①革新自治体
②無党派

14. 地方自治

問題

5. (a) 地方の仕事には、本来業務である ① 事務と法令により国などから委任された ② 事務があったが、後者のうち特に ③ 事務の増加が問題となった。

(b) 2000年に施行された ④ 法により、地方の事務は自主的に担う ⑤ 事務と、法に基づき国から委任される ⑥ 事務に再編された。

6. 地方財政は、自主財源である**地方税**、地方間の格差是正のための ① 金、国が使途を指定する ② 金からなる。地方税は ③ ・ ④ ・ ⑤ などからなる。**地方税が少なすぎて地方が自主性を発揮できない現状を「 ⑥ 」という。**

7. 近年の地方分権改革として、国と地方の税財政改革である ① 改革や、特定地域のみで規制緩和を行う ② 、**平成の大合併**などが展開された。

8. ① ：都道府県の枠組みを見直し、再編する試みのこと。 ② ：財政の健全化が困難な自治体のこと。 ③ ：本来は議会が決めることを首長が決めること。

解答

❶固有（公共）
❷団体委任
❸機関委任
❹地方分権一括法
❺自治
❻法定受託

❶地方交付税交付
❷国庫支出
❸住民税
❹固定資産税
❺事業税
❻三割自治

❶三位一体
❷構造改革特区

❶道州制
❷財政再生団体
❸専決処分

センターレベルにチャレンジ!

次の問題の正誤を判定せよ。

問題

1 条例により地方独自の罰則を制定することは、団体自治の1つである。

2 原子力発電所の是非を問う住民投票を実施するには、まず有権者の50分の1以上の署名を必要とする。

3 地方議会の解散請求は、有権者の3分の1以上の署名を集めて首長に提出した後、住民投票で過半数の賛成があれば成立する。

4 地方議会には首長の不信任決議権があり、首長には議会解散権や条例・予算などに対する拒否権がある。

5 地方公共団体の仕事のうち、機関委任事務は首長を拘束する性質を持つとして問題視されている。

6 地方が国の関与に不服がある場合には、地方分権推進委員会に不服申し立てができる。

7 以前は地方議会の政党化や総与党化が懸念されてきたが、近年は無党派知事や地域政党が台頭し、その流れを変えつつある。

8 地方税は、地方の自主財源にして一般財源であり、住民税・固定資産税・相続税などからなる。

9 地方間の格差是正のために交付される国庫支出金が、地方の自立を妨げているとの批判もある。

10 「平成の大合併」で一定の成果を見た市町村合併に続き、政府は道州制の導入を閣議決定した。

11 地方の自主性回復のための試みの1つとして、政府は三位一体改革を実施した。

14. 地方自治

解答 & 解説

1 ◯
2 ◯
3 ✕
4 ◯
5 ✕
6 ✕
7 ◯
8 ✕
9 ✕
10 ✕
11 ◯

1 **団体自治**とは地方がある程度の独自性や統治権限を持つべきという理念だから、条例による罰則などはまさに団体自治の具体化。

2 この場合は、まず「住民投票**条例の制定要求**」から始めるから、50分の1の署名集めからで正しい。

3 選挙がらみで選ばれた人の解散・解職請求は、**選挙管理委員会**に提出する。

4 地方議会についての正しい内容。しっかり覚えておこう。

5 機関委任事務はなくなり、2000年より**自治事務**と**法定受託事務**に分類されるようになった。

6 「**国地方係争処理委員会**に」が正しい。

7 **地方の政党化**とは国会と同様に政党所属の地方議員が増えること、**総与党化**とは首長も含めほとんどが同政党になること。こうした状況により、国と地方との主従関係が生じたり、政治腐敗の元となったりという弊害が懸念される。しかし近年は、無所属の知事や地域色の強い政党が台頭し、その流れを変えつつある。

8 相続税は国税。ここは（法人）事業税が正しい。

9 地方間の格差是正のために交付されるのは**地方交付税交付金**。

10 **道州制**は都道府県の枠組みを見直し全国をブロック別に再編する考えだが、その導入は決定していない。

11 **三位一体改革**とは国と地方の税財政改革のことで、地方を縛る原因となっている**地方交付税と国庫支出金を減らすかわりに、地方税の増税を認めて地方の取り分を増やそうとする試み。

15 選挙制度

選挙制度の四大原則　普通選挙・平等選挙・直接選挙・秘密選挙

■選挙区と特徴

小選挙区制
▶1区1名のみ
- 支持者の多い**大政党に有利**。　▶二大政党制を誘発。
- **死票**（＝落選者への票）が多い。
- **ゲリマンダー**（区割りの不正なねじ曲げ）の危険性。

大選挙区制
▶1区2名以上
- **小政党にも勝機**。　▶※ただしその分大政党が圧勝しにくくなり、政局不安定になりやすい。→多党制に。
- **死票**が少なくなる。　▶小選挙区より民意を反映。

比例代表制 → **各政党あてに議席を比例配分**（ドント式で計算）。

→ **衆議院** 拘束名簿式…名簿順位あり。政党名のみで投票。
　 参議院 非拘束名簿式…名簿順位なし。**政党名or候補者の個人名**で投票。
　　　　　　　　　　　　　　　　　　　▶個人あて得票が多いほうから当選。

■戦後日本の選挙制度

●参議院

昔　全国区と地方区…全国から100名／各都道府県から1〜4名

今　比例代表区と選挙区…**比** 全国1ブロック96名／**選** 各県2〜8名
　　　　　　　　　　　　　▶※選挙区と比例代表区の重複立候補は不可。

●衆議院

昔　中選挙区制…各都道府県を分割。**各区から2〜6名**選出。
　　　　　　　　　　　　　　▶大選挙区の一種

今　**小選挙区比例代表並立制**…**小** 1区1名で300名
　　　　　　　　　　　　　　　　　比 全国11ブロックから180名
　　　　　　　　　　　　　▶※小選挙区と比例代表の重複立候補も可。

小選挙区比例代表並立制

比例名簿に同一順位なし： 小 でダメでも 比 で復活当選可。

名簿に同一順位2名以上： 小 でダメでも惜敗率が高ければ 比 で復活可。

惜敗率計算＝ $\dfrac{落選者の票数}{小 での当選者の票数}$ （％）　⇒　100％に近い人から 比 で復活当選可。

■公職選挙法

選挙に関する総則。

- ・選挙運動への規制
  - 制限　ポスター・ビラの枚数、選挙費用など。
  - 禁止　事前運動、戸別訪問（欧米ではOK）、金品の提供など。
- ・連座制…関係者の選挙違反→**候補者の当選無効**に。
- ・公営化…**平等な運動機会の保障**（ポスター掲示場所・政見放送など）。

■近年の動向

- ・定住外国人の参政権…国・地方とも**一切認められていない**。
- ・在外邦人の参政権…従来は**衆参比例区のみ投票可**だったが、「選挙区投票できないのは不当」として2005年に最高裁で**違憲判決**。

　　　　　　　　➡2007年参院選より**衆参選挙区投票も可**に。

- ・投票率の低下…近年は「 衆議院 60〜65％／ 参議院 50％以下」ぐらい。

  　　　　　　　▶1980年代以降の政治不信の高まりによる。

  対策　**投票時間延長**　＋　**不在者投票の要件緩和**（1998年〜）
  　　　▶20時までに。　　　▶「レジャーによる不在」も可に。

  ※事前投票…本籍地で：**期日前投票**／本籍地以外で：**不在者投票**

- ・マニフェスト…各党が選挙前に示す、政権奪取時に自党が行う政策等の公約。
  ▶政権公約　　▶イギリスの制度を導入。

- ・「1票の格差」の問題

  過去の判例 →
  - 衆議院 ：格差3倍超→違憲
  - 参議院 ：格差6倍超→違憲状態

  but　2011年「 衆議院 格差**2.30倍**→**違憲状態**／**1人別枠方式は不合理**」との最高裁判決。

  ※1人別枠方式…全県まず1議席ずつ配分した後、残り議席を人口に比例して配分する方式。

KEY TOPICS 選挙制度をめぐる動き

選挙の戦い方は、衆参の違い・選挙区の種類・投票のあり方などによって様々だ。

かつて衆議院選挙では**中選挙区制**が採られていたが、**1区2名以上が当選するため、自民党の強い農村部で同じ区から何人も立候補して**しまうことがあった。そのため、結果的にカネのばら撒き合いになることも多かった。それが**小選挙区比例代表並立制**になると、まず小選挙区（1区1名）で同党同士討ちの弊害を除去し、さらには小政党の不利をなくすため、比例代表で公平な当選者を出すようになった。このように、選挙方法には日々工夫が重ねられてきたんだ。

ドント式…比例代表の議席配分。まず**各政党の得票数を整数で順に割り**、その商の大きい順に議席を割り振る方法。

政　党	A党	B党	C党
得票数	1000	550	350
÷1	①1000	②550	④350
÷2	③500	⑥275	
÷3	⑤333	⑦183	

➡ 定数7名の比例なら

A党→3議席
B党→3議席
C党→1議席

違憲判決の増加

近年の選挙で、その他に気をつけておくことといえば、違憲判決が急に増えてきたことかな。2005年に在外邦人参政権について違憲判決が出たけど、さらにその後、2011年には、**衆議院**で「**1票の格差 2.30倍**が**違憲状態**」という新解釈や、全都道府県にまず1議席ずつ割り当てる「**1人別枠方式**」を**不合理**とする**最高裁判決**が出ている。違憲判決はとにかく出題されやすいから、しっかり覚えておこうね。

● 1票の格差の推移

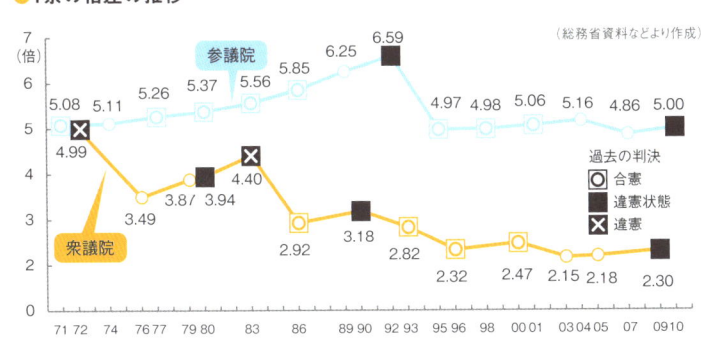

（総務省資料などより作成）

過去の判決
- ○ 合憲
- ■ 違憲状態
- ✕ 違憲

● 投票率の低下

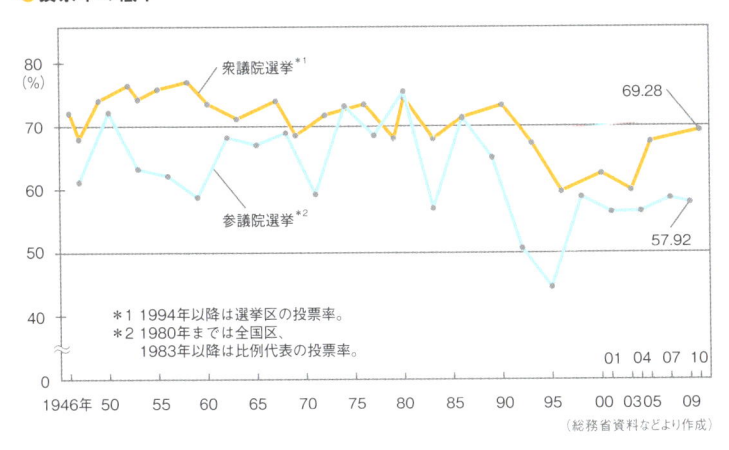

*1 1994年以降は選挙区の投票率。
*2 1980年までは全国区、1983年以降は比例代表の投票率。

（総務省資料などより作成）

一問一答でキーワードチェック!

問題

1. (a) 1区から1名のみが当選する**小選挙区制**は [❶] 制を誘発しやすい。また**死票**が多く、細かい区割りから [❷] が発生する危険も生じる。

(b) 1区から2名以上が当選する**大選挙区制**は、死票が少ない一方、[❸] 制になりやすく、不安定な連立政権を誘発する。

2. **比例代表制**は、[❶] という計算方法で政党あての投票数を割り、その商を根拠として議席を各党に比例配分していく。衆議院の比例は名簿順位ありの [❷] 式、参議院は名簿順位なしで候補者の個人名投票も可能な [❸] 式となる。

3. (a) 参議院選挙は、全国区と地方区というかつての単位から、[❶] の導入により [❷] へと変更された。

(b) また衆議院選挙はかつての [❸] 制から、[❹] 制へと変更された。衆議院選挙のみ [❺] が可能である。

解答

❶ 二大政党
❷ ゲリマンダー
❸ 多党

❶ ドント式
❷ 拘束名簿
❸ 非拘束名簿

❶ 比例代表制
❷ 選挙区
❸ 中選挙区
❹ 小選挙区比例代表並立
❺ 重複立候補

15. 選挙制度

問題

4. **公職選挙法**では、選挙公示日前から運動する ① や、候補者が各家庭を回って運動する ② を禁止している。また、地域の全候補者が一堂に会して行う ③ も禁止されている。選挙違反に対しては「関係者の違反→候補者の当選無効」という ④ が採用されている。

5. (a) テレビでの政見放送など、国や地方が候補者に平等な運動機会を提供することを、① という。
(b) 当選の見込みのない ② により、選挙が妨害されることなどを防ぐため、候補者は ③ を預けることになっている。

6. ① には**参政権は一切ない**。また**在外邦人**の参政権は、衆参の ② のみ投票可能だったが、最高裁違憲判決を受け、**衆参の ③ の投票も可能**となった。

7. 自分の住民票がある地域で事前投票をする場合は、① が認められている。住民票がない場合は ② が認められている。

8. ① とは選挙時に各党が発表する政権公約のことである。これが重視されると、選挙は個人選択ではなく、② の色が濃くなる。

解答

❶ 事前運動
❷ 戸別訪問
❸ 立会演説会
❹ 連座制

❶ 選挙公営
❷ 泡沫候補
❸ 供託金

❶ 定住外国人
❷ 比例区
❸ 選挙区

❶ 期日前投票
❷ 不在者投票

❶ マニフェスト
❷ 政権選択

第1部 政治分野

センターレベルにチャレンジ!

次の問題の正誤を判定せよ。

問題

1 憲法上、選挙権は公務員の選定罷免権と呼ばれ、成年者による普通選挙を保障している。

2 小選挙区制は、小政党に有利で死票が少なくなる反面、政局が不安定になりやすいデメリットがある。

3 比例代表制は、ドント式で各党へ議席配分する政党本位の制度だが、個人名で投票できるやり方もある。

4 参議院の選挙制度は比例代表区と地方区、衆議院の選挙制度は小選挙区比例代表並立制であり、衆議院のみ重複立候補を認めている。

5 公職選挙法は公職に就く者の選挙方法に関する総則で、同法以外に選挙方法に関する法律は存在しない。

6 選挙管理は、国政選挙全般が中央選挙管理会、地方選挙が都道府県と市町村の選挙管理委員会の管轄となる。

7 選挙運動への規制としては、個人演説会や立会演説会の開催は容認、戸別訪問や事前運動は禁止となる。

8 選挙違反者には連座制が適用され、関係者の違反行為であっても当人の当選が無効になることもある。

9 国や地方が平等な運動機会を保障することを選挙公営化というが、具体的には公報の頒布、ポスター掲示場所の設置、政見放送の実施などである。

10 定住外国人の参政権については、地方選挙の一部を除き、現状では一切認められていない。

11 マニフェストを使った選挙戦は、個人を選ぶ選挙というよりも、政権選択選挙になりやすい。

15. 選挙制度

SCORE　/11

解答 & 解説

1 ○　**1** 憲法第15条の規定。第15条には他にも「公務員は**全体の奉仕者**」「**投票の秘密**の保障」を規定している。

2 ×　**2** これは1区から2名以上が当選することで小政党にも当選チャンスが生まれる**大選挙区の特徴**。

3 ○　**3** 参議院の**非拘束名簿式**比例代表なら、政党名でも個人名でも投票できる。

4 ×　**4** 重複立候補が認められるのが衆議院だけなのは正しいが、参議院の選挙制度は比例代表区と「**選挙区**」。

5 ○　**5** 元々公職選挙法は、各選挙ごとに存在していた法律だが、それを1950年に一本化した。

6 ×　**6** 中央選挙管理会は、地方分割できない投票のみを担当するため、請け負うのは**衆参比例代表と国民審査**。衆参選挙区は都道府県選挙管理委員会が担当する。

7 ×　**7** **立会演説会**は、昔テレビが少なかった時代に政見放送の代わりとして存在したが、今日では廃止されている。

8 ○　**8** **連座制**とは連帯責任制のことだから、関係者の違反行為であっても候補者が連帯責任を取らされる。

9 ○　**9** 候補者間で運動費用に差があると、選挙運動が不公平になる。公営化はそれをなくす試みである。

10 ×　**10** **定住外国人の参政権**は、国も地方も、選挙権・被選挙権ともに、**例外なく一切認められていない**。

11 ○　**11** **マニフェスト**は、選挙時に各党が発表する政権奪取時の公約だから、それを見ての投票は、**個人選択というよりも政権選択の色彩が濃くなる**。

第1部 政治分野

16 行政権の拡大

19世紀 夜警国家…**自由放任経済**の頃の国家。行政機関が少ないため、政治
▶国防+治安のみ　　　　　　　　　　の中心は必然的に議会。　▶=**立法国家**

20世紀 福祉国家…不平等是正のため「公共事業+社会保障」など。
　　　　➡**政府の果たす役割が大きい。**　▶=**行政国家**

● それに伴い政治の実権は「**国　会　議　員**よりも**官　僚**」へ。
　　　　　　　　　　　　▶選出された国民の代表　▶一部のエリート公務員

- **官僚制**の発達…巨大組織の管理・運営システム（主に行政機関）
  ➡ **縄張り主義／規則万能主義／文書主義／ピラミッド型の階層制**など。
  長所 組織を合理的に運営できる。
  短所 かえって効率が悪化することもある。
- **委任立法**の増加…**法の細目決定を官僚に委任**した法律。
- **内閣提出法案**の増加…細目から大枠まで、**すべて官僚が作成**した法律。
  ▶今日作られる法律の80%以上がこれにあたる。
- **許認可**の増加…法律外の「**規制**」。**各省庁独自の権限**。
- **天下り**の増加…**官僚の民間再就職**。

■ 行政の民主化

- **オンブズマン制度**…行政の監視・改善勧告等を行う。スウェーデン生ま
  ▶行政監察官　　　　れ。**日本では地方のみ。**
- **行政手続法**…許認可や行政指導に**統一ルールを定める。**
  ▶審査基準や理由などを明示。
- **国家公務員倫理法**（1999年）…**国民の不信を招く行為を防止。**
  → **チェック機関**　国家公務員倫理審査会
- **情報公開法**…**地方での条例化に次いで**、1999年にスタート。

情報公開法の主な内容
- **国の行政機関の情報**が対象（※地方・国会・裁判所は含まず）。
- 政府の「**説明責任**」（**アカウンタビリティ**）を明記。
- **不開示**あり（個人・外交・犯罪捜査・裁判中の情報など）。
- 外国人でも請求可。
- 国民の「知る権利」は明記されず。

⬇

| 特に個人情報の保護が必要 | → | **個人情報保護法**（1988年）
▶不十分な旧法 | → | 2003年、「**民間事業者規制**」まで含む**個人情報保護法**が成立。 |

■ 行政改革

第二次臨時行政調査会…「**増税なき財政再建**」のため、**今後の行政改革の方向性**を示す。
▶第二臨調・1981〜1983年

成 果

1985〜1987年　**三公社の民営化**…
- 電電公社→NTTへ（1985年）
- 専売公社→JTへ（1985年）
- 国　　鉄→JRへ（1987年）

＋

2001年　**中央省庁の再編**…**行政改革会議**の提言を受け、法整備。
▶官僚を排除→村山内閣の**行政改革委員会**とは別。
⇒ その後「1府21省庁→**1府12省庁**」へ。

さらに省庁再編と同時に、**公的部門の一部に民間の市場原理を導入**する**独立行政法人**（イギリスの**エージェンシー**の日本版）もスタート。

KEY TOPICS　行政の民主化と行政改革

　産業革命華やかなりし自由放任経済の時代、国家のあり方は**夜警国家・小さな政府**が中心だった。ところが、その後の資本主義の発展に伴い、社会的な不平等が拡大し、**政府は新たに福祉国家の理念に基づき不平等を是正することが必要**となった。つまり、公共事業や社会保障を駆使する「**大きな政府**」の立ち上げだ。

　これで確かに不平等は是正できた。だがそのせいで、行政のなすべき仕事が急増した。役所の数が増え、公務員の数が増え、**官僚制**が発達する。そのうち、**選挙で選ばれた国会議員よりも、一部のエリート官僚の方が力を持ち始めた**。いわゆる「**行政権の拡大**」だ。

　この状況を打破するには、2つの方向性が必要だ。まずは不透明な官僚政治を透明化するための試みだ。これがいわゆる「**行政の民主化**」の方。そしてもう1つは「**行政改革**」。こちらは行政権の肥大化に伴い役所や公務員の数・規模ともに巨大化したため、**コストがかかりすぎるようになったことへの対処**だ。だからここでは、**三公社の民営化**や**中央省庁の再編**などが大事なポイントになる。

●「センター政経」で必要な省庁再編図（1府12省庁体制）

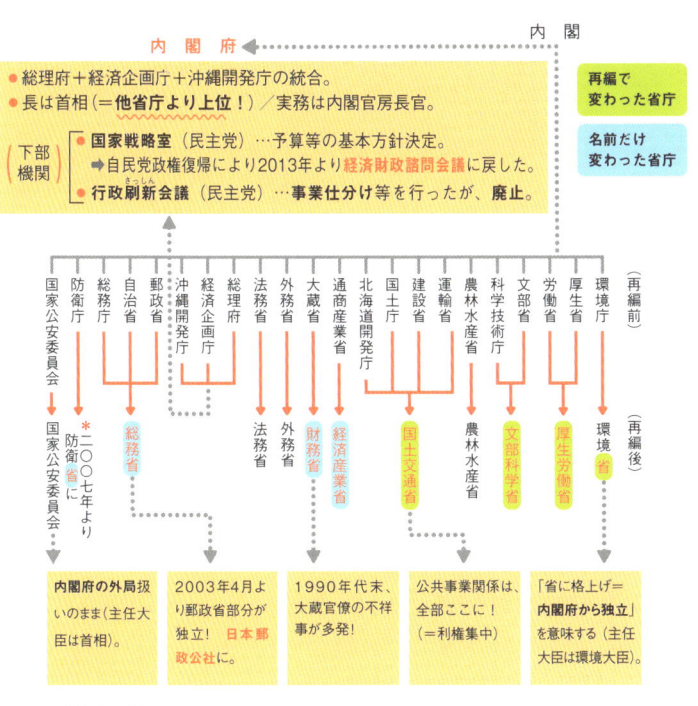

内閣府 ← 内 閣

- 総理府＋経済企画庁＋沖縄開発庁の統合。
- 長は首相（＝他省庁より上位！）／実務は内閣官房長官。

（下部機関）
- **国家戦略室**（民主党）…予算等の基本方針決定。
  ➡ 自民党政権復帰により2013年より**経済財政諮問会議**に戻した。
- **行政刷新会議**（民主党）…**事業仕分け**等を行ったが、**廃止**。

〔凡例〕
- 再編で変わった省庁
- 名前だけ変わった省庁

（再編前）→（再編後）

再編前	再編後	備考
国家公安委員会	国家公安委員会	
防衛庁	防衛省（2007年より）	
総務庁・自治省・郵政省	**総務省**	
沖縄開発庁・経済企画庁・総理府	内閣府	内閣府の外局扱いのまま（主任大臣は首相）。
（郵政省部分）		2003年4月より郵政省部分が独立！ **日本郵政公社**に。
法務省	法務省	
外務省	外務省	
大蔵省	**財務省**	1990年代末、大蔵官僚の不祥事が多発！
通商産業省	**経済産業省**	
北海道開発庁・国土庁・建設省・運輸省	**国土交通省**	公共事業関係は、全部ここに！（＝利権集中）
農林水産省	農林水産省	
科学技術庁・文部省	**文部科学省**	
労働省・厚生省	**厚生労働省**	
環境庁	環境**省**	「省に格上げ＝内閣府から独立」を意味する（主任大臣は環境大臣）。

＊省と庁の違い

- **省**：独立して行政事務を担当。**責任者は各省の大臣**。
- **庁**：内閣府の外局（≒一部）として行政事務を担当。
  事務責任者は各庁長官。**最高責任者は内閣総理大臣**。

一問一答でキーワードチェック!

問題

1. **官僚制**とは**巨大化した組織の管理・運営システム**である。❶によると官僚制は**合理的支配形態の典型**であり、ピラミッド型の階層制（❷）・文書主義・専門的技術官僚（❸）による支配などの特徴がある。また、しばしば縄張り主義（❹）・**官僚主義**・お役所仕事と言われるような弊害も指摘される。

2. 行政機能の拡大により、法律の細目決定を官僚に委任する❶や、立法過程すべてを委任する❷が増え、それに伴い省庁独自の規制である❸や、省庁からの法的根拠のない指導である❹も増加してきた。

3. 行政権の肥大は民間企業を圧迫して官民の癒着を増やし、官僚の民間再就職である❶を増加させた。2009年設立の「❷」で天下り斡旋の一元化を試みたが、2010年に斡旋業務は終了した。

4. 行政機関を監視し改善勧告等を行う公職を❶（行政監察官）という。これは❷で生まれた制度で、日本では現在、**地方でのみ採用**されている。

解答

❶**M.ウェーバー**
❷**ヒエラルキー**
❸**テクノクラート**
❹**セクショナリズム**

❶**委任立法**
❷**内閣提出法案**
❸**許認可**
❹**行政指導**

❶**天下り**
❷**官民人材交流センター**

❶**オンブズマン**
❷**スウェーデン**

16. 行政権の拡大

問題

5. 不透明な行政を透明化するため ❶ が制定された（※第8章参照）が、個人情報保護の必要性も唱えられた。1988年制定の旧 ❷ は「**行政機関が保有する端末入力された個人情報**」しか保護しないものだったが、2003年には**民間事業者**の個人情報や紙文書の個人情報の保護も含む包括的な ❷ が制定された。

6. 1980年代、❶ の設置により、「**増税なき財政再建**」をめざす行政改革がスタートした。その結果、1980年代半ばには ❷ が実現した。

7. ❶ の提言を受け、2001年より**中央省庁の再編**が実現した。これにより省庁数は「**1府21省庁**」から「 ❷ 」へと削減された。また、コスト削減とサービス向上をめざして、**公的部門の一部に市場原理を導入**する ❸ がスタートした。

解答

❶情報公開法
❷個人情報保護法

❶第二次臨時行政調査会
❷三公社の民営化

❶行政改革会議
❷1府12省庁
❸独立行政法人

▶ センターレベルにチャレンジ！

次の問題の正誤を判定せよ。

問題

1 行政機能の拡大は、近代資本主義の発展に伴って発生した、立法国家から行政国家への移行と関係がある。

2 官僚主義は、明確な職務権限、文書主義、ピラミッド型の階層制などを採用した、合理的で事務処理に優れた組織形態である。

3 委任立法の増加は、行政裁量の拡大から許認可権限の増加につながり、立法府の形骸化を加速させる。

4 増加する天下りに対処するため、2008年内閣府内に官民人材交流センターを設立したことで、天下り件数は激減した。

5 行政機関を監視するためにイギリスで始まったオンブズマン制度は、日本では地方レベルで実現しているのみで、国政レベルではまだ実現していない。

6 2003年に個人情報保護法が制定されたが、行政機関の端末入力分のみの保護など、不十分な点が多い。

7 1980年代発足の第二次臨時行政調査会は、「増税なき財政再建」のため、今後の行政改革の方向性を示した。

8 1980年代の行政改革の成果として、電電公社・専売公社・国鉄の三公社が、それぞれ分割民営化された。

9 1990年代には行政改革委員会の提言を受けた橋本内閣は、中央省庁再編に着手し、2001年より省庁数は1府12省庁に削減された。

10 2001年には行政コストの削減とサービス向上をめざす独立行政法人制度も始まった。

16. 行政権の拡大

SCORE / 10

解答 & 解説

1. ○
2. ×
3. ○
4. ×
5. ×
6. ×
7. ○
8. ×
9. ×
10. ○

1 立法国家は国会中心の国家、行政国家は省庁や官僚中心の国家。不平等是正のために行政国家にシフトしたことが、行政権の拡大につながった。

2 これらは「官僚制」の特徴。「**官僚主義**」とは**規則や前例、タテマエ論などで責任を回避しようとする、官僚制の弊害**を表す言葉。

3 法律の細目決定を官僚に任せれば、省庁の裁量権を大きくし、立法府以外の作ったルールが増える。

4 **官民人材交流センター**は天下りをなくす機関ではない上、2010年に斡旋業務を終了している。

5 オンブズマン制度は**スウェーデン**で始まった。

6 これは1988年制定の不十分な法。2003年版は「**民間事業者**も規制＋**紙の文書**も保護」。

7 増税せずに財政再建（＝借金返済）するには、**無駄な行政機関の削減**が最善。これが三公社の民営化や中央省庁の再編につながっていく。

8 1980年代の段階で「**分割＋民営化**」まで行ったのはJR西日本・東日本などの国鉄のみ。（※その後1996年に、NTTも地域分割（西日本と東日本）と事業分割（ドコモなど）を実施した。）

9 中央省庁再編の提言は、官僚を排除した「**行政改革会議**」。「行政改革委員会」は1994年12月の村山内閣時にではない。

10 2003年より始まった「**国立大学法人**」も、名前は違うが**独立行政法人と同じ運営形態**である。

17 政党と圧力団体

政党と圧力団体

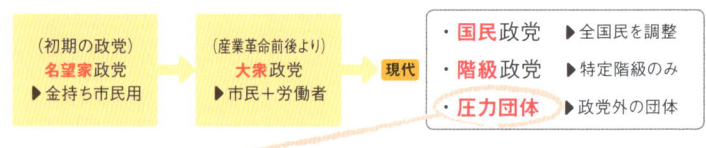

（初期の政党）
名望家政党
▶金持ち市民用

→ （産業革命前後より）
大衆政党
▶市民＋労働者

→ **現代**

- **国民**政党 ▶全国民を調整
- **階級**政党 ▶特定階級のみ
- **圧力団体** ▶政党外の団体

政党以外の社会集団。議会や政府に**圧力**をかけ、**自団体の特殊利益のみ**をめざす。
▶政権獲得をめざさない。▶集票や献金協力。　▶国民的利益ではない。
➡ **農協**（農民団体）・**連合**（労働組合団体）・**日本経団連**（財界団体）等。
長所　選挙では反映しにくい、**少数派の民意を反映できる**。
短所　**金権政治**につながる。

政治改革

金権政治の打破をめざす改革（1994年）

- **政治資金規正法**改正

  - 政治家は1人ずつ**資金管理団体**を作り、**献金を管理・公表**。
  - 献金は必ず資金管理団体あてに行う。
    ▶「直接個人あて」はダメ。
  - ただしそれも「**企業・団体からの献金**」は禁止。
    ▶「政党あて」はOK。

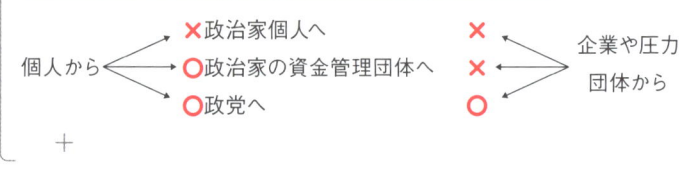

個人から
- ✗ 政治家個人へ
- ○ 政治家の資金管理団体へ
- ○ 政党へ

企業や圧力団体から
- ✗
- ✗
- ○

- **政党助成法**制定…献金不足の議員の活動費を、**税金でサポート**。
  ▶「**政党交付金**」として**政党あて**に配分。

※**日本の政党政治に見られる特色**

議員中心の**議員政党**／地元や圧力団体への**利益誘導**／
厳しい**党議拘束**／自民党に**族議員**（省庁とつながりが深い）が多い。

KEY TOPICS　政党政治の歩み

　市民革命後ブルジョアジーだけに与えられた参政権だが、その後産業革命の進展に伴って労働者にも拡大された。それにより政党のあり方は、**名望家政党**中心から**大衆政党**中心へとシフトしていった。

　20世紀に入ると、社会の階級構成も複雑化し、世の中は金持ち市民と労働者だけに振り分けることができなくなった。そこでその頃から政党の種類も増え、**階級政党**や**国民政党**が登場してきたんだ。

　それと同時に、**政党以外の社会集団も暗躍し始めた**。それが**圧力団体**だ。彼らは献金や集票といった手段を駆使して政権与党に圧力をかけ、自分たちの利益を実現させた。しかしこういうやり方を容認すると、金権政治に歯止めが利かなくなる。そこで**非自民の細川連立内閣時代、政治改革の名の下に、政治資金規正法改正と政党助成法制定が行われた。**

　こうした改革で金権政治が完全になくなったわけではないけれど、少なくともかなり資金の流れを透明化することはできた。

一問一答でキーワードチェック!

問題

1. 政党とは**共通の主義・主張**を持つ人々が集まり、[❶]の支持を背景に、[❷]をめざす社会集団である。

2. 市民革命前後に結成された初期の政党は、ブルジョアジーのための[❶]政党である。その起源は、イギリスで現在**保守党**となっている[❷]党と、**自由民主党**となっている[❸]党である。

※今日は弱小政党だが、しばしば二大政党の間で、**議決を左右する少数派の票**（=**キャスティングボート**）を握る政党として注目される。

3. その後政党は、社会的必要に応じて多様化し、市民だけでなく労働者の利益実現をもめざす[❶]政党、広く全国民の利益を調整する[❷]政党、特定階級のみの利益実現をめざす[❸]政党などが誕生した。

※19世紀ころの「市民」とは、主に財産・教養のあるブルジョワジーのこと。

4. (a)20世紀以降になると、自団体の利益実現のため議会や政府に圧力をかける[❶]が注目されるようになった。彼らは政権獲得をめざさず、[❷]や[❸]などの手段を通じて議会や政府に圧力を加え、自団体の利益を実現させる。

解答

❶有権者
❷政権獲得

❶名望家
❷トーリー
❸ホイッグ

❶大衆
❷国民
❸階級

❶圧力団体
❷献金
❸集票

17. 政党と圧力団体

問題

(b) 日本における代表的圧力団体は、農民団体である ❹ ・労働組合団体である ❺ ・財界団体である ❻ などである。なおその専属代理人を ❼ という。日本にはいないとされるが、欧米には多く見られる。

5. 金権政治の打破をめざす政治改革が、非自民の ❶ 連立内閣の時に実現した。まず ❷ が改正され、政治家は政治献金の受け皿として ❸ を作ること、献金は個人あてではなく ❸ あてにすること、❹ ・**団体**からの献金はすべて禁止、などが定められた。

6. **献金を受けにくくなった政治家の費用を税金でサポートする** ❶ が、1994年に成立した。これで各党には ❷ という名目で、議席・得票数に応じて税金が配分されることとなった。

7. 日本の政党は、一般国民よりも国会議員中心で形成される ❶ が中心で、どの党にも議決に関する厳しい ❷ がある。また、自民党には特定省庁とつながりの深い ❸ が多く存在する。

解答

❹ 農協
❺ 連合
❻ 日本経団連
❼ ロビイスト

❶ 細川
❷ 政治資金規正法
❸ 資金管理団体
❹ 企業

❶ 政党助成法
❷ 政党交付金

❶ 議員政党
❷ 党議拘束
❸ 族議員

センターレベルにチャレンジ!

次の問題の正誤を判定せよ。

問題

1 政党とは、共通の政治的な主義・主張をもつ者同士が団結した社会集団すべてを指す言葉である。

2 名望家政党の起源は、名誉革命期にイギリスで誕生したトーリー党とホイッグ党だが、トーリー党は現在の保守党に、ホイッグ党は現在の労働党になっている。

3 圧力団体とは、国民的利益ではなく自団体の利益実現のためだけに政権獲得をめざし、与党に圧力をかける社会集団である。

4 圧力団体の専属代理人のことをロビイストといい、その弊害が日本でも問題になっている。

5 圧力団体の長所は、広い意味での民意の反映である点、短所は容易に金権政治に結びつく点である。

6 1994年に改正された政治資金規正法では、政治家個人への直接献金が禁止され、政治家は資金管理団体を経た献金のみを受け取れるようになった。

7 資金管理団体あてであっても、企業からの献金は腐敗の温床となるため、禁止されている。

8 1994年、政治家の活動費用を公明正大に国民から集める目的で政党助成法が制定され、各政治家のものとは別に、公的な政治献金の受け皿が作られた。

9 日本の政党は、支持者である一般国民よりも国会議員が中心の議員政党である。

10 各政党それぞれが議決の際には党議拘束をかけ、反対票を投じた議員には即除名処分を下している。

17. 政党と圧力団体

解答 & 解説

1. ✗
2. ✗
3. ✗
4. ✗
5. ○
6. ○
7. ○
8. ✗
9. ○
10. ✗

1 その主義・主張を政治的に実現するには、**政権与党（単独でも連立でもOK）になる必要**がある。だから、**政権獲得をめざさない限り、政党とはいえない。**

2 トーリー党は保守党になったが、**労働党**は社会権（＝20世紀的権利）実現のための政党だから、17世紀の名望家政党・ホイッグ党からくるものではない。

3 **圧力団体**は集票や献金で政権与党に圧力をかければ自分たちの利益を実現してもらえるのだから、政権獲得などする必要はない。

4 **ロビイスト**はアメリカ中心で、**日本にはいない**。

5 圧力団体の面々も同じ国民だから、彼らの利益実現も国民的利益の実現。ただしその実現手段である献金がエスカレートすると、政治腐敗や金権政治の原因になりうる。

6 同法は政治家への献金禁止の法ではなく、資金管理団体を経ることで**資金の流れを透明化する法**。

7 従来は認められていたが、**企業から**資金管理団体あてに献金することは2000年より**禁止**されている。

8 **政党助成法**は「**民主主義のコストを献金以外の形で国民が負担する法**」なので、各党に配分するのは、政治献金ではなく税金（＝**政党交付金**）。

9 日本では一般国民の政党員を見ることが少ない。つまり大衆基盤の弱い**議員政党**中心である。

10 確かに各党とも**党議拘束**をかけるが、反対者への処分が除名までいくことは非常に少ない。

18 戦後の日本政党史

終戦直後 **大政翼賛会**の解散により、**政党活動が復活・活性化**。
➡**多党化**が進み、**決め手となる政党のない時代**へ（～1954年）。

その後 **公職追放の解除** GHQの指示で政界から追放されていた**軍閥系政治家たちの政界復帰**が始まる。

● **改憲**（≒**自主憲法の制定**）を唱え始める。
　▶再軍備・天皇元首化など。

これに**革新系政党が反発**→**改憲阻止**のため、革新系政党が合流。

1955年

・社会党左派と右派（※当時分裂中）が合一。　➡**日本社会党**誕生。
　　　　　　　　　　　　　　　　　　　　　　　▶両院の3分の1をget。
　　vs
・**保守合同**　・日本民主党（改憲・再軍備）
　　　　　　　　　　＋　　　　　　　　　　➡**自由民主党**誕生。
　　　　　　　　・自由党（親米・経済再建）　　▶両院の3分の2をめざせ。

● 自民党と社会党による二大政党制＝「**55年体制**」が始まる。
　▶実質は「1と2分の1」≒**自民党の一党優位**。　▶1955～1993年

長所 政局の安定→※ただし1960～70年代、**一時的に不安定化**。
　▶政権交代なし　▶民社党・公明党・新自由クラブなどの新党誕生。
　　　　　　→**多党化**の進行により、**選挙の票が分散**。
短所 腐敗進行→「**ロッキード事件**」や「**リクルート事件**」
　　　　　　　　▶1970年代、田中内閣　▶1980年代、竹下内閣
　➡**政治不信**の高まりから、次第に**投票率が低下**（1980年代）。

1993年 自民分裂 ──(過半数割れ)──→ 宮澤内閣不信任　**55年体制の崩壊**

新党ブーム…
- 日本新党（細川）
- 新生党（小沢）
- さきがけ（武村）

→ ●細川連立内閣誕生
▶非自民＋非共産

1994年
- 細川内閣への国民の失望
- **社会・さきがけの連立離脱**

→ 自民が社会・さきがけとの連立で政権復帰。

村山連立内閣
- 片山哲以来、2人目の社会党首相。
- 首相は社会党だが、**実質は自民党主導**の内閣。
- 社会党の政策転換（**安保・自衛隊OK／日の丸・君が代OK**）。

支持者激減で選挙惨敗！→**自民の橋本内閣誕生**（1996年）。
▶社会党・さきがけは閣外協力→一部議員が合流し民主党結成。

1998年　小渕内閣＝自民・自由・公明連立の**超巨大与党**。
⇒**強引な法案が次々と成立**し、問題視。
▶国旗・国歌法／通信傍受法　など

以後**自民党は、公明党との連立で政権を維持してきた**が、2009年の衆院選で敗北し、民主党に一時政権を奪われる。しかし2012年末の衆院選で自民党は圧勝し、政権に返り咲く。

KEY TOPICS ▶ 55年体制とその崩壊

戦後の日本政党史は、まさに**55年体制**とその崩壊の歴史といっていいだろう。

55年体制とは、**自民党が与党で社会党が野党No.1の体制**だ。1955年に生まれたから、そう呼ばれる。そしてこの体制が生まれるきっかけは、**憲法改正をめぐる意見の対立**だった。

公職追放の解除と国会

日本国憲法は、GHQの意向を色濃く反映していたため、一部の日本人は「**アメリカからの押しつけ憲法**」と考え、強い不満を抱いた。しかし彼らの多くは旧軍閥系と見なされ、GHQから**公職追放**を受けていたため、その不満を発言する機会すら与えられていなかった。

しかしその後、サンフランシスコ講和条約の発効にともない、公職追放が解除されると、彼らは政界に復帰。「**今こそ押しつけ憲法を排し、天皇を国家元首とする自主憲法制定を**」と唱え始めた。

55年体制の起こり

しかしこれを受け入れると、また戦前の日本の状態に逆戻りしてしまう。そう考えた**革新系の政党は、憲法改正を阻止するため、両院の3分の1より多くの議席を取る(これで憲法改正の発議はできないため、改憲は阻止できる)**べく合流した。この合流によってできたのが、**日本社会党**だ。

しかし保守系政党も負けてはいない。いずれ憲法改正の発議ができるよう、彼らも大きな政党同士で合流(＝**保守合同**)した。この合流によってできたのが、**自由民主党**だ。

こうして日本に、自民・社会の二大政党制にも似た体制が出現した。これを**55年体制**というんだ。この体制は1993年まで続いたから、まさに戦後政治の大きな枠組みとなったといえるね。

55年体制の崩壊

しかしこの体制、実際には政権交代がなく、自民党の一党優位の体制であったため、**次第に政治腐敗が進行**していった。選挙をしても、圧力団体の強い自民党が勝ってしまう。そんな結果がわかったも同然の選挙に対して、国民の関心は薄れはじめ、**リクルート事件のあった1980年代後半から投票率は低下**。国民は次第に政治に対する関心を失っていった。

でもその頃、自民党内部から改革の機運が高まり、55年体制は崩壊する。その時中心にいたのが、**小沢一郎**だ。彼は自民党を飛び出して**新生党**を結党し、当時の新党ブームの火付け役となった。そして古巣である自民党に対して内閣不信任決議を突きつけ、解散総選挙の末、非自民の細川連立内閣を誕生させる立役者となったんだ。

今は自民党が政権に返り咲いているけど、この55年体制の時期を軸に戦後政治を見る習慣を身につけておくと、いろんなことの理解に役立つよ。

一問一答でキーワードチェック!

問題

1. 第二次世界大戦の終戦直後、日本では ① の解散により政党が活性化し、② が進んだ。その後朝鮮戦争などの社会情勢の変化を受けてGHQの占領政策が転換され ③ も解除されると、軍閥系政治家たちが政界に復帰し始めた。

※自主憲法制定を唱える彼らに革新系政党は反発し、**改憲阻止のための合流**が始まった。

2. (a)1955年、分裂状態だった**社会党の左派と右派**が合流し、① が誕生した。対して**自由党・日本民主党**の保守系政党も歴史的な**保守合同**の末、② を誕生させた。

(b) 両党による二大政党的体制を ③ と呼ぶが、実際には**政権交代のない自民党の一党優位**の体制だったため、両党の人数比率から「 ④ 」とも呼ばれた。

3. 55年体制下では、一時的な ① はあったが政権交代はなかったので、**政局は安定**した。ただし「**自民党党首＝日本の首相**」という構図が鮮明になり、自民党内の ② が激化した。その結果、1970年代の ③ 事件や1980年代の ④ 事件など、最大派閥にからむ数々の汚職事件が起こった。

解答

❶ **大政翼賛会**
❷ **多党化**
❸ **公職追放**

❶ **日本社会党**
❷ **自由民主党**
❸ **55年体制**
❹ **1と2分の1政党制**

❶ **多党化**
❷ **派閥争い**
❸ **ロッキード**
❹ **リクルート**

18. 戦後の日本政党史

問題

4. 1980年代末には、政治不信から**投票率の低下**が深刻となったが、その後**自民党の分裂**により、**政界再編**の動きが**一気に加速**した。**小沢一郎**が自民党を離党して ❶ を作り、他の新党や野党と組んで ❷ への不信任案を可決させた。そして非自民・非共産の ❸ の誕生にこぎつけた。

5. その後連立を離脱した ❶ と ❷ が、**自民党と連立し、村山連立内閣が誕生**した。しかし社会党は支持者を減らして参院選に惨敗。村山首相は辞任し、党名を日本社会党から ❸ に変更した。
※この後、社会党・さきがけの一部議員が合流して民主党を結党。

6. 自民党はその後、 ❶ との連立を軸に政権を維持してきたが、小泉内閣後は支持率が低下した。**2009年の衆院選で** ❷ **に敗北**し、野党に転じた。

7. 民主党政権は、マニフェスト違反の多さなどにより支持率が低下し、**2012年末の衆院選で惨敗**。自民党が政権に返り咲き、第2次 ❶ 内閣が発足した。

解答

❶ 新生党
❷ 宮沢内閣
❸ 細川連立内閣

❶ 社会党
❷ さきがけ
❸ 社会民主党

❶ 公明党
❷ 民主党

❶ 安倍

センターレベルにチャレンジ!

次の問題の正誤を判定せよ。

問題

1 終戦直後、政党活動を規制してきた大日本産業報国会が解散したことで、日本は多党化が進んだ。

2 サンフランシスコ講和条約の発効に伴い公職追放が解除されると、それによって政界復帰した議員たちが、復古主義的な改憲論を主張した。

3 1955年、歴史的な保守合同で改憲をめざす自由民主党が誕生し、それに対抗する形で護憲をめざす日本社会党が誕生した。

4 55年体制は、事実上政権交代のない自民党の一党優位の体制であった。

5 55年体制が一時的に不安定化したのは、1960～70年代にかけて、多党化の進行、革新系政党の躍進、与党内部での政争などがあったためであった。

6 1970年代にはリクルート事件、1980年代にはロッキード事件が起こり政治腐敗が進行し、自民党の支持率は次第に低下していった。

7 1993年には自民分裂を受けて、非自民の全政党が結集した細川内閣が誕生し、55年体制は崩壊した。

8 1994年に誕生した村山内閣は自民・社会・さきがけの連立であり、社会党はその際、自民党に同調する外交・防衛方針を容認した。

9 1998年に誕生した小渕内閣でも社民・さきがけとの連立は維持されたが、実態は完全に自民主導だった。

10 小泉内閣以降低迷を続けた自民党政権は、2009年衆院選で敗北し、民主党政権が誕生した。

18. 戦後の日本政党史

SCORE /10

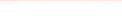

解答 & 解説

1 ✗　政党活動を規制したのは**大政翼賛会**。**大日本産業報国会は、労働組合活動を規制**した組織。

2 ◯　GHQの**公職追放**では、いわゆる軍閥系政治家と見なされる政治家が政界から追放されていたため、**復帰後すぐに自主憲法制定を訴え始めた**。

3 ✗　55年体制の誕生は「**まず社会党、次いで自民党**」の順。細かすぎる違いに見えるかもしれないが、実際過去に出題された例がある。

4 ◯　**55年体制**を二大政党制と呼ばず「**1と2分の1政党制**」と呼ぶ人がいるのは、勢力的に社会党の議席数では政権交代が不可能だったから。

5 ◯　これらは**選挙の票が自民党以外へ分散**する要素。特に**多党化**による有力政党の台頭（民社党・公明党・新自由クラブ・社民連）は、自民党の脅威だった。

6 ✗　**リクルート事件**は1980年代の竹下内閣、**ロッキード事件**は1970年代の田中内閣の汚職だから逆。

7 ✗　1993年に成立した細川内閣は、自民党以外に**共産党も参加していない**連立政権だった。

8 ◯　社会党は政権についた際に、**安保・自衛隊・日の丸・君が代**を容認した。

9 ✗　小渕内閣は、**自民党・自由党・公明党**が連立した超巨大与党だった。

10 ◯　その民主党政権も2012年末の衆院選で大敗し、**また自民党政権**に戻った。

第1部 政治分野

19 国際政治
国際連盟と国際連合

■国際社会の成立

三十年戦争（17世紀）後の**ウェストファリア条約**
➡ ここから欧州に多数の**主権国家（独立国家）**が誕生した。

国際法 …グロティウス（国際法の父）が必要性を指摘（『戦争と平和の法』）。
　＋　→　**成文法** 条約　／　**不文法** 国際慣習法

平和維持システム …
- **勢力均衡**：**軍事同盟**同士のにらみ合い（→破綻）。
- **集団安全保障**：平和の敵に**集団制裁**（国連型）。

国際連盟…ウィルソン「**平和原則14か条**」がきっかけとなり成立。
　　　　　本部はスイスのジュネーブ（1920年に設立）。

問題点 「**大国不参加／全会一致制／経済制裁のみ**」→第二次世界大戦を防げず。

国際連合…より完全な集団安保をめざす。本部はニューヨーク（1945年〜）。

きっかけ　大西洋憲章　→　ダンバートン＝オークス会議　→　ヤルタ会談
　　　　▶国連の構想　　▶国連憲章草案作成　　　　　　▶大国一致の原則

その他　原加盟国51か国→※2013年現在は**193**か国。

国際連合の組織

・総会…全加盟国参加の**最高機関**。「**一国一票**制」。
・**安全保障理事会**…紛争処理の中心機関。
　→※現在、**常任理事国の増加**（日本・ドイツなど。**拒否権**なしで）を検討中。
　↓

> **常任**　米英仏中ロ→重要な議決では**拒否権**を使える。
> ➡拒否権で安保理がマヒした時は**国連総会が機能を代行可**。
> **非常任**　10か国。2年毎に選出。　▶「**平和のための結集**」決議より。

- **国際司法裁判所**…**国家間トラブル**（領土・紛争など）の裁判のため。

  > 対象は「国家」のみ／**当事国の合意**がないと裁判不可／判決には**拘束力あり**／「**個人**」を裁く裁判所は「**国際刑事裁判所**」（2002年〜）。

- 経済社会理事会…**非政治分野**の協力。**専門機関**と連携。
- 信託統治理事会…未開発地域の独立を促進。
  ➡ **パラオ**独立を最後に、1994年から**活動停止中**。
- 事務局…**事務総長**を中心に、国連事務の運営・まとめ役。
  ➡ 事務総長は**常任理事国以外の、中立的な国からの選出**が慣例。

■国連平和維持活動（PKO）

原則 「**中立・非軍事**」…「国連軍」ではなく**警察活動**。
▶ 正規の国連軍は過去に**組織された例なし。**

国連憲章上の規定 なし… { 平和的解決（6章） / 強制措置（7章） } の**中間的な活動**。
▶「6章半活動」

組織 **平和維持軍**（＝**PKF**。警察組織）／停戦監視団／選挙監視団

※日本は**当初PKFの参加を凍結**してきたが、**2001年より参加可**に。

> PKO参加5原則
> ①停戦合意
> ②受入同意
> ③中立・公平
> ④上記①〜③の3原則が崩れれば撤収
> ⑤武器使用は正当防衛のみ
> ※①〜③は世界共通原則。④⑤は日本のみの原則。

PKO協力法に基づく自衛隊の初参加は、**カンボジアPKO（UNTAC）**。
▶ PKO協力法制定前の初の海外派遣先は、湾岸戦争処理の**ペルシア湾**。

第1部 政治分野

KEY TOPICS 国際社会の成立

　17世紀、三十年戦争終結のための講和条約である**ウェストファリア条約**を機に、欧州に今日型の国際社会が誕生した。そこから、国家間で守るべき**国際法**と、平和維持のためのシステム作りが説かれ始めた。そして、ついに20世紀、**世界初の集団安全保障**（集団制裁方式）である**国際連盟**が成立した。

　しかし国際連盟は、米ソを含む大国の不参加などの問題点があり失敗。世界は**より完全な集団安全保障である国際連合へと移行**する。

　国際連合には主要機関がいくつかあるが、最も中心的な機関は**安全保障理事会（安保理）**だ。**安保理には現在、常任理事国の増加案があり、日本も有力候補国として名が挙がっている。**

　国連には当初想定されていた国連軍はなく、代わりに憲章外活動である**PKO（国連平和維持活動）**が展開されることが多い。日本も1992年に制定された**PKO協力法**に基づき自衛隊を派遣しているが、日本が参加する場合は**PKO参加5原則**を守らなければならないことになっている。

● 国連分担金（通常予算分担率の推移）

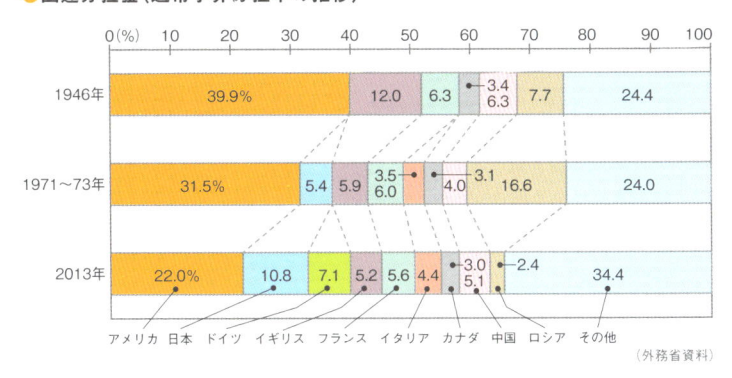

年	アメリカ	日本	ドイツ	イギリス	フランス	イタリア	カナダ	中国	ロシア	その他
1946年	39.9%			12.0	6.3		3.4	6.3	7.7	24.4
1971〜73年	31.5%	5.4	5.9		3.5 / 6.0	4.0	3.1		16.6	24.0
2013年	22.0%	10.8	7.1	5.2	5.6	4.4	3.0	5.1	2.4	34.4

（外務省資料）

● おもなPKO活動

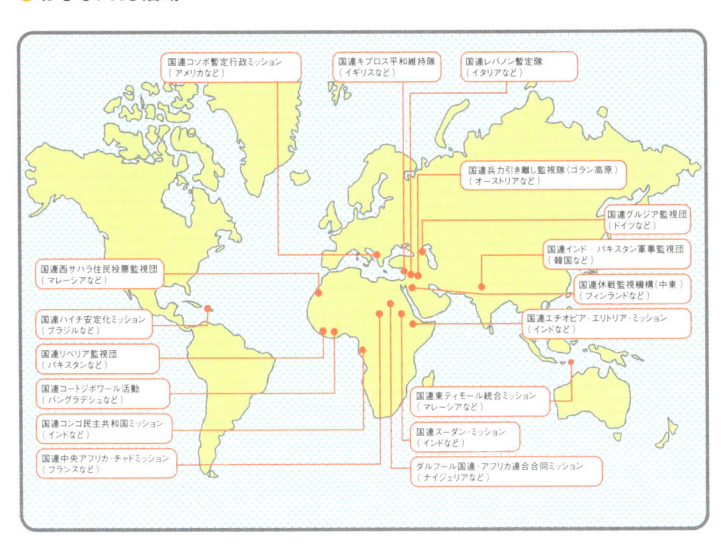

国連コソボ暫定行政ミッション（アメリカなど）
国連キプロス平和維持隊（イギリスなど）
国連レバノン暫定隊（イタリアなど）
国連兵力引き離し監視隊（ゴラン高原）（オーストリアなど）
国連グルジア監視団（ドイツなど）
国連インド・パキスタン軍事監視団（韓国など）
国連休戦監視機構（中東）（フィンランドなど）
国連西サハラ住民投票監視団（マレーシアなど）
国連エチオピア・エリトリア・ミッション（インドなど）
国連ハイチ安定化ミッション（ブラジルなど）
国連リベリア監視団（パキスタンなど）
国連コートジボワール活動（バングラデシュなど）
国連東ティモール統合ミッション（マレーシアなど）
国連コンゴ民主共和国ミッション（インドなど）
国連スーダン・ミッション（インドなど）
国連中央アフリカ・チャドミッション（フランスなど）
ダルフール国連・アフリカ連合合同ミッション（ナイジェリアなど）

第1部 政治分野

一問一答でキーワードチェック!

問題

1. 17世紀、 ① が終結し ② 条約が締結されたのを機に、**欧州で約300の主権国家が誕生**したのが、今日型の国際社会の始まりである。

2. ① は『**戦争と平和の法**』で、**国際法**の必要性を訴えた。なお成文の国際法は ② 、不文なら ③ と呼ばれる。

3. 平和維持方法の1つに、**軍事同盟**同士がにらみ合う ① 方式があるが、これは軍備増強合戦から第一次世界大戦を誘発し、破綻した。その後生まれたのが、**平和の敵への集団制裁**である ② 方式である。

4. **国際連盟**の設立は、アメリカ大統領 ① の「**平和原則14か条**」をきっかけに提唱された。そして第一次世界大戦の講和条約である ② の一部が**国際連盟規約**となった。しかし国際連盟には、 ③ ・ ④ ・ ⑤ という3つの問題点があり、破綻した。

解答

❶**三十年戦争**
❷**ウェストファリア**

❶**グロティウス**
❷**条約**
❸**国際慣習法**

❶**勢力均衡**
❷**集団安全保障**

❶**ウィルソン**
❷**ヴェルサイユ条約**
❸**大国不参加**
❹**全会一致制**
❺**制裁手段の不備**

19. 国際政治
国際連盟と国際連合

問題

5. 国際連合の最高機関は、全加盟国参加の ❶ だが、中心機関は ❷ である。**常任理事国は米・英・仏・中・ロ**の5か国で、重要な議決に際しては ❸ を行使できる。現在、常任理事国の増加案があるが、これは ❹ の削除と合わせ、日本にとっては重要なテーマである。

6. ❶ は国家間の紛争を裁判で解決する国際機関だが、当事国の同意がないと裁判できないなど、制約が多い。しかも対象は国家のみであったので、2002年には対象を個人とする ❷ が設立された。

7. ❶ （国連平和維持活動）は、**中立・非軍事を原則とする警察的活動**を行う。その内容は国連憲章第 ❷ 章（紛争の ❸ ）と第 ❹ 章（ ❺ ）の中間的なもので、国連憲章に規定はない（＝**6章半活動**）。

※なお、軽武装組織であるPKF（平和維持軍）への参加は当初凍結していたが、2001年より参加凍結を解除している。

8. 日本では1992年、 ❶ が成立した。❷ （UNTAC）を皮切りに、**同法に基づく自衛隊の海外派遣が可能**となった。

解答

❶総会
❷安全保障理事会
❸拒否権
❹旧敵国条項

❶国際司法裁判所
❷国際刑事裁判所

❶PKO
❷6
❸平和的解決
❹7
❺強制的措置

❶PKO協力法
❷カンボジアPKO

センターレベルにチャレンジ！

次の問題の正誤を判定せよ。

問題

1 欧州で主権国家が誕生したきっかけは、三十年戦争後に締結されたウェストファリア条約であった。

2 哲学者カントは、著書『永久平和のために』で国際法の必要性を指摘したので、「国際法の父」と呼ばれる。

3 平和維持方法として、当初は対立する軍事同盟同士が均衡する勢力均衡方式が主流であったが、その後は集団制裁を軸とする集団的自衛権にシフトした。

4 国際連盟は1920年に発足したが、米ソを含む大国の不参加、制裁手段の不備、全会一致制などが災いして第二次世界大戦を阻止できず、崩壊した。

5 安全保障理事会の常任理事国は、安保理のすべての議決において拒否権を行使できる。

6 拒否権行使で安保理が機能不全に陥った時には、国連総会がその機能を代行できることになっている。

7 国際司法裁判所では、係争国のうちどちらか一方からの申し出のみでも裁判でき、三審制で判決には拘束力がある。

8 国際司法裁判所が裁くのは国家のみであり、個人を裁く国際法廷としては国際刑事裁判所が発足した。

9 PKOは国連憲章に載っていない活動であり、その活動内容から「6章半活動」とも呼ばれる。

10 PKF（平和維持軍）は、憲法第9条との整合性の問題があるため、現在でも日本は参加を凍結している。

11 PKO協力法に基づいて自衛隊が初めて派遣された地域は、湾岸戦争処理のために出向いたペルシア湾である。

19. 国際政治
国際連盟と国際連合

SCORE /11

解答 & 解説

1	○
2	×
3	×
4	○
5	×
6	○
7	×
8	○
9	○
10	×
11	×

1 **ウェストファリア条約**の領土画定作業により、欧州に約300の独立国家が誕生した。

2 **グロティウスの『戦争と平和の法』**が正解。カントは『永久平和のために』で**国際連盟の構想**を示した。

3 平和の敵に集団制裁を与えるのは、集団的自衛権ではなくて「**集団安全保障**」。

4 これらがいわゆる「国際連盟の三大欠点」。

5 安保理の議決には、手続き事項（非重要な事項）と**実質事項**（重要な事項）があるが、**拒否権を行使できるのは後者**の場合だけ。

6 「**平和のための結集**」決議での決定。拒否権で安保理がマヒしても、国連加盟国の過半数か安保理9理事国以上の賛成で、**緊急特別総会**を開くことができる。

7 国際司法裁判所での裁判は、**どちらか一方でも同意しないと、裁判ができなくなる**。**竹島問題**も、韓国側の不同意により裁判できないのが現状。

8 **国際刑事裁判所条約**は2002年に成立し、日本は2007年に批准。**アメリカは同条約を批准していない**。

9 PKOは国連憲章6章の平和的解決と7章の強制的措置の中間的な性格を持つ**憲章外活動**（6章半活動）。

10 PKFへの参加は、日本は当初凍結していたが、2001年に**参加凍結を解除**。

11 これは自衛隊初の海外派遣先。「PKO協力法に基づく」初の派遣先は**カンボジア**。

20 冷戦

■冷戦

米ソを中心とする**資本主義 vs 社会主義**のにらみ合い。
▶西側（資本主義）vs 東側（社会主義）

進行 ヤルタ会談（1945年）→「**鉄のカーテン**」演説（1946年）
→ベルリン封鎖（1949年）

政治	**トルーマン＝ドクトリン** vs コミンフォルム	
	▶対ソ封じ込め政策 ▶東側共産党の結束	
経済	**マーシャル＝プラン** vs コメコン（経済相互援助会議）	
	▶米→西欧への援助 ▶ソ→東欧への援助	
軍	**NATO**（北大西洋条約機構）vs **WTO**（ワルシャワ条約機構）	
	▶西側軍事同盟 ▶東側軍事同盟	

ことごとく対立
↓
but 実際の
米ソ戦には至らず。
▶小国間の代理戦争へ。

雪解け（＝緊張緩和）の動き

- ジュネーブ会議（1954年）…**東西首脳の初顔合わせ**（米・英・仏・中・ソ）。
- ジュネーブ四巨頭会談（1955年）…再び東西首脳の顔合わせ（米・英・仏・ソ）。
- 資本主義との**平和共存**路線（1956年）
  …**フルシチョフ**が提唱→**ケネディ**も呼応。
  ▶「スターリン批判」を行う。

↓

but **キューバ危機**（1962年）で**米ソ核戦争のピンチ！**→話し合いで解決。
▶その後米ソ首脳間に**ホットライン**（直通電話）設置。

多極化進行…キューバ危機前後より**米ソ二極優位の崩壊**。
‖

西側	日本・ECの台頭／フランスの独自外交（中国承認・NATO軍脱退）
東側	**中ソ対立**（国境紛争に発展）／**チェコ事件**（民主化弾圧）
途上国	**非同盟主義**…**東西どちらにもつかず。**

非同盟主義の中心　**ネルー**（インド）・**周恩来**（中国）・**チトー**（ユーゴスラビア）など。

「**平和五原則**」発表… 領土保全／内政不干渉／平和的共存など。

・**アジア・アフリカ**会議（1955年）…インドネシアの**バンドン**に29か国が集結。平和五原則を拡大した「**平和10原則**」採択。

・**非同盟諸国首脳会議**（1961年～）…ユーゴにて。**チトー**大統領が主導。

その他 ・**アフリカの年**（1960年）…17か国が一斉独立・国連加盟。
　　　・**中国の国連復帰**（1971年）…米中接近時に、**台湾にかわって復帰**。

■冷戦の終結

1980年代　新冷戦（米の**戦略防衛構想**（**SDI**）vs ソ連の**アフガニスタン侵攻**）
　　　　　　　▶レーガンの軍拡路線。　　　　　▶親ソ政権支持で進軍。

1985年　**ゴルバチョフ**就任で終了。

→ソ連の大改革 ┌ ・**ペレストロイカ**（改革）
　　　　　　　└ ・**グラスノスチ**（情報公開）

1989年　**東欧革命**…ソ連の改革が東欧諸国にも波及。
　　　　　　　⇒各国首脳は選挙敗北 or 逮捕 or 処刑。

●**ベルリンの壁崩壊**→**マルタ会談**で**冷戦終結**が**宣言**される。
　　　　　　　　　　　　　　　▶ブッシュ・ゴルバチョフ間で。

1991年　ソ連邦解体→**独立国家共同体**（**CIS**）へと移行。
　　　　　　　　　　　▶EU型の緩やかな結合。

・コメコンとWTO（ワルシャワ条約機構）も解体。
・**バルト三国**（エストニア・ラトビア・リトアニア）はCISに入らず**独立**。

ポスト冷戦

・旧東欧諸国は**すべて民主化・市場経済**へと移行。
・**民族紛争**の多発・激化。

KEY TOPICS 冷戦期の東西対立

冷戦の起こりとヤルタ会談

米ソを中心とする西側資本主義vs東側社会主義のにらみ合い、それが冷戦だ。

冷戦のきっかけは、**ヤルタ会談**だ。これは戦後世界の支配権をめぐる米英ソの駆け引きの場となったが、この時米ソが交わした密約で、ソ連は日本に宣戦布告することになった。ところがソ連は支配権のさらなる拡大をめざして、**日本より先に東欧へ進軍し、社会主義化**した。アメリカはこの約束違反に怒り、この辺から米ソの対立は始まった。そしてチャーチルの**「鉄のカーテン」演説**で対立が世界的に表面化し、**ベルリン封鎖**で決定的なものとなった。

雪解けの動きと世界の多極化

しかしその後、1950年代に**雪解け**の動きが見られる。**ケネディ**と**フルシチョフ**という米ソの若きリーダーに率いられ、東西の歩み寄りが始まった。それでも**キューバ危機**などの緊張もあり、根底から互いの不信感が払拭されることはなかった。（※その後の緊張緩和の動

きを、フランスの大統領**ド＝ゴール**は「**デタント**」と呼んだ。）
　キューバ危機の前後から、世界には**多極化**と呼ばれる状況が現れ始めた。**多極化**とは米ソ二極優位の崩壊のことで、アメリカの言うことを聞かない西側諸国、ソ連の言うことを聞かない東側諸国、独自路線をとる途上国などが現れ始めた。特に権利意識に目覚めた途上国の躍進はめざましく、**ネルー**や**周恩来**らが主導して**アジア＝アフリカ会議**の開催にこぎつけた。とにかくこの時期は、途上国の躍進と米ソの地位低下が目立った。

冷戦の終焉とマルタ会談

　そして冷戦がついに終わりを迎えたのが、1980年代半ば。この時期、ソ連の新しい指導者・**ゴルバチョフ**が、**ペレストロイカ**と呼ばれる**ソ連の大改革**に着手したのだ。そして親分の改革にあてられるかのごとく、1989年には**東欧革命**が起こり、その年の11月に**ベルリンの壁**が崩壊した後、**マルタ会談**で**冷戦終結**が宣言されたんだ。
　冷戦後の世界が直面したのは東欧社会主義圏の崩壊と、**民族紛争**の激化。どちらも戦後の国際政治分野の骨格だから覚えておこう。

●冷戦のきっかけ

ヤルタ会談 (1945年2月)	戦後処理をめぐる米英ソ首脳会談
ルーズベルト（米）・チャーチル（英）・スターリン（ソ）	

▼　この直後から米ソ対立が始まる。

「鉄のカーテン」演説 (1946年)	ソ連による欧州分断の現状を演説
チャーチル（英）	

▼　冷戦対立の表面化

ベルリン封鎖 (1949年)	ソ連がベルリンを交通封鎖

▼　↳ 後に東独が「**ベルリンの壁**」を作る。

（対立は決定的に！）

一問一答でキーワードチェック!

問題

1. 冷戦は、 ① での米ソ対立に端を発し、チャーチルの「 ② 」演説で表面化し、ソ連による ③ で決定的なものとなった。

2. アメリカの対ソ封じ込め政策である ① に対しては**コミンフォルム**、西欧への経済援助 ② に対しては**コメコン**、西側の軍事同盟 ③ （**北大西洋条約機構**）に対しては ④ （**ワルシャワ条約機構**）と、米ソはあらゆる面で対立した。

3. 1950年代に始まった ① の時期に、東西両陣営は ② 会議と ③ 会談で初めて顔を合わせた。またソ連の**フルシチョフ**の示した ④ 路線に、アメリカの**ケネディ**も呼応した。しかし1962年の ⑤ では、米ソ両国は核戦争手前の危機にまで陥った。

4. このころから ① と呼ばれる、**米ソ二極優位の体制の崩壊**が始まった。西側では**フランス**が独自路線で ② を脱退し、東側では ③ 対立の深まりから国境紛争が勃発した。

解答

❶ ヤルタ会談
❷ 鉄のカーテン
❸ ベルリン封鎖

❶ トルーマン＝ドクトリン
❷ マーシャル＝プラン
❸ NATO
❹ WTO

❶ 雪解け
❷ ジュネーブ
❸ ジュネーブ四巨頭
❹ 平和共存
❺ キューバ危機

❶ 多極化
❷ NATO軍
❸ 中ソ

20. 冷戦

問題

5. 途上国は**東西どちらにもつかない** ① を提唱した。アジアではインドの ② と中国の ③ が「**平和五原則**」を発表し、バンドンでの ④ 会議では「**平和十原則**」にまで拡大させた。また欧州では、ユーゴスラビアの ⑤ 大統領が ⑥ を主導した。

6. 1980年代初頭には、アメリカ大統領レーガンの ① やソ連の ② 侵攻など新たな緊張局面が生まれた。しかしソ連に ③ が登場したことで、緊張状態は急速に終息を迎えた。彼は ④ （改革）と ⑤ （情報公開）などを実施し、ソ連で大胆な民主化改革を実行した。

7. この流れの中、1989年には ① と呼ばれる連鎖的な改革が進行し、ついに同年 ② が破壊され、 ③ で**冷戦終結**が宣言された。

8. 1991年には**ソ連の解体**が宣言され、 ① （CIS）へと移行した。ただし旧ソ連の共和国のうち、 ② は ① には入らず、旧ソ連の枠組みを離脱した。

解答

- ❶非同盟主義
- ❷ネルー
- ❸周恩来
- ❹アジア＝アフリカ
- ❺チトー
- ❻非同盟諸国首脳会議

- ❶戦略防衛構想（SDI）
- ❷アフガニスタン
- ❸ゴルバチョフ
- ❹ペレストロイカ
- ❺グラスノスチ

- ❶東欧革命
- ❷ベルリンの壁
- ❸マルタ会談

- ❶独立国家共同体
- ❷バルト三国

センターレベルにチャレンジ！

次の問題の正誤を判定せよ。

問題

1 ヤルタ会談後の米ソ対立をきっかけに、東西冷戦は始まった。

2 トルーマン＝ドクトリンでソ連の封じ込めを図るアメリカに対し、ソ連はマーシャル＝プランで対抗した。

3 冷戦終結後、WTOは解体され、その加盟国の多くがNATOに加盟した。

4 東西緊張緩和の動きを雪どけ（デタント）というが、スターリン提唱の平和共存路線もその一例である。

5 キューバ危機前後から始まった多極化の流れの中、フランスは当時の西側諸国の中で唯一中国を国家として承認し、NATOの軍事機構を脱退した。

6 東側では、中国の天安門事件をソ連軍が鎮圧したが、民主化デモの発生自体に大きな動揺が走った。

7 途上国ではネルーや周恩来主導の非同盟主義が起こったが、この動きはアジア・アフリカの新興国だけのものであった。

8 1970年代末、ソ連はアフガニスタン侵攻、アメリカは戦略防衛構想の発表など、米ソは新たな緊張局面に入った。

9 ゴルバチョフはペレストロイカ（改革）と称して、東側陣営内部の国家指導者の逮捕やベルリンの壁の破壊などを指揮・命令した。

10 1991年、ソ連は解体を宣言し、旧ソ連15の共和国はすべて独立国家共同体（CIS）に移行した。

20. 冷戦

解答 & 解説

1. ○
2. ×
3. ○
4. ×
5. ○
6. ×
7. ×
8. ○
9. ×
10. ×

1 ルーズベルトはソ連に対日参戦を求めたが、**ソ連はその前に東側諸国を併合し**、アメリカを激怒させた。

2 マーシャル＝プランはアメリカから西欧への経済援助政策。ここでの正解は「コミンフォルム」。

3 ワルシャワ条約機構（WTO）は1993年に解体した。旧東欧諸国の多くは**2004年にNATOに加盟**した。

4 西側との平和共存路線は、フルシチョフが提唱し、ケネディが呼応したもの。

5 これらはフランスのド＝ゴール大統領が、アメリカ主導の西側路線を嫌った結果。

6 この頃東側陣営の多極化といえば、中ソ対立とチェコ事件（※天安門事件は1989年）。その後、**中国はアメリカに接近し、国連代表権を得た**（かわりに台湾が追放）。

7 確かに新興国の多くはアジア・アフリカ諸国だが、欧州でユーゴのチトー大統領が主導する非同盟諸国首脳会議があったことも、忘れてはならない。

8 いわゆる「新冷戦」の記述。アメリカのレーガン大統領の戦略防衛構想（SDI）とは、ハイテク兵器を用いた近未来型の国防で、別名「スターウォーズ計画」。

9 ペレストロイカはあくまでソ連内部の改革。ただし東欧諸国に与えた刺激は大きく、その後の東欧革命につながった。

10 バルト三国（エストニア・ラトビア・リトアニア）はCISに入らず旧ソ連の枠組みを離脱した。

21 軍縮問題（1）
世界的な核軍縮＆核以外の軍縮

■世界的な核軍縮

きっかけ 第五福竜丸事件／パグウォッシュ会議／キューバ危機

- 部分的核実験禁止条約（PTBT・1963年）
  …「**大気圏内・宇宙空間・水中**」での実験禁止。
  ▶**地下**実験のみOK。フランス・中国は不参加。
- 核拡散防止条約（NPT・1968年）…核保有国を今以上に増やさない。
  - 五大国（米英仏中ロ）以外の保有禁止（→大国優遇との批判）。
  - 加盟非保有国は**IAEA（国際原子力機関）**の査察受入義務。
  - 1995年の**NPT再検討会議**で「条約の**無条件・無期限延長**」決定。
- 包括的核実験禁止条約（CTBT・1996年）
  …あらゆる**核爆発実験**を禁止する条約。
  ▶爆発を伴わない**未臨界実験**ならOK。

  「保有国＋開発能力のある国」（計44か国）の批准が必要。
  → but 米・中・インド・パキスタンなど**未批准**のため**未発効**。

●非核地帯条約

トラテロルコ条約（中南米）／ラロトンガ条約（南太平洋）／バンコク条約（東南アジア）／ペリンダバ条約（アフリカ）／南極条約（南極）／セメイ条約（中央アジア）

■核以外の軍縮

- 対人地雷全面禁止条約（1997年）
  …「**地雷禁止国際キャンペーン**」（NGO）の努力で採択。
  ➡日本は廃棄済み。／米・中・インド・ロシアなどは不参加。
- クラスター爆弾禁止条約…2010年に発効。

●世界規模での軍縮会議

国連主催：国連軍縮特別総会…1978〜1988年で3回実施。
　　　　　➡下部機関として「**国連軍縮委員会**」を設置。
国連以外：ジュネーブ軍縮会議（CD）
　　　　　…安保理や総会に縛られず**自由に軍縮を討議**。NPTなど多数の条約を作成。

● 核拡散の現状

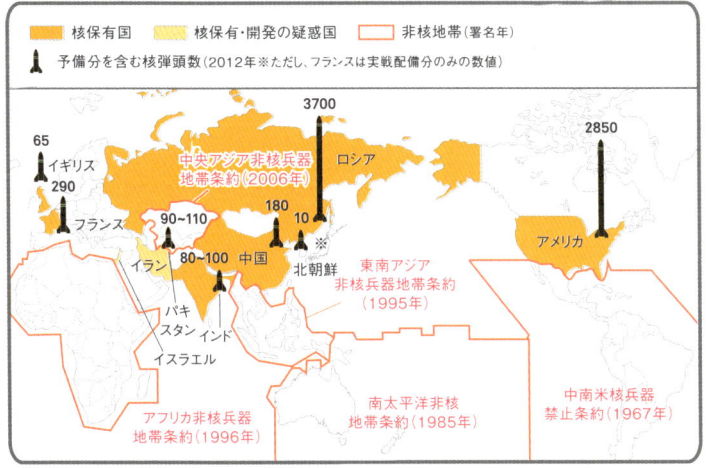

```
■ 核保有国    ■ 核保有・開発の疑惑国    □ 非核地帯(署名年)
🚀 予備分を含む核弾頭数(2012年※ただし、フランスは実戦配備分のみの数値)
```

- ロシア 3700
- アメリカ 2850
- イギリス 65
- フランス 290
- 中国 90〜110
- イラン 80〜100
- 北朝鮮 10
- (180：表記あり)
- パキスタン / インド / イスラエル
- 中央アジア非核兵器地帯条約(2006年)
- 東南アジア非核兵器地帯条約(1995年)
- アフリカ非核兵器地帯条約(1996年)
- 南太平洋非核地帯条約(1985年)
- 中南米核兵器禁止条約(1967年)

注：南極条約(1959年)で、南緯60°以南の平和的利用が定められている。（『世界国勢図会2012/13』などより作成）
※ 北朝鮮は最大10発程度の核弾頭数を保有している可能性があるが、実情は不明。

第五福竜丸事件（アメリカの水爆実験で日本の漁船が被爆）・**パグウォッシュ会議**（核廃絶をめざす科学者の会議）・**キューバ危機**（米ソ核戦争寸前の危機）などをきっかけに、世界的な核軍縮は始まった。

核軍縮条約のうち代表的なものはPTBT・NPT・CTBTなどだが、特に注意すべきはNPTだ。注意点は「2013年現在、**IAEA（国際原子力機関）の事務局長は日本人**」「**無条件・無期限延長＝普遍的な核軍縮条約に**」などだ。なおIAEAは、**核の平和利用の促進機関**でもあるから、2011年には**福島第一原発**の査察も行っている。

非核地帯条約は、旧植民地である途上国の呼びかけで世界各地に作られているが、残念ながら**保有国である先進国の参加がなく、実効性に乏しい**のが現状だ。

核以外の軍縮では、**対人地雷全面禁止条約**と**クラスター爆弾禁止条約**が重要だ。前者については、成立に尽力したNGO「**地雷禁止国際キャンペーン**」とその初代コーディネーターである**ジョディ＝ウィリアムズ**が、**1997年にノーベル平和賞を受賞**していることをおさえておこう。

第１部　政治分野

一問一答でキーワードチェック!

問題

1. (a) 世界的核軍縮のきっかけは、アメリカの水爆実験で日本漁船が被爆した ① 、② 会議(核廃絶をめざす科学者会議)、米ソ核戦争寸前の危機となった ③ などである。

(b) ② 会議は、戦争絶滅を訴えた ④ 宣言を機に始まった。

2. 部分的核実験禁止条約(PTBT)は、**大気圏内・宇宙空間・水中**での実験を禁止する条約であり、① での実験のみ**対象外**である。また ② と ③ は参加していない。

3. 核拡散防止条約(NPT)は、核保有国を現状の国連五大国より増やさないための条約であり、① がその**査察**にあたる。**フランス**と**中国**は当初不参加だったが、1992年に参加している。また1995年の ② 会議では、条約の ③ ・ ④ 延長が決定した。

4. ① は、あらゆる核爆発実験の禁止条約だが、爆発をともなわない ② は禁止していない。1996年に国連総会で採択されたが、核保有国の一部が未批准のため、**同条約はいまだ発効していない**。

解答

1.
① 第五福竜丸事件
② パグウォッシュ
③ キューバ危機
④ ラッセル=アインシュタイン

2.
① 地下
② フランス
③ 中国

3.
① IAEA(国際原子力機関)
② NPT再検討
③ 無条件
④ 無期限

4.
① 包括的核実験禁止条約(CTBT)
② 未臨界核実験

21. 軍縮問題（1）
世界的な核軍縮&核以外の軍縮

問題

5. **対人地雷全面禁止条約**は「**まず賛成国だけで速やかに条約を成立させ、不参加国に圧力**をかける」手法（ ❶ ）をとったことが評価され、NGOの「 ❷ 」とその初代コーディネーターである ❸ にノーベル平和賞が与えられた。

※ただし、2013年3月現在、まだ**米中ロなどが不参加**である。

6. ❶ は、**親爆弾から無数の子爆弾が炸裂する非人道的兵器**であり、その製造と使用のすべてを禁止する条約（ ❶ 禁止条約）が2010年に発効した。これはNGO（ ❶ 連合）の働きかけ（ ❷ ）により実現した。

※ただし、2013年3月現在、まだ米中ロなどが不参加である。

7. 1978年から3回開かれた軍縮を討議するための国連総会を ❶ といい、その補助を目的として設置された機関を ❷ という。**国連以外で軍縮を討議する場としては** ❸ があり、過去には**NPTやCTBTなど様々な条約の作成**にあたっている。

解答

❶ オタワ＝プロセス
❷ 地雷禁止国際キャンペーン
❸ ジョディ＝ウィリアムズ

❶ クラスター爆弾
❷ オスロ＝プロセス

❶ 国連軍縮特別総会
❷ 国連軍縮委員会
❸ ジュネーブ軍縮会議（CD）

センターレベルにチャレンジ!

次の問題の正誤を判定せよ。

問題

1 パグウォッシュ会議とは、ラッセル゠アインシュタイン宣言の発表後にアインシュタインらが設立した、核廃絶をめざす科学者の会議である。

2 部分的核実験禁止条約では大気圏内・宇宙空間・水中での実験を禁止しているが、フランスと中国は現在もまだ不参加である。

3(a) 核拡散防止条約では、条約加盟の非保有国に対し、国際原子力機関の査察を受け入れる義務を課している。

3(b) 同条約は冷戦後、普遍性のある条約となった。

4(a) 包括的核実験禁止条約は、その名の通りあらゆる種類の核実験を禁止する条約である。

4(b) 同条約はその内容の厳しさから未批准国が多いため、まず賛成国だけで速やかに条約を成立させ、不参加国に圧力をかけるプロセスをとっている。

5 現在世界には6つの非核地帯条約があり、そのすべてが発効している。

6 対人地雷全面禁止条約は、NGOの活躍で1997年に採択されているが、日本を含めアメリカ・中国など、不参加国も多いため、発効していない。

7 クラスター爆弾禁止条約も、NGOの活躍で採択され、2010年に発効した。

8 国連が軍縮を討議するために開催した会議をジュネーブ軍縮会議(CD)といい、これまで多くの条約を作成してきた。

21. 軍縮問題（1）
世界的な核軍縮＆核以外の軍縮

SCORE /10

解答 & 解説

1 ✕
2 ○
3(a) ○
3(b) ○
4(a) ✕
4(b) ✕
5 ○
6 ✕
7 ○
8 ✕

1 ラッセル＝アインシュタイン宣言は、哲学者ラッセルと物理学者アインシュタインを中心とした科学者たちの連名による、核廃絶を訴えた宣言だが、**発表数か月前にアインシュタインは死去**している。

2 同条約は「**地下核実験**」**以外の実験はすべて禁止**。なおフランスと中国は、当時核開発競争に遅れており、米ソ主導で実験が制限されることを嫌い不参加。

3(a) **国際原子力機関（IAEA）**は2005年にノーベル平和賞を受賞。なお2009年より、**IAEA事務局長は日本人の天野之弥**氏になった。

3(b) ここでの普遍性とは、1995年の**NPT再検討会議**における「**条約の無条件・無限延長**」を指す。

4(a) 「あらゆる核爆発実験の禁止」が正しい。だから爆発を伴わないシミュレーション実験である**未臨界核実験**は禁止されておらず、**米ロが実施**している。

4(b) 同条約は「**核保有国＋開発能力のある国**」**44か国の批准がないと発効しない**ため、現在未発効。

5 未発効だったアフリカの**ペリンダバ条約**も、2009年に発効した。

6 米中ロは不参加だが、**日本は成立当初から参加**し、すでに**自衛隊保有の地雷は廃棄済み**。

7 同条約の締結を目的とした交渉過程はオスロ＝プロセスと呼ばれる。

8 国連が開催したのは「**国連軍縮特別総会**」。**ジュネーブ軍縮会議（CD）**は、**国連外の軍縮討議の場**。

第1部 政治分野

22 軍縮問題(2)
米ソ(米ロ)の核軍縮・日本の外交

米ソ(米ロ)二国間の核軍縮

- **戦略兵器制限交渉(SALT)**…核ミサイル保有数の**上限設定**。
  SALT I (1972年) 両国批准 / SALT II (1979年) **米が批准拒否**で失効。

  - ソ連の**アフガニスタン侵攻**に抗議。
  - 同じく抗議のため、西側諸国は**モスクワ五輪**(1980年)をボイコット。

- **中距離核戦力(INF)全廃条約**(1987年)…米ソ軍縮史上**初の全廃**条約。
- **戦略兵器削減条約(START)**…核弾頭の**削減**条約。
  START I (1991年) 両国批准 / START II (1993年) 両国批准

↓ ただしその内容が、米の軍拡路線(同時多発テロ後の)に抵触したため、結局**未発効**。2002年**モスクワ条約**という別条約で代用へ。

2010年 新STARTで さらなる削減へ
- START I は2009年末で失効。
- アメリカ大統領オバマが**「核なき世界」演説**でノーベル平和賞を受賞。

日本の外交

三原則　国連中心主義／**自由主義**との協調／**アジア**の一員としての立場。

- **日ソ共同宣言**(1956年)…
  - 対ソ戦の終結(→**日本の国連加盟を支持**)。
  - 平和条約締結時に**歯舞群島・色丹島**を返還する旨の合意。

- **日韓基本条約**(1965年)…国交正常化(→**大韓民国を朝鮮半島唯一の合法政府**と承認)。

- **日中共同声明**(1972年)…国交正常化(→**中華人民共和国を唯一の合法政府**と承認)。
  ▶台湾は中国の一部→**「1つの中国」**論。

KEY TOPICS 米ソ（米ロ）の核軍縮

米ソ核軍縮が本格的に行われ始めたのは、1970年代からだ。多極化や長引くベトナム戦争のせいで、米ソはすっかり威信低下し、財政的にも苦しくなっていた。そんな中、米ソ間で**戦略兵器制限交渉（SALT）**が始まり、**戦略核弾頭の運搬手段（つまりミサイル本体）の保有量に上限を設定**した。

その後も**START**や**INF全廃条約**など、同種の様々な条約を結んだが、近年の動きとしては、オバマの**「核なき世界」演説（＝プラハ演説）**やSTARTⅠの失効を受けて、2010年に**新START**が締結されたことが注目に値する。今後の出題が十分予想されるので、内容をしっかり把握しておこう。

最後に、サンフランシスコ平和条約で国交を回復できなかった国々と日本が結んだ条約や宣言・声明も覚えておこう。**どこも領土をめぐる問題がからんでくる所だけに、出題の可能性は高い**。しっかり押さえておこう。

一問一答でキーワードチェック!

問題

1. (a) 米ソ二国間の核軍縮交渉が本格的に始まったのは、1970年代だった。この時期米ソ間では、2度にわたって ❶ が実施され、❷ や ❸ などの**核弾頭運搬手段（つまりミサイル本体部分）の保有量に上限を設定**した。

(b) この交渉の1回目は両国とも批准にこぎつけたが、2回目は**アメリカがソ連の** ❹ **を非難し、批准を拒否**した。

※その非難の延長上に、西側諸国のモスクワ五輪ボイコットがある。

2. 米ソ両国間で結ばれた、射程500〜5500kmの核ミサイルを全廃するという条約を ❶ という。これは**米ソ軍縮史上初の全廃条約**とされる。

3. (a) 1990年代には、2度にわたって ❶ が締結された。これは核弾頭運搬手段数だけでなく**核弾頭そのものの削減もめざすもの**である。

※1回目（START Ⅰ）は1991年、2回目（START Ⅱ）は1993年に、米ソ両国に批准された。

(b) ただしSTART Ⅱは、アメリカ同時多発テロなど国際情勢の変化を受けて未発効となったため、結局 ❷ という別条約で代用することになった。

解答

❶ 戦略兵器制限交渉（SALT）
❷ ICBM（大陸間弾道ミサイル）
❸ SLBM（潜水艦発射弾道ミサイル）
❹ アフガニスタン侵攻

❶ 中距離核戦力（INF）全廃条約

❶ 戦略兵器削減条約（START）
❷ モスクワ条約

22. 軍縮問題（2）
米ソ（米ロ）の核軍縮・日本の外交

問 題

4. 2009年のアメリカ・オバマ大統領の「　❶　」演説（プラハ演説）とSTARTⅠの失効を受け、2010年に　❷　が締結された。

5. **日本外交の三原則**は「　❶　主義・　❷　との協調、　❸　としての立場の堅持」である。

6. 　❶　が発表されたことでソ連との戦争状態が終結し、**日本は国連加盟の支持**を受けることができた。また　❷　締結時には　❸　の二島を返還することが合意されたが、まだ条約は締結されていない。

7. (a) 　❶　条約と　❷　声明はどちらも国交正常化の宣言である。
　(b) 　❶　条約では　❸　を朝鮮半島における唯一の合法政府と認めた。
　　❷　声明では　❹　を唯一の合法政府として認めた。一方、**中華民国**は日本との外交関係断絶を宣言した。

解 答

❶ **核なき世界**
❷ **新START**

❶ **国連中心**
❷ **自由主義**
❸ **アジアの一員**

❶ **日ソ共同宣言**
❷ **平和条約**
❸ **歯舞群島・色丹島**

❶ **日韓基本**
❷ **日中共同**
❸ **大韓民国**
❹ **中華人民共和国**

センターレベルにチャレンジ！

次の問題の正誤を判定せよ。

問題

1(a) 第一次戦略兵器制限交渉（SALT I）は、核弾頭運搬手段の保有数を現状を上限に5年間凍結する内容だが、核弾頭数の削減にはつながらなかった。

1(b) 第二次戦略兵器制限交渉（SALT II）も、ほぼ同内容で対象と規模をやや強化した形で、米ソ両国が批准したが、やはり核弾頭数の削減には至らなかった。

2 中距離核戦力（INF）全廃条約は、射程距離の短い核ミサイル限定だが、米ソ軍縮史上初めて核弾頭も含めた核ミサイルの全廃を実現させた。

3 戦略兵器削減条約（START）は、核弾頭そのものと運搬手段双方の削減を目的としたもので、第一次（START I）は発効したが、第二次（START II）は批准書の交換がなされず、未発効となった。

4 2009年、START Iの失効などを受けて、核弾頭および、その運搬手段のさらなる削減を義務づける新STARTの交渉が始まり、2011年に発効した。

5 1956年の日ソ共同宣言では、平和条約締結時に北方四島を返還するとの合意がなされているが、平和条約はまだ締結されていない。

6 1965年の日韓基本条約では、旧条約の無効に加え、韓国政府を朝鮮半島唯一の合法政府と認めることが確認された。

7 1972年の日中共同声明では、中華人民共和国が唯一の合法政府との内容に加え、戦後賠償請求の放棄が確認された。

22. 軍縮問題（2）
米ソ（米ロ）の核軍縮・日本の外交

SCORE　／8

解答 & 解説

1(a) ○

1(b) ×

2 ×

3 ○

4 ○

5 ×

6 ○

7 ○

1(a) **核弾頭運搬手段**とは、核弾頭を積んでいる「**ミサイル本体**」のこと。SALTの交渉は、そのミサイル本体の保有数を、**現状を上限としてしばらくはそれ以上増やさない**というもの。

1(b) SALTⅡの方は、**ソ連のアフガニスタン侵攻**を受けて、アメリカが批准を拒否。さらに翌1980年の**モスクワ五輪は、西側諸国が参加をボイコット**した。

2 「史上初の全廃」を謳っているが、実際は運搬手段数の全廃であり、**核弾頭は取り外しただけ**。

3 STARTからようやく核弾頭の削減も始まったが、STARTⅡの方は、2001年のアメリカ同時多発テロなどの国際情勢の変化の影響を受けて、**未発効**となった。

4 2009年はSTARTⅠの失効に加えて、**アメリカ大統領オバマが「核なき世界」演説**でノーベル平和賞を受けた年。それらを受けて新STARTが成立した。

5 **日ソ共同宣言**では、平和条約締結時に「**歯舞群島と色丹島の二島**返還」で合意がなされた。

6 条約締結と同時に「**日韓請求権協定**」も結ばれ、そこで**日本からの経済援助**の代わりに韓国からの**戦後賠償請求が放棄**されることが確認された。

7 **日中共同声明**では、戦後賠償請求の放棄は声明文中に明記されている。同声明は、その後1978年の**日中平和友好条約**につながった。

第1部 政治分野

23 主な民族紛争

旧ユーゴ問題	チトー大統領死後、連邦からの分離独立を求める動きなど。

問題点 セルビア人による「民族浄化(他民族の迫害や殺害など)」の動き。
ボスニア＝ヘルツェゴビナ…一応和平合意が成立。
コソボ…独立をめざすコソボ自治州(アルバニア人)と、それを阻止しようとするセルビア共和国との戦闘。
→2008年に独立を宣言したが、未承認。

パレスチナ紛争	ユダヤ人とアラブ人の、パレスチナ居住権をめぐる争い。

問題点 パレスチナ地域(現在のイスラエル)は、どちらのものか。
・1993年の暫定自治協定より、イスラエル内にパレスチナ人居住区を認める。
　　　　　　　　　　　　　　　▶ ガザ地区＋ヨルダン川西岸
・近年再び対立は激化(和平合意は再三破棄、ゲリラの自爆テロなどあり)。

チェチェン紛争	ロシア連邦内のチェチェン共和国の独立をめぐる軍事対立。

問題点 文化圏の違い(イスラム教国)、石油パイプラインの利権など。
現状 ロシア軍に首都を制圧されたが、チェチェン軍はゲリラ化して抵抗。

チベット・ウイグル問題	中国からの分離独立を求める運動。

どちらも中国の自治区。北京五輪前後より独立運動＆弾圧が活性化。
チベット 中国に弾圧されたダライ＝ラマ14世は、インドへ亡命。独立運動。
ウイグル トルコ系イスラム教徒中心。中国の核実験場として被害を受ける。
　　　　　　ドイツに設立した世界ウイグル会議を活動拠点とし、独立運動。

印パ紛争	インドとパキスタンの、カシミール地方領有権をめぐる争い。

問題点 地域住民の80％はイスラム教徒／核対立にまで発展。
　　　　　1998年、両国が核実験競争→核保有宣言。

東ティモール問題	インドネシアからの分離独立をめぐっての内戦。

現状 PKO派遣(日本の自衛隊も参加)を経て、2002年に独立。国連に加盟。

アイルランド問題	カトリック系住民とプロテスタント系住民との争い。

問題点	北アイルランド地域は、イギリスorアイルランドどちらのものか。**カトリック系武装組織「IRA(アイルランド共和国軍)」のテロ。** ▶※ただし2005年、IRAは武力闘争停止を宣言。

南北朝鮮問題	朝鮮戦争後、北緯38度線を境に**休戦中**(終戦していない)。

現状	・北朝鮮は「2003年**NPT条約脱退**→2005年**核保有宣言**」など、核を**外交カード**とする「**瀬戸際外交**」を展開。 ・2000年には金大中ー金正日間で初の**南北首脳会談**が実現したが、その時以来の**北朝鮮との融和政策**(=**太陽政策**)も**2008年に終了**。 ・現在は不定期に「**六か国協議**」で**核問題**を話し合う小康状態。

中台問題	台湾側は「**2つの中国**」/中国側は「**1つの中国**」を主張。

現状	中国側は香港・マカオに50年間適用した「**一国二制度**」(資本主義と社会主義の並存)で台湾を中国の一部にしたいが、**台湾は独立を主張**。

日本の領土に関する重要事項

- **北方領土**問題…歯舞群島・色丹島・国後島・択捉島の四島。
  ➡ **日ソ共同宣言**で「**平和条約締結時に歯舞群島・色丹島を返還**」との合意あり。→ but 平和条約はまだ締結していない。
- **尖閣諸島**問題
  日本の領土→ but 海底油田の発見により、中国と台湾も領有権を主張し始める。近年、中国による領海侵犯事件が多発し、緊張が高まっている。
- **竹島**問題…**日韓新漁業協定**(1998年)で、**竹島**問題を棚上げして経済水域を共同管理中。→ but トラブルが多い。

第1部 政治分野

KEY TOPICS 国際紛争、日本の領土をめぐる問題

●世界の地域紛争地図

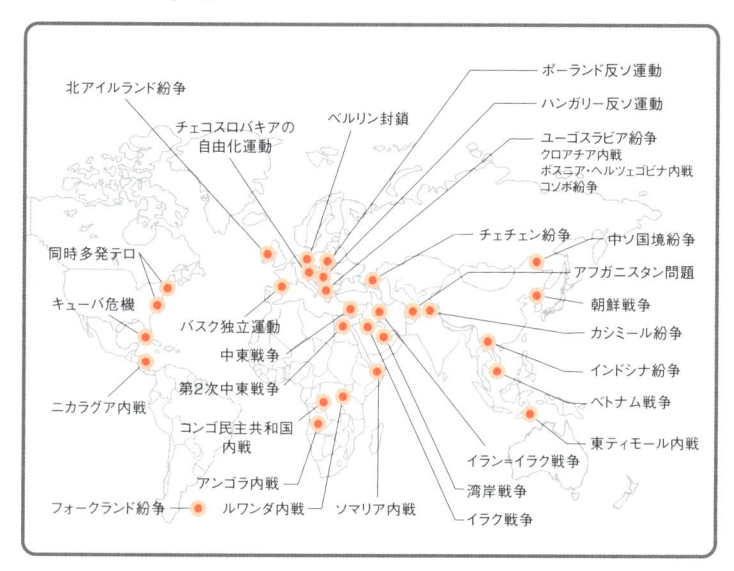

北アイルランド紛争
チェコスロバキアの自由化運動
ベルリン封鎖
ポーランド反ソ運動
ハンガリー反ソ運動
ユーゴスラビア紛争
クロアチア内戦
ボスニア・ヘルツェゴビナ内戦
コソボ紛争
チェチェン紛争
中ソ国境紛争
同時多発テロ
アフガニスタン問題
キューバ危機
朝鮮戦争
バスク独立運動
カシミール紛争
中東戦争
インドシナ紛争
第2次中東戦争
ベトナム戦争
ニカラグア内戦
コンゴ民主共和国内戦
東ティモール内戦
アンゴラ内戦
イラン=イラク戦争
フォークランド紛争
湾岸戦争
ルワンダ内戦
ソマリア内戦
イラク戦争

😟 パレスチナ問題と中東戦争

冷戦後、急速に増えてきたように感じる民族紛争だが、当然、以前からある。ここでは特に複雑でわかりにくい、パレスチナ問題に焦点を当ててみよう。

パレスチナ問題は、ユダヤ人とアラブ人の間における、パレスチナ地域（現イスラエル）への居住権をめぐる争いだ。元々ユダヤ人の土地だったパレスチナだが、迫害を受け続けたユダヤ人は、ついにローマ帝国から祖国を追放され、流浪の民となる。

そんな彼らが2000年ぶりに祖国に帰ってくると、そこには周辺のアラブ人が居住していた。そこでユダヤ人はパレスチナからアラブ人を追い出し（土地を追われたアラブ人＝パレスチナ難民）、1948年イスラエルの建国を宣言した。しかし周辺アラブ諸国はそれに激怒し、その翌日から中東戦争が始まった。この戦争は60年以上を経た今も、

まだ終わる気配が見えない。

そんな彼らに、歴史的転換点が訪れた。アメリカ・**クリントン**大統領が仲介し、**イスラエル内にパレスチナ人居住区（ガザ地区＋ヨルダン川西岸）を認める**という「**パレスチナ暫定自治協定**」が結ばれたんだ。これでこの問題は解決に向かうのではないかと期待されたが、主にパレスチナ側から断続的に仕掛けられる自爆テロなどが止まず、なかなか真の和平が見えてこないのが現状だ。

金正恩と北朝鮮情勢

その他、これは紛争というわけじゃないけど押さえておきたいのが、北朝鮮情勢だ。2011年末に金正日（キムジョンイル）総書記が死去した後も、ごく自然に息子の金正恩（キムジョンウン）に体制は引き継がれ、相変わらず**主体思想**（＝優れた指導者による政治という思想）に基づく軍事優先の**先軍政治**が展開されている。その他にも韓国延坪島への爆撃や2013年の地下核実験などが行われ、代替わりしても相変わらず核問題を協議する**六か国協議**（北朝鮮・韓・日・米・中・ロ）が必要な情勢だ。

日本の領土をめぐる問題

民族紛争とは別に、ぜひとも押さえておきたいのが、日本の領土をめぐる問題だ。

尖閣諸島沖では2010年9月に中国漁船と日本の海上保安庁の巡視船との衝突事件があった。2012年9月に、野田首相（当時）が「尖閣国有化」を宣言したが、これに対して中国は強く反発した。

2012年8月には、韓国の李明博（イミョンバク）大統領が**竹島**に上陸するなど混迷が続いた。

また、2012年7月にロシアのメドベージェフ首相が国後島を訪問するなどの事態が生じ、**北方領土**問題についてロシアとの緊張が高まった。

第1部 政治分野

一問一答でキーワードチェック！

問題

1. **旧ユーゴ問題**とは、❶ 大統領の死後求心力を失った旧ユーゴスラビア連邦で起きた民族の独立をめぐる問題である。問題の中心にいるのは最大派の**セルビア**で、彼らから ❷ や ❸ が独立を試みるが、セルビア人による ❹ （他民族の迫害や殺害）があり、問題を複雑にしている。

2. (a) 歴史上迫害を受け続け祖国を失ったユダヤ人は、2000年ぶりに祖国に帰ってくるが、そこには周辺のアラブ人（現 ❶ ）が居住していた。ユダヤ人は彼らを追い出して**イスラエル建国**を宣言するが、その翌日から ❷ が起きた。
　(b) 1993年、アメリカ・**クリントン**大統領の仲介のもと、PLOの ❸ ・イスラエルのラビンにより ❹ 協定が結ばれ、**イスラエル内の ❺ と ❻ に、パレスチナ人居住区**が設けられた。

3. ❶ 紛争は、**ロシア**連邦内の ❶ 共和国の独立をめぐる争い、❷ 問題は、旧ポルトガル領 ❷ の**インドネシア**からの独立をめぐる争いである。現在 ❷ は独立し、国連に加盟している。

解答

❶ チトー
❷ ボスニア＝ヘルツェゴビナ
❸ コソボ
❹ 民族浄化

❶ パレスチナ難民
❷ 中東戦争
❸ アラファト
❹ パレスチナ暫定自治
❺ ガザ地区
❻ ヨルダン川西岸

❶ チェチェン
❷ 東ティモール

23. 主な民族紛争

問題

4. **北朝鮮**では、金正日(キムジョンイル)時代からの軍事優先の政治(＝ **❶**)を継承し、金正恩(キムジョンウン)も核を外交カードとする **❷** を続けている。**2013年にも核実験を強行しており、 ❸ で**の関係各国の話し合いが急務となっている。

5. (a) **❶** 問題は、平和条約締結も含めて進展しておらず、2010年と2012年の2回にわたりロシアの**メドベージェフ大統領**(2012年時は首相)**が国後島を訪問**するなど、解決の糸口が見えない状況である。
 (b) **❷** 問題では、2010年の **❸** 事件以降、中国・台湾との緊張状態が続いている。2012年野田内閣は **❹** を宣言したが、これを受けて中国・台湾の反発はより先鋭化してきている。
 (c) **❺** 問題では、2012年に**韓国の李明博(イ ミョンバク)大統領が ❺ に上陸**し、日韓関係の悪化が懸念された。

解答

❶先軍政治
❷瀬戸際外交
❸六か国協議

❶北方領土
❷尖閣諸島
❸中国漁船衝突
❹尖閣諸島国有化
❺竹島

▶ センターレベルにチャレンジ!

次の問題の正誤を判定せよ。

問題

1 ボスニア=ヘルツェゴビナやコソボで起こった旧ユーゴスラビア問題では、セルビア人に対する国内他民族からの迫害が問題視されているが、解決の糸口は見えてきていない。

2 1993年、パレスチナ暫定自治協定が締結され、イスラエルはパレスチナ難民に対し、イスラエル国内にパレスチナ自治政府を設立させることで合意した。

3 チェチェン紛争は、インドネシアのチェチェン島東部で起こった独立闘争で、チェチェンは2002年に独立・国連加盟を実現した。

4 印パ紛争は、インド・パキスタン間のカシミール地方領有権をめぐる争いで、核対立にまで発展した。

5 東ティモール問題は、複数国にまたがって居住する山岳民族・東ティモール人に対する迫害の問題である。東ティモール人と各国政府との対立が続いている。

6 ダルフール紛争は、ロシアからの独立を求めるダルフール人とロシアの軍事衝突である。

7 北朝鮮は、金正恩体制への移行後も核保有を背景にした瀬戸際外交を続けており、六か国協議などを通じての関係各国の外交努力が急務となっている。

8 尖閣諸島について、2012年に日本政府は地権者から尖閣三島の所有権を取得した。

9 竹島問題では、2012年の韓国大統領の竹島上陸を受けて、日韓関係の悪化が懸念された。

23. 主な民族紛争

解答 & 解説

1 ✗
2 ○
3 ✗
4 ○
5 ✗
6 ✗
7 ○
8 ○
9 ○

1 旧ユーゴ問題で**迫害する側として問題視されているのは、セルビア人**の方。なおボスニアの方は1995年に和平合意、コソボは2008年に独立を宣言し、現状では一応問題は解決した形になっている。

2 クリントンの仲介で実現した同協定で、パレスチナ難民は**イスラエル内2箇所（ガザ＋ヨルダン川西岸）に居住区を得て、自治政府を樹立**した。

3 2002年にインドネシアから分離独立したのは**東ティモール**。

4 カシミール地方は、住民の8割がイスラム教徒のため、インド側が住民投票による帰属決定を拒否。

5 これは**クルド人問題**。山岳民族クルド人は、自国をイラン・イラク・トルコなどの複数の国によって分断されてしまった。

6 これは**チェチェン紛争**。ダルフール紛争は、北アフリカにあるスーダン西部のダルフール地方で起こったアラブ系vsアフリカ系住民の紛争。2011年に**南スーダン**として独立し、国連加盟。

7 金正恩(キムジョンウン)体制への移行後も外交方針に変わりはなく、依然、緊張状態が続いている。

8 日本政府による**尖閣諸島**の国有化が決定して以降、**中国・台湾からさらに激しい反発**を受けている。

9 民主党政権下の2009年〜2012年の間に、**竹島など領土をめぐる問題で隣国との緊張が高まった**。

24 資本主義と社会主義・経済学説

■資本主義の萌芽

重商主義…絶対王政期、**国王が商業を保護し貿易が活性化**。
　　➡**囲い込み運動**が起こり、資本家と労働者が誕生。
　　　　　‖

　　主要輸出品(毛織物)生産のため、**地主が農地を没収**。
　　➡土地を追われた農民が**労働者**へ転化し、**資本家**の毛織物工場で**工場制手工業**(=マニュファクチュア)に従事。

産業革命期　機械などの飛躍的な進歩により「**工場制機械工業**」へ発展。
　→競争力がupした資本家は**自由放任経済**を求め、自由競争時代へ。
　　　⬇　　　　　　　▶政府の役割が小さい=**小さな政府**

その後　競争の激化により矛盾が拡大し、**世界恐慌**で**大爆発**！
　　　　　　▶自由放任の限界→政府の積極介入(「**大きな政府**」)が必要に。

対策　**ニューディール**政策　…　公共事業　➡**有効需要の創出**へ。
　　　▶アメリカ・ルーズベルト大統領　　社会保障

■社会主義経済

「**平等**」な社会をめざして。

特徴　私有財産の否定／**計画経済**／共産党の**一党独裁**
　　　→　but　人々の労働意欲の低下＆非民主的政治に。

現状　・旧東欧圏は**すべて民主化・市場経済**へ移行。
　　　　・中国やベトナムは**資本主義を一部導入**。

> **中国**　「**四つの現代化(近代化)**」をめざし「**改革・開放**」政策開始。
> 　　　▶農・工・国防・科学技術　　　(1979年〜)
>
> ・**経済特区**…沿岸部を中心に設けられた外国資本導入のモデル地区。
> ・**生産責任(請負)制**…ノルマ以上の量の農産物は自由に処分できる。
> 　　　▶従来までの集団農場(**人民公社**)は**廃止**。

- **社会主義市場経済**…**生産手段** 公有のまま。
  ▶憲法にも明記。　**経　営** 民間に委ねる。

- 対香港・マカオ　**一国二制度**…50年は外交・防衛以外は**原則自治**。
  ▶一つの国で、資本主義と社会主義の2つの経済体制が存在する。

- 対台湾　**「1つの中国」論**…台湾は中国の一部。

- その後
  ・2010年より日本を抜いて**GDP世界第2位**に。
  ・2007年より**日米貿易の総額より日中貿易の総額が上に**。

- ベトナム　**ドイモイ**（=**刷新**）…外資保護や個人営業奨励。

■経済学説

- **自由放任**主義…　利己心に基づく経済活動 → 見えざる手で調節 → 経済は調和的に発展
  ▶アダム＝スミス

- **比較生産費説**…各国が**生産の得意なモノ**だけを作り、貿易で交換。
  ▶リカード　　　　▶比較優位をもつ財

- リスト…**保護貿易**理論を提唱。

- 限界効用価値説…商品価値＝「**消費者の満足度**（＝効用）」で決定。

- **ケインズ経済学**…不況→**有効需要**を政府が**創出**→**完全雇用**へ。
  ▶財の購入につながる需要。

↕

新自由主義

反ケインズ経済学…「**小さな政府**」をめざす。

- **マネタリズム**…政府の仕事は**通貨量のコントロールのみ**。
- **サプライサイド経済学**…不況→需要側でなく、供給側である**企業の条件を改善**。
  ▶減税＋規制緩和

第2部 経済分野

KEY TOPICS　資本主義と社会主義

資本主義経済の発展

資本主義は「自由」を原則とする経済体制だ。

資本主義が発達するには、「**商品経済**の発達＋**資本家＆労働者**の二大階級の誕生」が必要だ。しかし、驚くべきことに、これらは**封建制の時代には全然重要視されていなかった**んだ。なぜなら封建制は、領主が農民を土地に縛りつけて、そこから年貢を吸収するシステムだからだ。領主からすれば「商品生産や販売よりもまず年貢を優先」ってことになるでしょ。

でも**絶対王政**の時代にこのシステムが崩れた。この時代、国王は**重商主義政策**を採り、自らの権力維持費を稼ぐため、**年貢よりも効率よくカネになる商業を保護**したんだ。その結果、商業は栄え、資本家と労働者も発達し、その後の**産業革命**期に機械化までもが進展した。こうして資本主義は急速に発展していったんだ。

資本主義と政府の経済介入

しかし**むき出しの資本主義は、弱肉強食の競争社会**だ。そこには自由はあるが平等はなく、政府によるフォローもない。弱者は次第に貧困や失業などの**資本主義の矛盾**に苦しみ、それはついに**世界恐慌**で大爆発した。もう、こうなった以上、政府が助けないといけない。

そこでアメリカで実施されたのが、**ニューディール政策**だ。これは**政府が積極的に市場介入し、公共事業や社会保障で有効需要（≒購買力を持った需用者≒お金を持った国民）を創出するという、それ以前にはなかった新しい資本主義**だ。このやり方は成功し、その後の資本主義の主流となっていった。

しかしこのやり方には、欠点もあった。**不況時に巨額の財政コストがかかるため、財政赤字が深刻（国債発行増）になる点**だ。そこで今日では反ケインズの**新自由主義が注目**され、不況時には**減税**や**規制緩和**、**民営化**といった、供給側の状況改善を目標とした財政コストのかからない**「小さな政府」の手法が主流**となってきたんだ。

社会主義経済

「自由」をめざす資本主義に対して、社会主義は「**平等**」をめざす経済体制だ。彼らは競争排除と平等な分配をめざして、**私有財産を否定**し、**計画経済**のシステムを採り、さらに多数者（つまり労働者）の声が届く民主的な社会をめざして**共産党の一党支配**体制を採った。しかし、この体制はうまくいかず、**ソ連を軸とする東欧圏の社会主義は、1989年の冷戦終結とともに崩壊**した。

今日元気なのは、**中国**や**ベトナム**の社会主義だ。彼らは**資本主義の市場原理を導入することで、活力あふれる社会主義を作った**。特に中国の躍進ぶりはめざましく、日本もGDPをはじめとする様々な面で、国際社会での経済的地位を逆転されつつあるのが現状だ。

一問一答でキーワードチェック!

問題

1. (a) イギリスで**封建制**が崩れ、**資本主義**が誕生したきっかけは、絶対王政期に国王が [❶] などの特権的な商人団を保護する [❷] 政策を採ったことにある。

(b) この時期に起こった [❸] 運動(牧羊地確保のために農民から土地を収奪)により、**資本家と労働者が生まれた**(＝**資本の本源的蓄積**)。土地を追われた農民は労働者として、毛織物工場で [❹] に従事し、それが産業革命期には [❺] へと発展した。

2. (a) この後イギリスをはじめとする先進各国は [❶] 経済へと移行したが、**小さな政府**では失業・貧困等の資本主義の矛盾を調整できず、1929年の [❷] を回避できなかった。

(b) アメリカの [❸] 大統領は、不況回復のため [❹] を打ち出した。[❺] を**設立し公共事業を起こしたり、社会保障政策などに力を入れ**、購買力を伴った [❻] を創出して不況を脱出した。

解答

❶ 東インド会社
❷ 重商主義
❸ 囲い込み
❹ 工場制手工業(マニュファクチュア)
❺ 工場制機械工業

❶ 自由放任
❷ 世界恐慌
❸ ルーズベルト
❹ ニューディール政策
❺ テネシー川流域開発公社(TVA)
❻ 有効需要

24. 資本主義と社会主義・経済学説

問題

3. (a) 経済学説はイギリスから発展が始まった。まず**古典学派**の祖である ❶ は「**神の見えざる手**」による調節機能で**自由放任**を説明した。❷ は**比較生産費説**で**国際分業**の利益を理論化した。

(b) ❸ 学派の面々は、商品価値に**消費者の満足度**という新しい視点を導入し、❹ は**有効需要の原理**で、**政府の役割を重視する新しい経済学**を構築した。

(c) ❹ **型の経済学は財政赤字が不可避**となるため、その批判として今日では**マネタリズム**や**サプライサイド経済学**などの ❺ が台頭している。

4. (a) **社会主義**では**平等な社会作り**のために ❶ が否定され、❷ 経済や ❸ による一党独裁体制がとられている。

(b) **中国**では1970年代後半より、「❹」をめざす**改革・開放政策**が採られ、沿岸部への ❺ の設置や農業生産での利潤方式である ❻ などが実行された。1992年からは ❼ が憲法に規定され、経済は飛躍的に発展した。

(c) **ベトナム**では ❽ と呼ばれる市場原理の導入政策を実施し、1980年代後半より経済発展が始まった。

解答

❶ **アダム＝スミス**
❷ **リカード**
❸ **限界効用**
❹ **ケインズ**
❺ **新自由主義**

❶ **私有財産**
❷ **計画**
❸ **共産党**
❹ **四つの現代化**
❺ **経済特区**
❻ **生産責任制**
❼ **社会主義市場経済**
❽ **ドイモイ（刷新）**

第2部 経済分野

センターレベルにチャレンジ!

次の問題の正誤を判定せよ。

問題

1 資本主義経済は、重商主義期の囲い込み運動で工場制機械工業が盛んになったころから発展し始めた。

2 産業革命期、資本家は自由放任経済を求め、政府はその体制を保護するための福祉国家政策を実施した。

3 世界恐慌時にアメリカが行ったニューディール政策は、公共事業等を軸とする積極的な有効需要創出策であった。

4 社会主義経済は、平等な社会の実現のため、私有財産の保護・計画経済・共産党の一党独裁などを実施する。

5(a) 文化大革命後の中国では、農業・工業・国防・科学技術の「四つの現代化」路線を採り、その具体化のため1979年より改革・開放政策を実施した。

5(b) その内容は、内陸部中心に外国資本導入地区を設ける経済特区の設置、農業生産に利潤方式を導入する人民公社の設立などであった。

5(c) 1993年に社会主義市場経済を憲法に明記、その後さらに経済が躍進し、2001年にはWTOへの加盟も実現した。

6 ベトナムでは1986年よりドイモイ(刷新)政策を実施し、市場原理導入による経済発展を遂げている。

7 アダム＝スミスは、個々の利己心が経済発展を阻害するとして、「見えざる手」による自動調節の必要性を説いた。

8 リストは、自由競争は後進国に対しては不利益が大きすぎるとして、保護貿易理論を唱えた。

9 近年は財政赤字が拡大するケインズ型経済学への反発から、小さな政府を基本とする新自由主義が台頭している。

24. 資本主義と社会主義・経済学説

解答 & 解説

1	×
2	×
3	○
4	×
5(a)	○
5(b)	×
5(c)	○
6	○
7	×
8	○
9	○

1 囲い込み運動当時の毛織物工場は、まだ**工場制手工業**(**マニュファクチュア**)。機械化は産業革命以降。

2 経済を自由放任にするなら、政府は国防や治安などが最小限に限られた「**夜警国家**」の方がいい。

3 同政策は、「**購買力をもった需要者**(**有効需要**)**を政府が創出する**」という、当時新しい政策だった。

4 各人の私有財産を保護したら、金持ちは金持ちのまま保護されるから、貧富の差が消えない。

5(a) 正しい内容。中国は近年非常に注目される国なので、細かく覚えておこう。

5(b) **経済特区**は沿岸部中心。農業生産の利潤方式導入は**生産責任制**。

5(c) 中国は**社会主義市場経済**を憲法に明記した上、社会主義国家の体裁を保ちながら、**自由貿易体制の要であるWTOにも加盟**している。

6 ここに書いてある通り。

7 アダム＝スミスは、売り手・買い手の**利己心**に基づく活動こそが、経済発展の原動力ととらえている。

8 当時のドイツはイギリスと比べて後進国だったため、このような学説が生まれた。

9 反ケインズの代表的な経済学説は**マネタリズム**と**サプライサイド経済学**であり、これらは**アメリカのレーガン政権やイギリスのサッチャー政権が部分的に取り入れた**ことで注目されるようになった。

25 経済主体と株式会社

経済主体と資本循環

経済主体＝企業・家計・政府→経済活動の中心的存在。

公企業	国営企業／地方公営企業／独立行政法人
公私混合企業	日銀・JR・NTTなど
私企業	会社企業／組合企業（農協や生協）

企業資金の調達

種類
- 自己資本…自分の金。株式発行などにより調達。
- 他人資本…借りた金。社債・銀行からの借り入れなどにより調達。

調達方法

アメリカ企業はこちらがメイン。

- 直接金融…株の売買　▶銀行をはさまず「国民の金→企業へ」。
- 間接金融…銀行借入　▶銀行をはさんで「国民の金→企業へ」。

日本企業はこちらがメイン。

自己金融… 内部留保（＝利潤の積立）などを使う。
▶※用例…「銀行借入は間接金融で調達した他人資本」など。

資本循環…企業による資本の活用手順。

- 貨幣資本 …まず「**自己資本や他人資本**」を準備。
- ↓
- 生産資本 …それを活用して「**工場・機械・労働力**」を得る。
- ↓
- 商品資本 …それらを活用して「**財・サービス**」を作る。
- ↓
- (再び)貨幣資本 …その販売で「**投下資金の回収＋利潤**」を得る。

利潤は自己資本を増加させ次回生産の拡大に。
＝
拡大再生産

企業の分類

企業の出資者（＝社員）

❶ **無限責任**社員…会社倒産時には**全財産をあげてでも弁済**する義務がある。

❷ **有限責任**社員…会社倒産時には**自分の出資金が返ってこないだけ**。

会社企業の分類…2006年に施行された「**会社法**」により**かなり変更**された。

合名会社	1名以上の❶が出資
合資会社	❶＋❷（各1名以上）
有限会社	❷のみ（資本金300万円以上）➡ **2006年より新設不可**。
株式会社	❷のみ ➡「資本金1千万円以上」の**最低資本金制度は廃止**。
＋	
合同会社	❷のみだが、社員の自由度の高い会社。2006年に**新設**。

株式会社のしくみ

株式売却　　**一般投資家**が購入　　　その代金が**資本金に加算**される。
　　　　　　　▶＝株主　　　　　　　▶「大資本調達→利潤追求」しやすい。

- **株主**→出資者（＝会社の「**所有者**」）　　**権利** 配当金／株主総会参加権
- 社長などの**取締役**→会社の「**経営者**」

⬇

● 近年は**経営者中心の運営が主流**＝「**所有と経営の分離**」

企業の社会的責任についての用語

- **コーポレート＝ガバナンス**（＝企業統治のあり方）
  →企業の内部統制や不正防止のあり方。
- **コンプライアンス**…法令遵守
- **アカウンタビリティ**…説明責任
- **モラルハザード**…保険制度や公的機関による救済をあてにして、慎重さを欠いた経営を行うこと。
- **メセナ**…企業の出資で行う**芸術・文化支援**活動。
- **フィランソロピー**…企業による**慈善活動**。

第2部 経済分野

KEY TOPICS 経済主体と株式会社

会社法と会社企業

家計・企業・政府、これら経済活動を支える3つの中心的存在を「経済主体」というが、中でも特に企業の活動は重要だ。

企業は資本循環を通じて商品の生産・流通を行い、利潤の最大化をめざす。まさに資本主義の主役だ。企業の種類は公企業・私企業・公私混合企業と様々だが、ここでは特に資本主義の担い手となる私企業の中の「会社企業」に注目しよう。

会社企業には、規模に応じて合名会社・合資会社・有限会社・株式会社とあるが、2006年に施行された「会社法」（商法の一部や有限会社法などをまとめた法）により、そのあり方はかなりの点で変更された。特に有限会社の新設ができなくなったこと、株式会社が資本金1円からでも設立できるようになったこと、「合同会社」という新しい会社企業が生まれたことなどに注意しよう。

所有と経営の分離

株式会社は、資本主義に最も適した会社企業だ。なぜなら発行株式の売却で資本金を外部から調達できるという、利潤追求に最も適した形をしているからだ。

ただし「お金を出した人＝商品の所有者」という当たり前の原則で考えると、株式会社の所有者は株を買ってくれた株主であり、社長や専務などの取締役は単なる会社の経営者ってことになる。しかし近年は、お金を出した所有者が経営に口出しをせず、経営者に経営のすべてを任せるという「所有と経営の分離」が、株式会社運営の主流となっている。つまり、資本は持っているが経営の素人である株主は、黙って経営のプロに任せた方がむしろ儲かるはずってことだね。

● 経済循環図

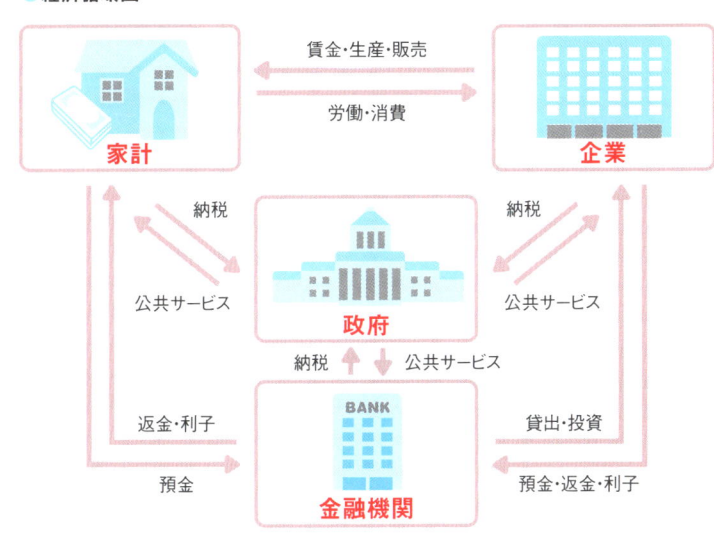

家計 ⇄ 企業
- 賃金・生産・販売
- 労働・消費

家計 ⇄ 政府
- 納税
- 公共サービス

企業 ⇄ 政府
- 納税
- 公共サービス

政府 ⇄ 金融機関
- 納税
- 公共サービス

家計 ⇄ 金融機関
- 返金・利子
- 預金

企業 ⇄ 金融機関
- 貸出・投資
- 預金・返金・利子

● 株式会社のしくみ

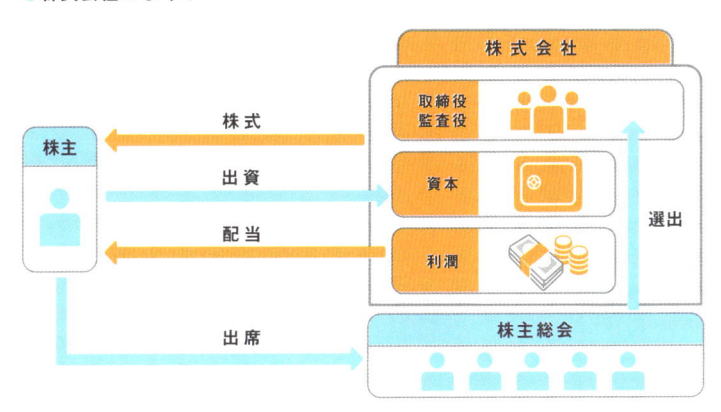

株主 ← 株式 ― 株式会社（取締役・監査役）
株主 → 出資 → 資本
株主 ← 配当 ← 利潤
株主 → 出席 → 株主総会 → 選出 → 取締役・監査役

所有と経営の分離
- 株主…出資者（＝会社の「所有者」）
   配当金の受け取り、株主総会に出席する権利をもつ
- 社長などの取締役…会社の「経営者」

一問一答でキーワードチェック！

問題

1. 企業の調達する資金は、返済の必要のない ❶ と、返済の必要のある ❷ が柱となる。資金の調達方法には、**株式売買**などによる ❸ と、**銀行から金を借りる** ❹ がある。
※ ❶ は株式の売却益や内部留保、❷ は銀行借入や社債借入。

2. 企業は、❶ の中で資金調達や生産流通を行う。そうして ❷ **を得ることで**さらに ❸ **を増加**させ、次回生産を拡大させる。これを ❹ という。

3. 会社の債務に対して全財産をあげて責任を負う社員を ❶ といい、自己の出資額の範囲内でのみ責任を負う社員を ❷ という。

4. (a) 2006年に成立した ❶ の規定により、❷ **の新設ができなくなった**。そのかわり、社員の自治・自由が大幅に認められる ❸ という形態が誕生した。
 (b) また同法により、❹ が撤廃されたため、**株式会社を資本金** ❺ **円からでも起業することが可能**となった。

解答

❶ 自己資本
❷ 他人資本
❸ 直接金融
❹ 間接金融

❶ 資本循環
❷ 利潤
❸ 自己資本
❹ 拡大再生産

❶ 無限責任社員
❷ 有限責任社員

❶ 会社法
❷ 有限会社
❸ 合同会社
❹ 最低資本金規制
❺ 1

25. 経済主体と株式会社

問題

5. **株式会社**は、**発行株式の売却により外部から資本金を調達できる会社企業**である。株式の購入者である **❶** が会社の**所有者**、社長などの **❷** が会社の**経営者**となる。近年は後者に経営を全面的に委ねる運営が主流である。これを **❸** という。

6. 株主は会社の利益の一部を **❶** として受け取ることができる。また、最高意思決定機関である **❷** に参加でき、株式売却の際に株価が上がっていれば **❸** を手にできる。

7. 取締役の責任追及を会社が怠った場合、株主が会社にかわって会社に損害を与えた取締役を提訴できるしくみを **❶** という。また取締役会の監督機能強化のために選任される、会社とは直接利害関係のない取締役を **❷** という。

8. 企業の**社会的責任**（CSR）を表す語には、企業の内部統制や不正防止のあり方（ **❶** ）、法令遵守（ **❷** ）、説明責任（ **❸** ）、情報開示（ **❹** ）、芸術・文化支援活動（ **❺** ）、慈善活動（ **❻** ）などがある。

解答

❶ **株主**
❷ **取締役**
❸ **所有と経営の分離**

❶ **配当金**
❷ **株主総会**
❸ **キャピタルゲイン**

❶ **株主代表訴訟**
❷ **社外取締役**

❶ **コーポレート＝ガバナンス**
❷ **コンプライアンス**
❸ **アカウンタビリティ**
❹ **ディスクロージャー**
❺ **メセナ**
❻ **フィランソロピー**

第2部 経済分野

センターレベルにチャレンジ!

次の問題の正誤を判定せよ。

問題

1 自社株の販売で得た資金は、直接金融で調達した自己資本である。

2 社債の販売で得た資金は、間接金融で調達した他人資本である。

3 企業が利潤を次回生産に回し生産規模を拡大させることを拡大再生産、利潤がない場合の次回生産を単純再生産、損失が出た場合を縮小再生産という。

4 会社の債務に対して全額弁済の義務がある社員を無限責任社員といい、合名会社と合資会社のすべての社員がそれにあたる。

5 会社の債務に対して自己の出資金の範囲内での責任がある社員を有限責任社員といい、有限会社と株式会社、合同会社の全社員がそれにあたる。

6 有限会社の設立には資本金300万円以上が、株式会社は資本金1000万円以上が必要である。

7 株式会社の所有者は株主であり、社長・専務といった取締役は経営者である。

8 株式会社に設置義務があるのは株主総会と取締役であり、監査役の設置は原則任意となる。

9 株式会社の運営は事実上、最高意思決定機関である株主総会に任されており、取締役はその決定に従って経営を行うだけという形が主流である。

10 企業の行う芸術文化支援活動をフィランソロピー、企業の慈善活動をメセナという。

25. 経済主体と株式会社

解答 & 解説

1 ○　**1**　株の販売で得たお金は、銀行をはさまず調達したから**直接金融**で、自分のものになるから**自己資本**。

2 ×　**2**　社債は、銀行をはさまず調達したので**直接金融**。「販売」という言葉は使うが、国債の会社版なので借金（＝**他人資本**）。

3 ○　**3**　問題文をこのまま表現として覚えておこう。

4 ×　**4**　合名会社は合っているが、**合資会社**は「**有限責任社員＋無限責任社員（各1名以上）**」だから×。

5 ○　**5**　**合同会社**は2006年に施行された会社法により新たに生まれた会社で「**出資者が業務も執行／全員が有限責任社員／株主総会的なものはなし**」などの特徴をもつ。

6 ×　**6**　これは古い規定。今日の会社法では**最低資本金の規定はない**上、**有限会社の新設はできなくなった**。

7 ○　**7**　資金を出した人が商品の所有者になる以上、株式購入で会社の資本金を出してくれた株主が会社の「所有者」で、社長などの取締役は単なる「経営者」。

8 ○　**8**　かつては3つとも設置義務があったが、会社法より、様々な条件によって**監査役の設置は任意**となった。

9 ×　**9**　株主は会社の資本金の出資者だが、経営に関しては素人。対して取締役は、資本金こそ出していないが経営に関してはプロ。よって経営は**プロに任せて素人は経営に口を出さないというのが近年の主流**（＝**所有と経営の分離**）。

10 ×　**10**　メセナとフィランソロピーが逆。

26 市場機構・独占禁止法

●需要・供給曲線 （例）パソコンの需給

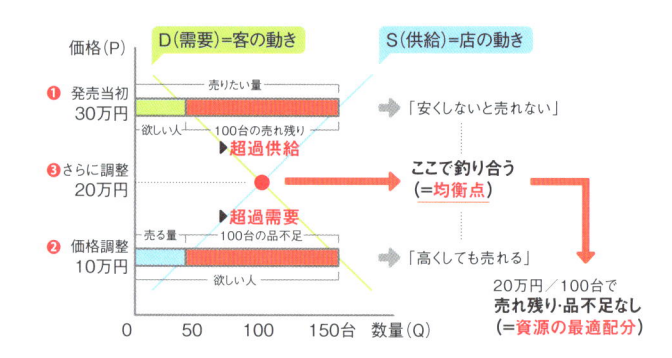

- ❶ 発売当初 30万円 → 「安くしないと売れない」 ▶超過供給（100台の売れ残り）
- ❸ さらに調整 20万円 → ここで釣り合う（＝均衡点）
- ❷ 価格調整 10万円 → 「高くしても売れる」 ▶超過需要（100台の品不足）

D（需要）＝客の動き　S（供給）＝店の動き

20万円／100台で
売れ残り・品不足なし
（＝資源の最適配分）

●需要曲線のシフト

右へシフト：何らかの理由で買い手数がUP
→ そのせいで価格もUP

●供給曲線のシフト

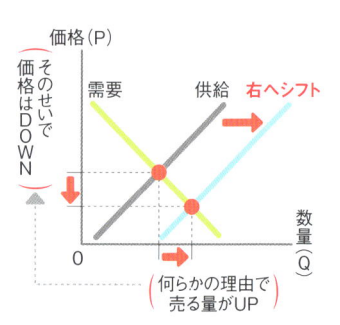

右へシフト：何らかの理由で売る量がUP
→ そのせいで価格はDOWN

●需要曲線が右へシフトする理由

- 国民の**可処分所得**（＝使える金）が増えたとき。
- **代替財**（＝ライバル商品）が値上がりしたとき。
- **補完財**（＝セットで売れる商品）が値下がりしたとき。
- 国民の**嗜好の変化**（＝その商品が流行したとき）。

●供給曲線が右へシフトする理由

・企業の**可処分**所得が増えたとき。
・原材料費が安くなったとき。
・**大量生産が可能**になったとき。

完全競争市場…完全な自由競争の条件が備わった市場。

売り手・買い手とも多数／市場への参入・離脱は自由
商品に関する完全な情報あり／商品はすべて同質　　実現はほぼ不可能

市場の失敗（限界）

❶ | **独占**（1社支配）→**独占価格** |
　| **寡占**（少数社支配）→**管理価格** | の形成➡価格の**下方硬直化**へ。
　　　　　　　　　　　　　　　　　　　　▶価格が下がりにくくなる。

❷・**外部経済**…「新しい駅ができた→周辺の地価が上昇」（→第三者に利益）
　・**外部不経済**…「商品生産→周辺に**公害**」（→第三者に**不利益**）

❸**公共財**…需要者はいるが、**フリーライダー**を排除できずタダで利用される。
　▶道路など　→私企業には採算が合わず供給できない。

独占禁止法（1947年）…第二次世界大戦後の**財閥解体**の過程で誕生。

　内容　カルテルと持株会社の禁止／トラストの制限
　チェック機関　公正取引委員会（＝「**独禁法の番人**」）

独禁法の緩和（1953年）…弱体化した日本企業を守るため。
❶**例外カルテル**（**不況**カルテルなど）の容認（※1999年に廃止）。
❷**再販売価格維持**制度…商品の**定価**販売OKに。

独禁法の強化（1977年と1992年）

1977年　違法カルテルに**500万円以下の課徴金**（≒罰金）。
1992年　**課徴金**を「500万円以下→**1億円以下**」へup。
1992年　**再販**制度の指定品目削除。
　　　　　▶今は、定価販売できるのは、本やCDのみ。

独禁法を再び緩和（1997年）…バブル後の競争力回復のため。

持株会社　旧財閥よりも小規模な形で、**株式所有による子会社支配**を容認。
の解禁　▶日本版金融ビッグバンの一環。

KEY TOPICS 市場機構・独占の形態

　売り手（**供給**）と買い手（**需要**）が出会って商品（財・サービス）が取引される場を、**市場**という。
　その市場における売り手と買い手の動きを表したものが、**需要・供給曲線**だ。グラフが出てくると、とたんに難しく感じる人もいるだろう。でも、そんな時は何でもいいから、**具体的な商品と金額を入れて考えてみよう**。たったこれだけで頭の中に具体的なイメージがわき、格段に考えやすくなるよ。

自由な市場の問題点

　この自由な市場の問題点や限界が、p.199の❶〜❸の「**市場の失敗**」だ。❶の独占・寡占は「**買い手が減っても価格が下がらない**」という失敗、❷の**外部経済・外部不経済**は「**売り手・買い手以外の第三者にも影響が出てしまう**」という失敗、そして❸の**公共財**は「**買い手はいるが売り手がいない**」という失敗だ。これらは政府が介入しなければ解決できない、自由な市場の「限界」ともいえる状態だ。

独占禁止法

その中の❶を解決するための政府の介入が、**独占禁止法**の制定だ。同法はGHQ主導の**財閥解体**の過程で生まれ、**公正取引委員会**がその運用をチェックする。ただその運用は時代に合わせて変化している。たとえば、自由競争を確保すべき時には法運用を強化して、大企業による独占的状態を規制し、経済の弱体化により企業保護が必要な時には、法運用を緩和して柔軟に対応している。

●独占の形態

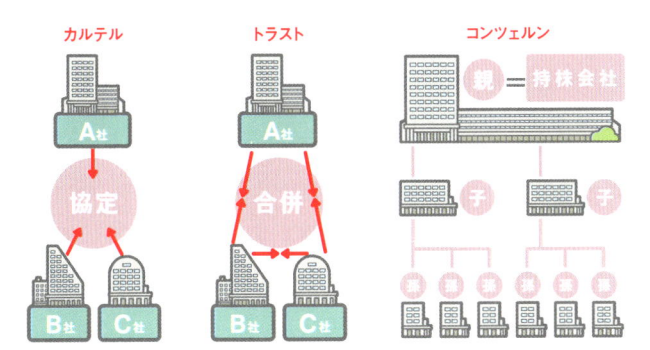

カルテル — A社／B社／C社：協定
トラスト — A社／B社／C社：合併
コンツェルン — 親＝持株会社／子／子

●独占・寡占の進行

自由競争の激化…強い企業が大規模化→「**規模の利益（経済）**」実現。
▶生産規模大→安価＋量産可に。

市場の**寡占化**の進行➡**管理価格**が形成され、**価格競争は排除**へ。

- **プライス＝リーダー**（価格に強い影響力を持つ企業）が高めの**管理価格**を設定し、価格が**下方硬直化**。
- 寡占企業の競争は**非価格競争**（宣伝・デザイン・おまけなど）中心に。

‖

● 不健全な市場➡**独占禁止法**が必要に。

一問一答でキーワードチェック！

問題

1. 売り手（**供給**）と買い手（**需要**）が出会い、商品（**財・サービス**）が取引される場を**市場**という。完全な自由競争の条件が備わった市場を ① といい、その成立には「売り手・買い手とも**多数存在**／市場への ② は自由／商品に関する完全な ③ ／商品はすべて ④ 」などの条件がある。

2. 縦軸を価格、横軸を数量とした時、右下がりの曲線を ① 、右上がりの曲線を ② といい、両者が交わる点を ③ という。市場においては、**価格が需給の不均衡を調整する役割を担っており、これを ④ という。

3. （a）市場がうまく機能しなかったり、自由な市場に限界が存在することを、① という。
　（b） ① の原因には、価格の ② につながる**独占・寡占**、市場外の第三者に利益・不利益をもたらす ③ ・ ④ 、需要はあっても私企業が供給しない ⑤ 、などがある。

解答

1.
❶完全競争市場
❷参入・離脱
❸情報
❹同質

2.
❶需要曲線
❷供給曲線
❸均衡点
❹価格の自動調節機能

3.
❶市場の失敗
❷下方硬直化
❸外部経済
❹外部不経済
❺公共財

26. 市場機構・独占禁止法

問題

4. 独占・寡占の形態には、他企業と価格や生産量について協定を結ぶ ① 、同一業種の複数企業が合併する ② （異業種企業の合併なら ③ ）、**持株会社**を親会社として、子会社株の過半数を所有しピラミッド状に支配する ④ などがある。

5. 自由競争が進み、**規模の利益**を実現した企業は、さらに ① を高め、市場では**寡占化が進行**する。すると次第に**価格競争**は排除され、市場内の有力企業が ② となって**管理価格を形成**し、それに他企業も追従するようになる。その結果、寡占市場では ③ 競争が盛んになる。

6. (a) ① は、戦後の**財閥解体**の過程で誕生した法律で、 ② がその運用をチェックする。

(b) 1953年の緩和では ③ などの例外カルテルと、商品の定価販売を認める ④ が容認された。その後の1977年と1992年の強化では、違法カルテルへの ⑤ 制度と定価販売できる商品の大幅削減が実現し、1997年の緩和では、**日本版金融ビッグバン**の一環として、 ⑥ の解禁が実現した。

解答

❶ カルテル
❷ トラスト
❸ コングロマリット
❹ コンツェルン

❶ 市場占有率
❷ プライス＝リーダー
❸ 非価格

❶ 独占禁止法
❷ 公正取引委員会
❸ 不況カルテル
❹ 再販売価格維持制度
❺ 課徴金
❻ 持株会社

第2部 経済分野

センターレベルにチャレンジ！

次の問題の正誤を判定せよ。

問題

1 パンが人気商品になった時、コメのグラフは供給曲線が右へシフトする。

2 消費税が増税になった時、課税対象になる商品のグラフは、需要曲線が左へシフトする。

3 完全競争市場とは、売り手・買い手が多数存在し、市場参入と離脱が自由で、市場参入者が商品情報に熟知し、商品が差別化されていない市場である。

4 駅前に大型スーパーができて商品の売れ行きが悪化し、近隣の商店が倒産するのは、外部不経済の典型である。

5 寡占市場では、プライス＝リーダーに他企業も追従して管理価格が形成されるため、市場から一切の競争が排除されてしまう。

6 価格や生産量について他企業と協定を結ぶことをカルテル、同業・異業種を問わず他企業を合併・吸収することをトラストという。

7 独占禁止法は、私的独占や不公正な取引を禁止することで、市場内の企業保護を目的とした法である。

8 独占禁止法の適正な運用を監視するのは、「独禁法の番人」と呼ばれる行政委員会・公正取引委員会である。

9 1953年の独占禁止法緩和では、例外カルテルの容認と再販売価格維持制度の禁止が実施された。

10 1997年の独占禁止法緩和では、従来は原則禁止だった持ち株会社を、事業支配が過度に集中する場合のみ禁止するという原則自由に改められた。

26. 市場機構・独占禁止法

解答 & 解説

1 ✗
2 ✗
3 ◯
4 ✗
5 ✗
6 ✗
7 ✗
8 ◯
9 ✗
10 ◯

1 パンが人気になれば、パンのライバル（**代替財**）であるコメは「**買い手（需要）の数量（横軸）が減る（左へ）**」から、**需要曲線が左へシフト**する。

2 消費税増税は「**商品を売る（供給）価格（縦軸）が上がる（上へ）**」から、**供給曲線が左へシフト**する。

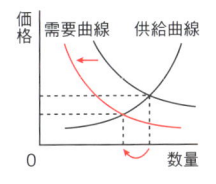

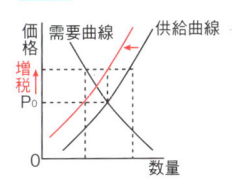

1 のグラフ　　**2 のグラフ**

3 正しい文。

4 **外部不経済**とは、市場内部で解決すべき問題が、市場外の第三者に不利益をもたらすこと。自由競争でライバル店が倒産するのは、健全な市場。

5 **管理価格**が形成されると「価格競争は」なくなるが、**広告・宣伝・おまけなどの非価格競争は残る**。

6 トラストは同業種のみの合併。異業種企業の合併・吸収は**コングロマリット**（**複合企業**）。

7 独占禁止法は企業保護ではなく、私的独占などを禁止し「**健全な自由競争を確保**」するのが目的。

8 **公正取引委員会**は行政委員会だから、独自の審判を行う**準司法的機能**がある。

9 **再販売価格維持制度**（＝商品の定価販売）は、「禁止」ではなく「容認」。

10 正しい文。

27 国民所得と経済成長

国民所得と国富

国民所得：1国で1年間に生まれる**付加価値**の**合計金額**。
　　　　　　　　　　　　▶その年だけの所得の「流れ」(フロー)。

国　富：1国がある1時点で保有する**資産**の**合計金額**。
　　　　　　　　　　　　▶その年までの財産の「蓄積」(ストック)。

国富を使って生まれる所得が国民所得

有形資産(土地・建物・機械など形のある財産)
　　　　＋
対外純資産(外国に保有するお金)

国内のお金は含まない。

国民所得の計算

❶ **総生産額**　　　生産過程で使ったお金を、とにかく**全部足す**。

❷ **国民総生産（GNP）**　　❶−**中間生産物**(＝原材料・燃料代)

・途中過程を全部引くから、**最終販売価格のみ**の合計額。
・GNPという名称はもうない。→2000年より**GNI**(**国民総所得**)に。

❸ **国民純生産（NNP）**　　❷−**固定資本減耗分**
　　　　　　　　　　　　　　(買い換えや修理の積立金)

❹ **狭義の国民所得（NI）**　　❸−**間接税**＋**補助金**

❹のみ「生産費」で計算（※❶〜❸は「売値」で計算）。だから生産段階では関係なかった間接税（消費税）は引き、関係ある補助金は足す。

三面等価の原則

三面等価の原則… **例** 500兆円のGDPを三つの面から見る。

① **生産**国民所得＝「一体**誰が生み出した500兆円か**」

→ 「**第一次産業＋第二次産業＋第三次産業**」＝500兆円
　▶農林水産業　▶工業　　▶サービス業

② **分配**国民所得＝「その500兆円を**誰に分配したか**」

→ 「**労働者へ＋銀行・株主・地主へ＋企業へ**」＝500兆円
　▶賃金　　▶利子・配当・地代　　▶利潤

③ **支出**国民所得＝「分配後、その500兆円は**どう使われたか**」

→ 「消費支出＋投資支出＋**海外とのやりとり**」＝500兆円
　　　　　　　　　　　▶＝経常海外余剰

※①②③は同じ500兆円だから、当然同額＝「**三面等価**」。

経済成長率

$$経済成長率 = \frac{本年のGDP - 前年のGDP}{前年のGDP}$$

▶ **年10%以上** 高度成長 ／ **3～5%** 安定成長 ／ **マイナス** マイナス成長

- **名目値** **物価変動**による影響分を**考慮に入れない**、見たままの数字。
- **実質値** **物価変動**による影響分を**考慮に入れた**数字。

「**名目GDP→実質GDP**」の求め方… **GDPデフレーター**を活用。
▶基準年を100とした時の物価上昇率。

$$実質GDP = \frac{名目GDP}{GDPデフレーター} \times 100$$

$$実質経済成長率 = \frac{本年の実質GDP - 前年の実質GDP}{前年の実質GDP} \times 100 (\%)$$

第2部 経済分野

KEY TOPICS 国民所得と経済成長

　GNPやGDPなどの**国民所得**は、**1国で1年間に生み出す商品の販売価格の合計金額**であり、**国富**（土地・工場・機械など）はその**国民所得を生み出すための元手**だ。

　国民所得にはいろいろな種類があるが、これらはすべて**1年間の売上金の合計という基本的な考え方は同じ**だ。では何が違うのか？それは**計算の細かさ**だ。つまり総生産額は最も大ざっぱな計算方法、国民総生産はそれをもっと正確にした計算、国民純生産はそれをより純粋な所得のみで表した計算、そして狭義の国民所得だけは視点を変えて「生産費」で表した計算、といった具合だ。だから全然難しいものではないので、楽に取り組んでね。

　この国民所得には「**三面等価の原則**」というのがある。これは同じ国民所得を「誰が生んだか／誰に分配されたか／どう使われたか」という三つの面から見ているだけなので、**当然金額は一緒**だという原則だ。

　経済成長率とは、**GNPやGDPの1年間の増加率**のことだ。その値は**物価変動**の影響分を考慮に入れない**名目**成長率と、考慮に入れた**実質**成長率がある。この辺は、センター試験でも実際に計算問題として出題される可能性が高いのでしっかりマスターしておこう。

●GNPとGDPの違い

- **GNP**…1年間に1国の「**国民**」が生んだ所得の総額。
  ▶国民が「(a)**外国から受け取った所得**」も含む。
- **GDP**…1年間に1国の「**国内**」で生まれた所得の総額。
  ▶国内で生まれた後「(b)**外国に支払った所得**」も含む。

⬇

両者の関係　GNP＝GDP＋(a)－(b)

※ただし(a)－(b)のことを「**海外からの純所得**」というから、この式は**GNP－「海外からの純所得」**とも表せる。

●GNPやGDPに含まないもの

- ボランティアや**家事労働**…市場取引の対象外。
- **中古品**の売買…付加価値（＝新たに生んだ価値）ではない。
- **地価・株価**の上昇分…フローではなくストックの価値上昇。
- **公害**による損失分…計算合計から引かれず、逆に**公害企業の所得と被害者の病院代が、GDPをプラス**にする。

⬇

国民所得では国民の真の豊かさは測れない。→**測るための別の指標**を試作中。
　　　　　　　　　　　　　　　　　　▶＝**国民純福祉（NNW）**

国民純福祉（NNW）の求め方

計算　以下の要因を、**すべて金額に換算**して計算する。

GNP－「真の豊かさの**マイナス要因**」＋「真の豊かさの**プラス要因**」
　　　　　▶公害被害者の病院代など。　▶家事労働や
　　　　　　　　　　　　　　　　　　　　ボランティア分。

一問一答でキーワードチェック!

問題

1. 1国で1年間に新たに生み出す財・サービス（ ① ）の販売合計金額を**国民所得**といい、ある一時点で1国が保有する ② と対外純資産の総計を ③ という。前者はその年だけの所得の流れを示す ④ の指標であり、後者はその年までの財産の蓄積を示す ⑤ の指標である。

2. 国民所得のうち、総生産額から原材料や燃料代などの**中間生産物**を引いたものを ① といい、そこから工場や機械の修理・買い替え用の積立金（ ② ）を引いたものを ③ という。またそこから ④ 税を引き**補助金**を足したものを狭義の ⑤ という。

3. 第一次～第三次産業が生んだ所得を ① という。その後それが誰に分配されたかという見方、つまり労働者の**賃金**（雇用者所得）、銀行などへの**利子・地代・配当**（財産所得）、企業への**利潤**（企業所得）に分配されたという見方を ② 、その後それらが**投資**や**消費**に使われたという見方を ③ という。これらの三者がすべて同額という原則を ④ という。

解答

❶ 付加価値
❷ 有形資産
❸ 国富
❹ フロー
❺ ストック

❶ 国民総生産（GNP）
❷ 固定資本減耗分
❸ 国民純生産（NNP）
❹ 間接
❺ 国民所得（NI）

❶ 生産国民所得
❷ 分配国民所得
❸ 支出国民所得
❹ 三面等価の原則

27. 国民所得と経済成長

問題

4. 国民所得計算に含まないものには、市場取引されない ❶ やボランティア分、新たに生み出した付加価値ではない ❷ 、フローではなくストックの価値変動にすぎない ❸ の上昇分、などがある。また正確に反映されないものとして ❹ による損失分があるが、これは社会に与えた損失分が国民所得から引かれず、逆に ❹ 発生企業の生んだ所得と ❹ 被害者の支払う病院代が国民所得をプラスにするためである。

5. 計算に反映しない要素を金額に換算して合計した試算を ❶ といい、国民の「 ❷ 」を測る指標として注目されている。

6. ❶ とは国民所得の1年間での増加率のことで、物価変動の影響分を考慮に入れない ❷ と、考慮に入れた ❸ とがある。 ❸ から ❷ を求めるには、基準年を100とした時の物価上昇率である ❹ を活用して計算する。

解答

❶ 家事労働
❷ 中古品
❸ 地価・株価
❹ 公害

❶ 国民純福祉（NNW）
❷ 真の豊かさ

❶ 経済成長率
❷ 名目値
❸ 実質値
❹ GDPデフレーター（一般物価指数）

センターレベルにチャレンジ!

次の問題の正誤を判定せよ。

問題

1 1国で1年間に生む付加価値の総計を国民所得、ある1時点で保有する資産の総計を国富という。

2 国富とは、有形資産に対外純資産、国内金融資産を総計したものである。

3 ある年の石油埋蔵量はフロー、ある年の自動車の販売台数はストックである。

4 1年間に国内で生んだ総生産額から、原材料や燃料などの中間生産物を差し引くと、GNPになる。

5 国民純生産は、GNPから間接税を差し引き、補助金を加えて算出する。

6 生産・分配・支出の三側面から国民所得を見ると、生産国民所得の総額がいちばん大きくなる。

7 海外からの要素所得をGNPから差し引き、さらに海外への要素所得を加えると、GDPになる。

8 国民所得計算に含まないものには、家事労働分、中古品の売買、地価の上昇分などがある。

9 国民所得計算に反映されない国民の真の豊かさを測る指標として、グリーンGDPがある。

10 国民所得の1年間の増加率が経済成長率で、為替変動の影響分を除いたものを実質経済成長率という。

11 名目経済成長率と実質経済成長率が同じになることは、あり得ない。

12 前年と比べてデフレが進んだ時は、名目経済成長率よりも実質経済成長率の方が大きくなる。

27. 国民所得と経済成長

解答 & 解説

#	解答
1	○
2	×
3	×
4	×
5	×
6	×
7	○
8	○
9	×
10	×
11	×
12	○

1 これはp.206などで説明した通り。

2 「**国富**」には国内金融資産は含まない。国内金融資産を含んだものは「**国民資産**」という。

3 石油埋蔵量は過去からの蓄積だからストック、自動車販売台数はその年だけの変動する要素だからフロー。

4 「国内で」なら**国内総生産（GDP）**。このような初歩的な引っかけはよく出るので気をつけよう。

5 **国民純生産**なら「GNP－固定資本減耗分」。

6 これらは同じ国民所得を3つの面から見ているだけだから、いずれも同額（＝**三面等価の原則**）。

7 説明で「海外から受け取った所得」「海外に支払った所得」と書いたものの表現を変えただけ。この計算式も超頻出だから覚えること。

8 **国民所得**は基本的に「市場取引」された「付加価値」の総計を表す「フロー」。

9 これは**国民純福祉（NNW）**。グリーンGDPは、GDPから環境破壊によるマイナス分などを引いたもの。

10 名目・実質の違いは「物価」変動の影響分が入るか否か。

11 物価変動がゼロならあり得る。戦時下の物価統制などがあれば、あり得る状況だ。

12 これはデフレーターの考え方をあてはめれば理解できるはず。

28 通貨と金融

日本銀行と金融政策

● 貨幣の機能…**価値尺度**／価値貯蔵／**支払手段**／交換手段
　　　　　　　▶商品価値＝価格　　　▶債務（借金など）の清算

● インフレとデフレ
・**インフレーション**…物価の継続的な上昇（→主に好況時に発生）。
・**デフレーション**…物価の継続的な下落（→主に不況時に発生）。

⬇

どちらも困る→通貨量調節のため、日本銀行の**金融政策**が必要。

| 日本銀行 | ・**唯一の発券**銀行／**銀行**の銀行／**政府の**銀行
・政府からは独立／最高意思決定機関は**政策委員会** |

| 通貨の流れ | **日本銀行**→市中銀行→**企業**などへ貸付。 |

　　　　　　日本は**証券市場**が**未発達**。→企業の資金調達は、株の販売代金（**直接金融**）よりも、**銀行借入**（＝**間接金融**）が**中心**。

● 「日銀→銀行」間を調節→**市中の通貨量は安定**するはず。

❶ **公定歩合操作**…「日銀→銀行」間の**貸出利子率の上下**。

　　⇒ 好況時 上げる ／ 不況時 下げる

　・2006年より「**基準割引率及び基準貸付利率**」に名称変更。
　・近年はほとんど重視されず、金融政策は②**が主流**に。

❷ **公開市場操作**…「日銀→銀行」間の**有価証券の売買**。

　　好況時　日銀が**売って**世の中の資金**吸収**（＝**売り**オペ）
　　不況時　日銀が**買って**世の中に資金**放出**（＝**買い**オペ）

❸ **支払準備率操作**…「銀行→日銀」への**強制預金率の上下**。

　　⇒ 好況時 上げる ／ 不況時 下げる

金融の自由化と金融ビッグバン

- **金融の自由化**…金融取引を制約する**規制**の緩和。

従来までの主な規制

| 金利規制 | どの銀行も同じ預金・貸出金利。 |
| 業務規制 | **金融4業種間での相互参入は不可。** |

▶＝銀行・証券・信託・保険間の「垣根」

- 大蔵省主導の金融行政で**競争排除**＝「**護送船団方式**」

▶銀行の倒産防止　▶ただし1990年代にどちらも自由化。

- **日本版金融ビッグバン**

日本も**国際標準**（グローバル＝スタンダード）に歩み寄り、**2001年までに東京をニューヨーク・ロンドン並の国際的市場に**。

3原則…「**フリー・フェア・グローバル**」

❶ **フリー**…市場原理が働く**自由**な市場を。→ 規制緩和。

- **持株会社**の解禁…**金融持株会社**（＝金融異業種の子会社化）も可へ。
- **外為法**の改正…為替取引（＝外貨の両替業務）、**外貨預金**の**自由化**。

❷ **フェア**…**健全**で信頼できる市場を。

- 情報開示（**ディスクロージャー**）の徹底。
- 弱い金融機関の淘汰… チェック **金融監督庁** ／ 処理 **金融再生委員会**
  　　　　　　　➡2001年に統合し「**金融庁**」に。

❸ **グローバル**…**国際的**な市場を。

世界の金融資産が集まる、魅力的な金融商品がほしい。

➡ **金融派生商品**（デリバティブ）の全面自由化が実現。

KEY TOPICS インフレ・デフレと金融政策

インフレーションは、主に好況時の「通貨増→需要増→品不足」という流れからくる物価上昇、**デフレーション**は不況時の「通貨減→需要減→売れ残り」という流れからくる下落傾向だ。どちらも**通貨量の過不足から発生**する。

ならば通貨量さえ調節すれば、インフレ・デフレはなくなり、景気は安定するはずだ。その通貨量の調整をするのが、**日本銀行の金融政策**だ。**公定歩合操作・公開市場操作・支払準備率操作**は、どれもやり方は違うが、市中の通貨増減につながっている。ちなみに戦後の主流だった**公定歩合操作はもうなく、今は公開市場操作が中心**だが、戦後の日本経済の説明で公定歩合は欠かせない。

かつて大蔵省は、**銀行間の競争を排除するため、すべての銀行に金利**規制と**業務**規制をかけた。これは「資金供給の源である銀行の倒産は戦後復興を妨げる」という考え方に基づいた倒産防止行政で、その名を「**護送船団方式**」という。しかし今日はアメリカからの圧力などもあり、両方とも自由化された（＝**金融の自由化**）。

20世紀末、**日本**が金融の**国際標準**に合わせるために行った大胆な**規制緩和**を「**日本版金融ビッグバン**」という。

● マネーストック

従来の**マネーサプライ**。2008年より変更。

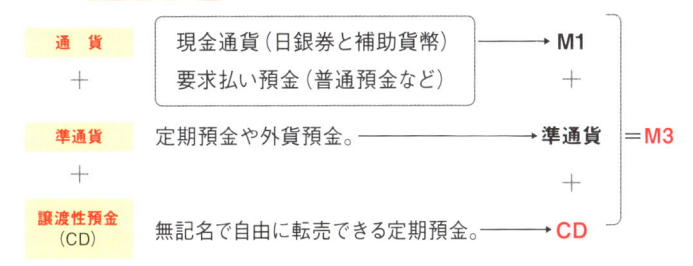

通貨	現金通貨（日銀券と補助貨幣） 要求払い預金（普通預金など）	M1
＋		＋
準通貨	定期預金や外貨預金。	準通貨
＋		＋
譲渡性預金（CD）	無記名で自由に転売できる定期預金。	CD

＝M3

● 信用創造のしくみ

信用創造とは銀行の貸付操作の連続で、**預金通貨が膨張**する現象。

例 最初の預金が100万円で支払準備率を10％とすると…

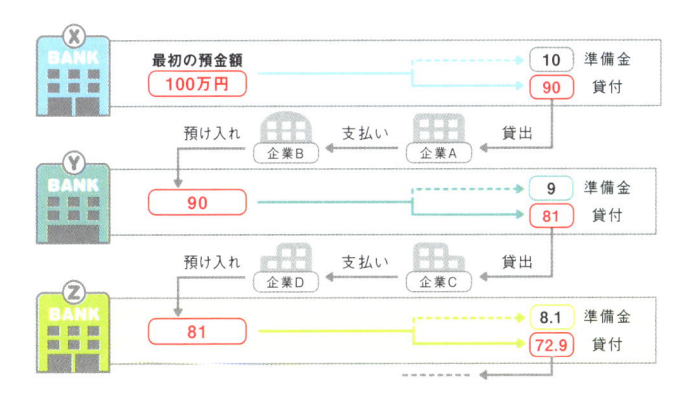

X BANK　最初の預金額 100万円 → 準備金 10 / 貸付 90

↓預け入れ　企業B ← 支払い ← 企業A ← 貸出

Y BANK　90 → 準備金 9 / 貸付 81

↓預け入れ　企業D ← 支払い ← 企業C ← 貸出

Z BANK　81 → 準備金 8.1 / 貸付 72.9

● 最初の100万円から「**90万＋81万＋72.9万…**」**の貸付**が発生。
　▶預金通貨がどんどん膨張！

信用創造総額＝「最初の預金÷支払準備率ー最初の預金」
　　　　　　＝100万÷0.1ー100万＝**900万円**

一問一答でキーワードチェック!

問題

1. 貨幣には4つの機能がある。それは、商品価値を価格という尺度で表す ① 、価値を蓄える ② 、債務（支払義務）を清算する ③ 、財・サービス交換の仲立ちとなる ④ である。

2. 物価の継続的な上昇を ① 、継続的な下落を ② という。また不況時の物価上昇を ③ という。

3. 日本の中央銀行である**日本銀行**は、唯一の ① ・ ② ・ ③ という3つの顔を持つ。最高意思決定機関は ④ で、1998年の**日銀法改正により政府からの独立性が強化**された。また日銀が四半期ごとに企業に対して行なう景気動向のアンケート調査を ⑤ という。

4. 日銀が景気・物価を安定させるために行う、貨幣量を操作する政策を**金融政策**という。その内容は「日銀→銀行」間の貸出利子率の上下である ① 操作、「日銀→銀行」間の有価証券売買である ② 操作、「銀行→日銀」への強制預金率の操作である ③ 操作の3つである。なお、かつて存在した、日銀が市中銀行に貸出枠を直接指導する ④ は、**1991年に廃止**された。

解答

❶価値尺度
❷価値貯蔵
❸支払手段
❹交換(流通)手段

❶インフレーション
❷デフレーション
❸スタグフレーション

❶発券銀行
❷銀行の銀行
❸政府の銀行
❹日本銀行政策委員会
❺日銀短観（たんかん）

❶公定歩合
❷公開市場
❸支払準備率
❹窓口規制

28. 通貨と金融

問題

5. 公定歩合はかつて**政策金利**であったが、近年政策金利は「 ❶ 」になった。公定歩合は呼び方も「 ❷ 」に変更され、ほとんど重視されなくなった。

6. かつて大蔵省がとった**護送船団方式**は、銀行の倒産防止のための ❶ 規制と ❷ 規制だったが、1990年代にどちらも自由化した。これを ❸ という。

7. (a) 1990年代後半に行われた、日本の金融市場を**国際標準**(グローバル＝スタンダード)に近づけるための大胆な規制緩和を、 ❶ という。
(b) その3原則は「**フリー・フェア・グローバル**」で、 ❷ の解禁や ❸ 改正による外貨預金の自由化、今日の ❹ につながる**金融監督庁**と**金融再生委員会**の設置、先物取引などの ❺ の全面自由化などが実現した。

解答

❶ 無担保コール翌日物金利
❷ 基準割引率及び基準貸付利率

❶ 金利
❷ 業務
❸ 金融の自由化

❶ 日本版金融ビッグバン
❷ (金融)持株会社
❸ 外為法
❹ 金融庁
❺ 金融派生商品(デリバティブ)

センターレベルにチャレンジ!

次の問題の正誤を判定せよ。

問題

1 現金通貨には、日本銀行発行の日本銀行券と、政府発行の補助貨幣のみがある。

2 預金通貨には、普通預金、当座預金などのほかに、小切手も含まれる。

3 物価の継続的な上昇をインフレーションといい、好況時にのみ発生する。

4 物価の下落と経済規模の縮小が相互作用的に連鎖することをデフレスパイラルという。

5 様々な状況が重なり、好況とデフレーションが同時に発生することをスタグフレーションという。

6(a) 日本銀行は日本の中央銀行であり、唯一の発券銀行にして銀行の銀行、政府の銀行という顔も持つ。

6(b) 1997年の日銀法改正で政府・財務省からの独立性が強化されたが、最高機関である日銀政策委員会に政府や業界代表がいるなど、改善すべき点は多い。

7 三大金融政策のうち、公定歩合操作と支払準備率操作は、今日は金融政策として機能しておらず、現在は公開市場操作が中心である。

8 従来の銀行業界は、競争を避けるため横並び的に金利と業務分野を自主規制してきたが、1990年代に大蔵省がその不健全な状態を解消し、金融は自由化された。

9 日本の金融市場を国際標準に合わせるための大規模な規制緩和が1990年代末に実施され、持ち株会社の解禁や外貨預金の自由化が実施された。

28. 通貨と金融

解答 & 解説

1	◯
2	◯
3	✕
4	◯
5	✕
6(a)	◯
6(b)	✕
7	◯
8	✕
9	◯

1 現金通貨は日本銀行券と補助貨幣、いわゆる紙幣と貨幣の2種類のみである。

2 小切手は、商取引用の預金である当座預金の範囲内で振り出せるから、預金通貨の一種になる。

3 インフレは他にも、**モノ不足や輸入原材料価格の上昇**などでも発生する。

4 バブル崩壊後、日本では長期のデフレが続いたが、2013年安倍内閣は経済成長率の見通しを「名目2.7%、実質2.5%」と発表した。実質成長率よりも**名目成長率の方が数字が大きい場合はデフレ脱却**を意味し、**16年ぶりの「名実逆転」解消に期待**がかかる。

5 **スタグフレーション**は不況とインフレ（物価の上昇）の二重苦。

6(a) 日本銀行の機能を説明した正しい文。

6(b) 日本銀行は1997年の**日銀法改正**で政府・財務省からの独立性強化をめざし、その具体策として**日銀政策委員会から政府・業界代表者を排除**した。

7 公定歩合は1994年の「金利の自由化」以降なきに等しく、支払準備率操作は1991年を最後に行われていない。

8 従来の横並び金利と業務分野規制は「**護送船団方式**」と呼ばれ、大蔵省主導で銀行の**倒産**を防止するためのもの。1990年代、この2つの規制は解消され、金融は自由化した。

9 いわゆる**日本版金融ビッグバン**のこと。

29 財政

財政とは

財政の機能…国・地方の経済活動。

①資源配分調整…公共財の供給。 ▶ 「市場の失敗」の補完。
②所得の再分配…所得格差の縮小。 ▶ 「累進課税＋社会保障」で。
③経済の安定化…政府による景気調節。(＝**財政政策**)

フィスカル＝ポリシー(補整的財政政策)…**意図的**な景気調節。

好況	増税＋財政支出削減	金融政策との併用
不況	減税＋**財政支出拡大**	＝ポリシー＝ミックス

ビルト＝イン＝スタビライザー…**自動的**な景気調節。
▶＝財政の**自動安定化装置** ▶②の制度化で実現。

不況
- 国民の所得down → **累進課税**で自動的な**減税**効果。
- 失業・生活保護増 → **社会保障**で自動的な**財政拡大**。

国家予算と財政問題

その他 4.1%

| 歳入
(2012年)
90.3兆円 | 公債金
49.0% | 租税・印紙収入
46.9% | |

(『日本国勢図会2012/13』)

直接税…所得upで税率up。累進課税→「**垂直**的公平」
▶所得税など ➡ but 職種別の**所得捕捉率の差**より、**不公平**発生。

＋

間接税…全員から一定税率。→「**水平**的公平」
▶消費税など ➡ but 低所得者ほど収入に占める税負担の割合が大(**逆進**的)。

↓

※**直間比率**…戦前 3.5：6.5 ➡ 現在 **7：3**(**直接税中心**)

ただし**消費税増税**(2014年より8％、2015年より**10%**)が決定しているため、今後比率は変わる予定。

| 歳出
(2012年)
90.3兆円 | 社会保障
29.2% | 国債費
24.3% | 地方交付税
交付金
18.2% | | | その他
12.0% |

公共事業 5.1%
防衛関係 5.9%
文教および科学振興費 8.0%

(『日本国勢図会2012/13』)

国債費(借金返済費)が多すぎ、他に使える分が不足(=財政の硬直化)。

クラウディング＝アウト…国債増刷→それを市中銀行が買う→銀行の貸出金不足→**貸出金利がupし、景気停滞**。

国債発行の原則

赤字国債	**原則禁止**だが**特例法を制定**して発行(=**特例国債**)。
建設国債	公共事業で資産を作る**健全な借金**だから**発行OK**。
日銀引受	財務省からの直接買い取りは、「紙幣増刷→**インフレ**」につながるから禁止。　　　▶**市中消化**の原則
赤字国債 発行年	**1975年～ほぼ毎年発行**(※建設国債は1966年～毎年発行)。 ▶1990～1993年は**発行ゼロ**(「**消費税導入**＋**バブルで好況**」のため)。
発行残高	**709兆円**(2012年末)→※これは税収の17年分に相当。

財政投融資(=**財投**)…税金以外を活用する「**第二の予算**」。

従来	・大蔵省**資金運用部**資金 　(**郵貯**と**年金**の積立金を**預託**) ・簡易生命保険資金	⇒	公庫・公団などの**特殊法人** (=**財投機関**)に配分される も、**ムダ遣い**が多かった。

対策　**財投改革**(2001年)で、**資金運用部**と**預託制度**を廃止。
　　　　　　　▶＝郵貯・年金の活用廃止

⬇

● 以後財投機関は自ら「**財投機関債**(≒社債)」を発行して資金調達。
　　▶不足分は政府の「**財投債**(≒国債)」で穴埋め。

KEY TOPICS 財政のしくみ

● 歳入に占める公債金収入の割合

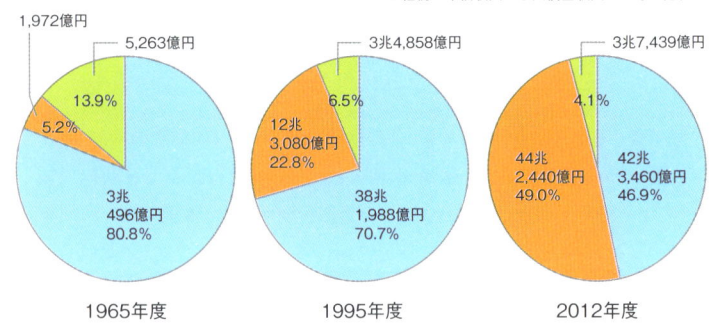

租税・印紙収入　公債金収入　その他収入

1965年度
- 1,972億円
- 5,263億円 13.9%
- 5.2%
- 3兆496億円 80.8%

1995年度
- 3兆4,858億円 6.5%
- 12兆3,080億円 22.8%
- 38兆1,988億円 70.7%

2012年度
- 3兆7,439億円 4.1%
- 44兆2,440億円 49.0%
- 42兆3,460億円 46.9%

　金融が銀行や日銀の動きと密接に関わっているのに対し、**財政は国や地方の経済活動と大きな関連をもつ**。財政の働きには、政府独自の補完や調整機能もあるが、**フィスカル＝ポリシー**という日銀の金融政策と似たものや、**累進課税と社会保障なんていう所得再分配**機能の制度化で自動的な景気調節を図る**ビルト＝イン＝スタビライザー**もある。

　歳入は主に租税と公債金収入から成るが、民主党政権が組んだ2010年度予算以降、「**租税＜公債金**」の状態が続いている。これは**税収よりも借金の方が多いという、非常に不健全な状況**だ。これだけ借金が多いと、歳出の国債費（借金返済費）も膨らんでしまい、財政の柔軟性がどんどんなくなってしまう。

　国債発行にも触れておこう。日銀が政府から国債を直接買い取るのは禁止されているが、**民間銀行から買いオペのような形で買い取るのはOK**だ。また**国債残高の709兆円**は、税収の17年分だけでなく、**1年間の実質GDP（506.8兆円）の約1.4倍**になることも覚えておこう。

●国債依存度の推移

会計年度。決算。2011年度は補正後予算、2012年度は当初予算 （日本国勢図会 2012/13）

「**国債依存度**」とは、歳入に占める国債の割合、つまり**歳入グラフの「公債金」の幅**のことだ。本来あるべき健全財政なら、この幅は0％にならないといけないのに……。

●国債残高とGDP（国内総生産）に対する比率

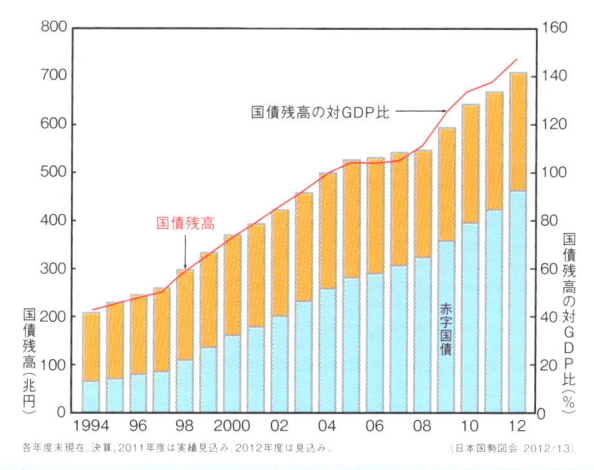

各年度末現在。決算。2011年度は実績見込み、2012年度は見込み。 （日本国勢図会 2012/13）

不況のせいで、**国債残高**は拡大する一方だ。対GDP比の伸びもすさまじく、**2005年度にはとうとう100％を超えた。**

一問一答でキーワードチェック!

問題

1. (a) 財政には3つの機能がある。それは、私企業が供給しない公共財を供給する　❶　、**累進課税**と**社会保障**で所得格差を縮小する　❷　、そして財政政策と呼ばれる経済の安定化である。
   (b) 財政政策には、政府が好不況時に実施する**意図的な景気調節**である　❸　と、累進課税と社会保障の制度化による**自動的な景気調節**である　❹　の2つがある。

2. 歳入に占める租税のうち、**納税義務者と税負担者が同一**である**所得税・相続税・法人税**などを　❶　という。そのうち所得税と相続税では、**所得が上がるほど税率も上がる**　❷　がとられているため、　❸　公平が実現しているともいえる。ただし職種により税務署の　❹　にばらつきがあり、完全に公平とは言いがたい。

3. 租税のうち、**消費税**のように、**税負担者が国民**で**納税者が事業者**と分かれている税を、　❶　という。これは全員から一定税率をとるため　❷　公平が実現しているともいえるが、低所得者の収入に占める税負担の割合が大きくなるという　❸　があるとされる。

解答

❶ 資源配分調整
❷ 所得の再分配
❸ フィスカル＝ポリシー
❹ ビルト＝イン＝スタビライザー

❶ 直接税
❷ 累進課税
❸ 垂直的
❹ 所得捕捉率

❶ 間接税
❷ 水平的
❸ 逆進性

29. 財政

問題

4. 直接税と間接税の比率を ❶ という。現状は **7：3** で直接税中心だが、消費税が 2015年より ❷ ％になるため、今後その比率は変わる見通しである。

5. 歳出のうち、**国債費が大きすぎて他の予算が圧迫**される問題を ❶ という。また、国債発行が多すぎて、最終的に金利の上昇と景気の停滞につながってしまう現象を ❷ という。

6. **赤字国債の発行は原則禁止**だが、毎年特例法を制定して発行する ❶ の形であれば認められている。発行した国債を日銀が直接買い取ることは禁止されており、まず民間が買い取る「 ❷ の原則」が採られている。

7. ❶ は、税金以外の資金（郵便貯金や年金などの ❷ 資金）を活用する「**第二の予算**」だったが、2001年よりその活用が廃止され、以後は ❸ と呼ばれる社債の一種で資金調達する。

解答

❶ **直間比率**
❷ **10**

❶ **財政の硬直化**
❷ **クラウディング＝アウト**

❶ **特例国債**
❷ **市中消化**

❶ **財政投融資**
❷ **大蔵省資金運用部**
❸ **財投機関債**

センターレベルにチャレンジ!

次の問題の正誤を判定せよ。

問題

1 所得の再分配機能とは、累進課税と社会保障で国民の所得格差を縮小させる機能である。

2 補整的財政政策では、景気過熱時にはその抑制のために政府が所得税減税と公共投資の増大などを組み合わせて行う。

3 所得の再分配機能をあらかじめ制度化しておけば、景気後退時には自動的に減税効果と財政支出拡大効果が期待できる。

4 所得税や相続税は、累進課税による水平的公平が期待できるが、職種により所得捕捉率にばらつきがあるため、現実には不公平な課税となっている。

5 消費税は金額的に公平な反面、逆進性の問題は避けられず、今後の増税で低所得者への負担がさらに増大することは確実である。

6 赤字国債の発行は原則禁止されているため、政府は毎年財政特例法を制定し直して国債を発行している。

7 財務省発行の国債を市中銀行が直接引き受けることは、禁止されている。

8 1975年以降、赤字国債は毎年発行されている。

9 今日の国債発行残高は、1年間のGDPを超えている。

10 国債費が大きすぎると、他の予算を圧迫し、財政が硬直化する。

11 2001年の財投改革より、財政投融資は、郵貯や年金の積立金による資金調達をやめ、財投機関債による資金調達を行うようになった。

29. 財政

解答 & 解説

1	○
2	×
3	○
4	×
5	○
6	○
7	×
8	×
9	○
10	○
11	○

1 累進課税で高所得者から多く徴収した税金を、社会保障で低所得者に分配するのが、**所得の再分配**。

2 補整的財政政策とは**フィスカル＝ポリシー**のこと。「景気過熱時＝インフレ時」だから、政府が増税や公共投資の縮小を行い、景気過熱を抑える必要がある。

3 累進課税制度や社会保障制度が「所得の再分配機能」の役割を果たす。この2つの制度を合わせて**「財政の自動安定化装置（ビルト＝イン＝スタビライザー）」**という。

4 累進課税は、全員横並びの同額みたいな税ではなく、高所得者からは多く、低所得者からは少なく徴収し、人間をタテの関係で公平に扱うから**「垂直的公平」**。

5 低所得者にとって負担感の大きい消費税は、**2015年から10%に増税**される予定。

6 この国債は別名**「特例国債」**ともいう。

7 財務省からの直買い禁止は、**日本銀行**。

8 1989年〜93年の4年間は「**バブルによる好況＋消費税の導入**」で、政府の税収が足りていたため、赤字国債は発行しなかった（※建設国債はその間も発行）。

9 日本のGDPが約500兆円、国債発行残高が2012年末で709兆円だから、かなり超えている。

10 **「財政の硬直化」**現象を表した正しい文。

11 従来の**財政投融資**は、郵便貯金や年金の積立金を原資とする**「第二の予算」**だったが、2001年の財投改革により、**郵貯・年金の活用は廃止**。以後は**「財投機関債」**を原資とするようになった。

30 戦後の日本経済(1)

戦後復興期の日本経済

民主化改革(GHQ) ＝ **財閥解体／農地改革／労働三法**

＋
復興策
- 米の援助…ガリオア(食料・医薬品)／エロア(原材料・機械)
- **傾斜生産**方式…**基幹産業**への重点投資(**復興金融金庫債**を原資)。
  →産業は再建できたが、**インフレ激化**。

対策　**ドッジ＝ライン**…「**インフレ克服**＋経済的自立」めざす。

- **超均衡財政**(「歳入＞歳出」で通貨吸収)
- 1ドル＝**360**円の為替レート
- シャウプ勧告(**直接税中心**への転換)

● **反動デフレ不況**発生。
↓
朝鮮特需で復活。

高度経済成長期の日本経済

高度経済成長期(1955〜1970年)…**年10%前後**の経済成長期。

- **神武**景気(1955〜1957年) …外国から**輸入**した新技術を工場に**設備投資**。
- **岩戸**景気(1958〜1961年) ➡ **輸入しすぎで外貨不足**(＝**国際収支の天井**)。

▶その他…**耐久消費財**(＝**三種の神器**)ブーム／(岩戸)**国民所得倍増計画**

↓

- **オリンピック**景気 …東京オリンピックのため**公共事業急増**。
  (1962〜1964年) ➡ but 翌年反動不況(＝昭和40年不況)

↓

- **いざなぎ**景気(1965〜1970年) …**輸出**中心。**戦後最大の好景気を記録**。

高度経済成長の要因

① 活発な民間設備投資＋技術革新→**重工業化**に成功。
② 政府の**産業優先政策**…生活関連社会資本は後回しに。
③ 積極的な銀行貸出(**間接金融**)…国民の高い貯蓄率が背景。
④ **1ドル＝360円**の固定レート…**円安**で**輸出有利**。

日本の国際的地位の変化

- GATT**12**条国→**11**条国（＝輸入数量制限禁止）への移行（1963年）。
- IMF**14**条国→**8**条国（＝為替制限禁止）への移行（1964年）。

⬇

● この後日本は**OECD**加盟。**先進国の一員扱い**に。

- **資本の自由化**（1967～1973年）＝**外国企業の日本への直接投資**の自由化。

　　　　　　　　　　　▶つまり「外国企業の日本進出」が可能に。

高度経済成長の終焉

- **円高**進行（1971年）…「1ドル＝**308円**」にup（→**スミソニアン協定**にて）。

　　　　　　　　　▶円高＝「日本のモノは高い」となり、輸出不利。

- **第一次石油危機**（1973年）…第四次中東戦争で原油価格4倍にup。

　　　　　　　　　　➡「**不況＋インフレ**（＝**スタグフレーション**）」発生。

- **石油危機後の1970年代**

　　深刻な不況 ➡ ・戦後初の**マイナス成長**を記録（1974年）
　　　　　　　　・戦後初の**赤字国債**発行（1975年～）

不況への対策

- インフレ抑制…**総需要抑制**政策（公定歩合9％にup）
- 経営の合理化…**ME**（マイクロ・エレクトロニクス）革命で**FA**化（工場の自動化）・**OA**化（事務の機械化）／リストラ（**減量経営**）
- **産業構造の転換**…「**重厚長大**型→**軽薄短小**型」へ。

KEY TOPICS 戦後の経済復興と高度経済成長

　戦後の日本の経済復興はGHQの三大改革から始まった。でもその内容は**体質改善的**なものであり、急務だった「**インフレ克服＋産業再建**」に直結するものではなかった。

輸入型の日本経済と高度経済成長

　そこで日本は、まず**傾斜生産方式**で産業基盤を建て直し、**ドッジ＝ライン**でインフレを克服、反動デフレも**朝鮮特需**で乗り切った。これで産業基盤は万全、インフレはなし、さらには米軍からもらった特需景気時のドルが民間にうなるほどある状態になり、その後の高度経済成長につながったんだ。

　ただし高度経済成長とはいっても、最初は**輸入**型。つまり神武・岩戸景気は「**朝鮮特需で稼いだドルで、民間企業がアメリカの機械を買いまくって設備投資し、将来輸出型になれるよう力を蓄えた時期**」ってことだ。

輸出型への転換

そしてそれがついに開花したのが、**いざなぎ景気**。ここでようやく**輸出**型になれた日本経済はGNPを飛躍的に伸ばし、**1968年には西側第2位にまで躍進**したんだ。

しかし、その繁栄も、**円高**と**石油危機**のせいで、1970年代には終わりを迎える。ここからしばらく日本はガマンの時期に入り、得意産業を**重厚長大**型（鉄鋼・造船・石油化学などの重化学工業）から**軽薄短小**型（家電・自動車・半導体など）にシフトしたりしたんだ。

第2部 経済分野

● 高度経済成長期の経済成長率

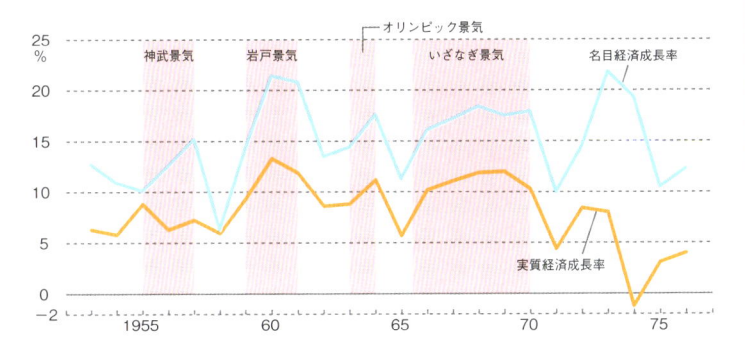

（神武景気／岩戸景気／オリンピック景気／いざなぎ景気／名目経済成長率／実質経済成長率）

● 石油危機時の経済成長率

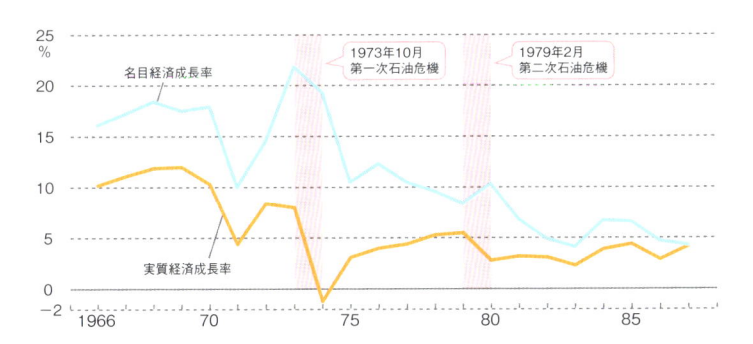

（名目経済成長率／1973年10月 第一次石油危機／1979年2月 第二次石油危機／実質経済成長率）

一問一答でキーワードチェック!

問題

1. 戦後日本の経済復興はGHQによる三大改革から始まった。それらは ❶ ・ ❷ ・ ❸ の制定である。

2. 日本は具体的な復興策として、石炭や鉄鋼などの基幹産業に重点投資する ❶ 方式を採用した。またアメリカの、占領地域救済用の ❷ と復興用の ❸ に基づく物資援助にも助けられた。

3. GHQが行った ❶ によりインフレは解消し、その後の反動デフレも ❷ により回復した。日本はそこから、高度経済成長期を迎えることとなる。

4. 最初と2番目の好景気・ ❶ 景気と ❷ 景気は、輸入中心の民間設備投資に支えられた好景気だったが、輸入過多のため外貨不足に陥りやすく（＝国際収支の天井）、長続きはしなかった。ただしこの時期は、耐久消費財ブーム（冷蔵庫・洗濯機・白黒テレビの「 ❸ 」）が起こったり、また池田内閣による「 ❹ 」が発表されたりと、経済全体は前向きであった。

解答

❶ 財閥解体
❷ 農地改革
❸ 労働三法

❶ 傾斜生産
❷ ガリオア
❸ エロア

❶ ドッジ＝ライン
❷ 朝鮮特需

❶ 神武
❷ 岩戸
❸ 三種の神器
❹ 国民所得倍増計画

30. 戦後の日本経済（1）

問題

5. その後、公共事業中心の ❶ 景気をはさみ、日本は ❷ 景気を迎える。この好景気は**輸出型**のため ❸ は解消され、戦後最大の大型景気となる。そして新たな耐久消費財（カラーテレビ・クーラー・自動車の ❹ ）ブームを経て、ついに1968年、**GNP西側第2位**にまで躍進する。

6. しかしその後、固定相場制の崩壊による ❶ と、**第四次中東戦争**を契機に起こった ❷ のせいで、日本国内では**インフレと不況が同時進行**する ❸ が起こり、高度成長期は終了した。

7. その後日本は、戦後初の「 ❶ ＋ ❷ の発行」を記録し、1970年代は本格的な不況克服期となった。

8. まずスタグフレーションのインフレ部分抑制のため、政府は ❶ を行った。また企業は、得意産業を重化学工業中心の ❷ 型から家電・自動車・半導体などの ❸ 型へとシフトする「 ❹ 」を行ったり、リストラなどの ❺ を実施した。

解答

❶ オリンピック
❷ いざなぎ
❸ 国際収支の天井
❹ 3C

❶ 円高
❷ 第一次石油危機
❸ スタグフレーション

❶ マイナス成長
❷ 赤字国債

❶ 総需要抑制政策
❷ 重厚長大
❸ 軽薄短小
❹ 産業構造の転換
❺ 減量経営

センターレベルにチャレンジ!

次の問題の正誤を判定せよ。

問題

1 GHQ主導で行われた経済民主化改革とは、財閥解体・農地改革・封建制の廃止の三つである。

2 基幹産業への重点投資を行った傾斜生産方式により、産業基盤は回復したものの、日本は復金インフレと呼ばれる激しいインフレに襲われた。

3 インフレ収束のため実施されたドッジ=ラインでは、歳出を極端に大きくする超均衡予算が組まれた。

4 高度成長前半の神武・岩戸景気は、順調な輸出利益で拡大する活発な民間設備投資に支えられた好景気となった。

5 高度成長期は常に10%前後の経済成長が続いており、景気が後退した時期は一度もなかった。

6 いざなぎ景気は輸出中心の大型景気となり、戦後最長の景気拡大期間を記録した。

7 日本の高度成長は、国民の高い貯蓄性向を背景にした積極的な間接金融に支えられたものだった。

8 スミソニアン協定により、日本の為替レートは1ドル=308円から360円に変更され、円高となった。

9 第一次石油危機の発生により、日本経済は不況とデフレが同時進行するスタグフレーションに見舞われた。

10 1974年、日本は戦後初のマイナス成長を記録し、翌1975年からは初の赤字国債を発行した。

11 第一次石油危機後、日本は産業構造の転換に取り組み、従来の重厚長大型から軽薄短小型へとシフトした。

30. 戦後の日本経済(1)

解答 & 解説

1 ✗
2 ○
3 ✗
4 ✗
5 ✗
6 ✗
7 ○
8 ✗
9 ✗
10 ○
11 ○

1 GHQが行った三大改革は、**財閥解体・農地改革・労働三法の制定**の3つである。

2 **傾斜生産方式**は、戦後の税収不足の中で実施されたため、事実上日銀引受の赤字国債に等しい**復興金融金庫債**を原資にした。そのせいで**激しいインフレ**を招いた。

3 インフレ収束、つまり通貨吸収を目標にするのなら「歳入」が大きくないといけない。

4 神武・岩戸の頃は、輸出ではなく「**輸入**」型。その輸入した機械などを民間企業が自分の工場に導入したら「**活発な民間設備投資**」と呼ばれる。

5 神武景気の直後には「**なべ底不況**」が、オリンピック景気の直後には「**昭和40年不況**」が、それぞれあった。

6 「戦後最長の景気拡大期」は2002〜2007年。この時期は**不況だが、経済成長率はジリジリと上昇**した。

7 この時期の**間接金融**（＝銀行貸出）は頻出。

8 308円と360円が逆。円高は「**日本のモノが高い**」となり、輸出に不利に。

9 **スタグフレーション**は「不況＋インフレ」の最凶セット。

10 この時から赤字国債は、**消費税**導入で税収が足りていた**1990年〜1993年**を除き、毎年発行されている。

11 日本は石油不足のダメージを受けにくい、家電・自動車・半導体などの**軽薄短小型**の産業へとシフトした。

第2部 経済分野

31 戦後の日本経済(2)

第二次石油危機～バブル景気

第二次石油危機（1979年）…**イラン革命**で**原油価格がさらにup**（→世界同時不況へ）。

⬇

日本は欧米への**集中豪雨型輸出**でこの不況を脱出。

➡ but **貿易摩擦**が激化。
▶特に対アメリカ。

欧米の対応 **プラザ合意**（1985年）…「**ドル安・円高**」**への誘導**が決定。
▶G5の合意　　　　　　　▶アメリカのモノは安く日本のモノは高い。

● **円高不況**の懸念 ➡ 日銀は**公定歩合を2.5%**にdown。
▶輸出停滞　　　　　　　▶＝超低金利

but **円高メリット**の活用で、深刻な不況には至らず。　＝
- **輸入原材料が安くなり、生産コストdown。**
- **アジア（円高で人件費も安い）への工場移転増。**
  ▶ただしその分、**国内産業は空洞化**。

⬇

※「不況にならず／公定歩合2.5%のまま」➡銀行の「**カネ余り**」発生

この余剰資金が**土地・株の取引**に**過剰融資**され、「財テク」ブームへ。➡**資産効果**で景気がどんどん加熱。

‖

バブル景気（1986～1991年）…いざなぎ景気（57か月）に次ぐ、**戦後2番目（51か月）の大型景気**（＝平成景気）。

- 土地・株への**値上がり期待感**が主要因（→実体経済とは無関係）。
- **円高**で輸入品が安く、**好況なのにインフレが少なかった**。
- 「**公定歩合up ＋ 不動産への融資規制**」で、**バブルは崩壊**。

■バブル崩壊後の政策

- **金融再生法** 目的　破綻銀行の処理、混乱期の**預金者保護**。

⬇

1998年
銀行が倒産しても**預金保険機構**が**上限1000万円まで預金保護**。
　　　　　　　　　　　▶ ＝ペイオフ
2002年までは**ペイオフを凍結**→　but　その後は**ペイオフ解禁**。
　　▶＝預金全額保護　　　　　　　　▶上限1000万円まで。

- 金融早期健全化法…破綻防止のため、**公的資金**を**注入**。
　　　　　　　　　　　　　▶ただし業務改善命令つき。

- **不良債権**処理＝銀行が抱える「借金取立の権利＋不動産担保」を他機関に
売却し、代わりに回収してもらう。

⬇

| 再建不可の企業分 | **整理回収機構**が買い取り、**資金を回収**。 |
▶公的な借金取立のプロ。

| 再建可の企業分 | **産業再生機構**が買い取り、**企業再建**を支援。 |
2003年～2007年→※今日は**企業再生機構**が引き継ぐ。

- **ゼロ金利**…銀行間の短期資金の貸し借りのみ**実質金利ゼロ**に。
　▶コール市場の「**無担保コール翌日物**」。
　　　　　　　　　　　　　　　　　　　2010年より復活

- **量的緩和**…大規模な**買いオペ**の一種。

- **財政構造改革法**（1997年）…**財政赤字の削減**をめざす試み。

　・消費税「3%→**5%**」へup。　　　政府の収入は増えたが
　・特別減税中止、医療費のup。　　**国民の負担額は急増**。

＋

アジア通貨危機が重なり、回　⇒　1998年**目標の先送り**決定。
復しかけた景気が再び悪化。　　　▶財政構造改革法停止法を制定。

KEY TOPICS バブル経済の発生と終焉

> 😣 **第二次石油危機**に世界が苦しむ中、**産業構造を転換**していた日本はダメージが少なく、欧米への**集中豪雨型輸出**でこの危機を乗り切ることができた。しかし、一難去ってまた一難。今度は**日米貿易摩擦**に悩まされたのだ。

バブル景気の誘発

その対策として示されたのが、1985年の**プラザ合意**だ。これは「**不況のアメリカを助けつつ日本を叩くため、ドル安・円高に誘導する協調介入**」の合意だったが、そのせいで為替レートは1ドル＝150円まで跳ね上がり、日本は輸出が停滞する**円高不況**が懸念され始めた。

これに対処するため、日銀は公定歩合を**2.5%**（当時としては超低金利）まで下げたが、**この低金利が銀行の「カネ余り」を生み、最終的に土地や株式への投機を誘発するバブル**景気へとつながった。

バブル崩壊と不況

しかしバブル景気は実体経済の伴わない好景気だったため、公定歩合のup(**6%**へ)や銀行への規制(**不動産融資総量規制**)が実施され、地価・株価上昇への期待感がなくなっただけで、あえなく崩壊した。

バブル崩壊後は、金融・財政の両側面から様々な政策が実施されたが、銀行の**不良債権**処理の遅れが大きな原因となって、なかなか景気が回復しなかった。

銀行は、バブル期の**過剰融資**のせいで多額の**不良債権**を抱え、新規の貸付に消極的になり、その結果**貸し渋り**や**貸しはがし**を行った。

● **公定歩合の推移**

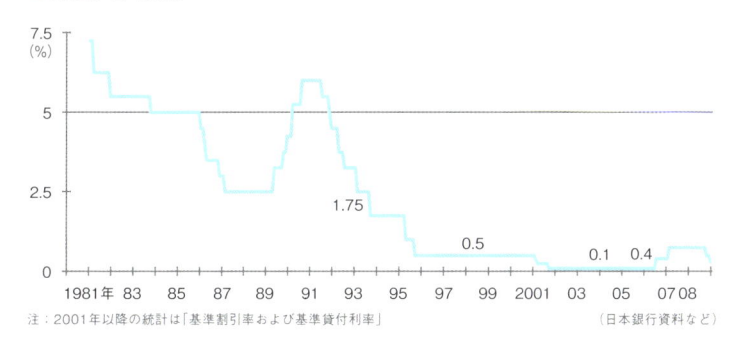

注：2001年以降の統計は「基準割引率および基準貸付利率」　　　　　　　　　　　（日本銀行資料など）

● **株価と地価の動き**

株価ピーク 38,915円(89年12月)
地価：2000年3月＝100
7,607円(03年4月)

注：株価は日経平均株価、地価は市街地価格指数の六大都市全用途平均　　　　　　（日本銀行資料など）

一問一答でキーワードチェック!

問　題

1.　イラン革命後の原油価格高騰で [❶] が発生し、世界同時不況へとつながったが、日本は欧米への [❷] でこの危機を乗り切った。しかし日本からの輸出増とアメリカ経済の低迷が重なったことで、今度は [❸] が本格化した。

2.　1985年の [❶] では、まずアメリカ経済の回復を図りつつ日本を叩くため、為替市場に協調介入し、[❷] 安・[❸] 高へと誘導することが決定した。その実施により日本では輸出が停滞する [❹] が懸念され始めた。それに対処するため、日銀は公定歩合を [❺] ％という超低金利にまで下げた。

3.　(a) 輸入原材料の価格低下や、人件費の安くなったアジアに製造業が移転（ただし国内産業の空洞化が発生）して利益をあげるといった [❶] により、不況はほぼ回避できた。
　　(b) 銀行では「[❷]」が発生し、その余剰資金が土地や株式の投機に [❸] されるなどいわゆる「財テク」ブームが起きた。

解　答

❶第二次石油危機
❷集中豪雨型輸出
❸日米貿易摩擦

❶プラザ合意
❷ドル
❸円
❹円高不況
❺2.5

❶円高メリット
❷カネ余り
❸過剰融資

31. 戦後の日本経済（2）

問題

4. この時期より、**土地・株式などの資産価値の上昇からくる好況**（いわゆる ❶ ）で、景気上昇はどんどん加熱した。この大型景気が**バブル景気**（＝ ❷ ）である。しかもこの時期は全体的に**円高**基調のため輸入品が安く、**好況なのにインフレが少なかった**。

5. しかし地価高騰が次第に社会問題化し、引き締めのため日銀は公定歩合を ❶ ％まで上げ、政府は銀行への ❷ 規制を実施した。これらで地価・株価の値上がりに対する期待がしぼみ、土地と株式は「売り急増→価値下落」が起こった。そのせいで景気が後退し（ ❸ ）、バブルは崩壊した。

6. バブル崩壊後、政府は ❶ 法を制定し、破綻銀行を処理しつつ暫定的な ❷ で預金者を全面的に保護した。また銀行の破綻を防止するため、 ❸ も注入した。さらには銀行の**不良債権処理**のため ❹ を設立し、大胆な金融政策として**無担保コール翌日物金利**を実質ゼロにする ❺ 政策と、大規模な買いオペの一種である ❻ 政策を実施した。

解答

❶ 資産効果
❷ 平成景気

❶ 6
❷ 不動産融資総量
❸ 逆資産効果

❶ 金融再生
❷ ペイオフ凍結
❸ 公的資金
❹ 整理回収機構
❺ ゼロ金利
❻ 量的緩和

第2部 経済分野

センターレベルにチャレンジ!

次の問題の正誤を判定せよ。

問　題

1 第二次石油危機に際して、日本は欧米向けの鉄鋼や造船の輸出を伸ばしてこの危機を乗り切ったが、集中豪雨的であると非難され、貿易摩擦が激化した。

2 1985年のプラザ合意に基づき、G5は円安を是正するためドル売り・円買いの協調介入を行い、日本は急速な円高が進んで円高不況が懸念された。

3 過度な円高に対処するため、輸出系企業の多くは産業の空洞化をめざし、日本銀行は公定歩合を通常よりも大幅な低金利に据え置いた。

4 日銀の低金利政策で余剰になった市場の資金が土地や株式の投機に流入し、1980年代後半より日本経済は未曾有の好況局面に突入した。

5 長期の好況は、地価・株価以外のインフレ傾向も次第に進め、また地上げなどの社会問題を誘発したため、政府・日銀はともに金融の引き締めに乗り出した。

6 バブル経済の崩壊後、経営破綻した銀行の預金者を保護するため、2002年まで一時的な措置としてペイオフは凍結された。

7 経営破綻していない銀行が今後破綻することを予防するため、政府は全銀行に公的資金を注入した。

8 不良債権問題解決のため整理回収機構が設立され、銀行保有の不良債権を買い取り、処理を代行した。

9 長引く不況対策として、日銀は1990年代末から数度、公定歩合をゼロにするゼロ金利政策を実施した。

31. 戦後の日本経済(2)

解答 & 解説

1 ✗
2 ✗
3 ✗
4 ○
5 ○
6 ○
7 ✗
8 ○
9 ✗

1 第二次石油危機後、すでに日本の産業構造は転換しているから、摩擦品目は**高度成長期のときのような鉄鋼・造船ではなく、自動車や半導体**。

2 日本側から見ると「調子に乗っている日本を叩く」ためのプラザ合意だが、世界的には「**アメリカ経済を救う**」ための**プラザ合意**。だからG5は円安是正ではなく「**ドル高是正**」のために動いた。

3 「**産業の空洞化**」は問題点を示す言葉だから、正しい使い方は「工場の海外移転が進んだ結果、国内産業が空洞化した」のような形。

4 公定歩合2.5%継続は銀行の「**カネ余り**」を生み、余剰資金が土地・株に流れてバブルが発生した。

5 バブルは円高基調のおかげで「**インフレの伴わない好景気**」として有名だが、好況局面の長期化は次第にインフレ傾向を強めていった。

6 **預金保険機構**が預金上限1000万円まで保護する**ペイオフ**は、大口の預金者には不安。だから銀行の倒産が増えそうな時期、**一時的に**「**預金全額保護**」にした。

7 **公的資金**は、**自己資本比率の低い不健全な銀行には注入されなかった**。

8 その甲斐あって**不良債権処理**は、小泉内閣期の**2004年に完了**したと発表された。

9 **ゼロ金利**はコール市場の「**無担保コール翌日物**」金利を実質ゼロにする政策。公定歩合ゼロではない。

32 日本経済の諸問題（1）

■中小企業問題

●中小企業の定義（業種により異なる）

製造業・建設業・その他	資本金3億円以下 or 従業員300人以下
卸売業	資本金1億円以下 or 従業員100人以下
サービス業	資本金5千万円以下 or 従業員100人以下
小売業	資本金5千万円以下 or 従業員50人以下

●種類

系列企業：旧財閥系企業集団などの**グループ子会社的**企業。

下請企業：資本的な結合なし ➡ ・**原料高の製品安** / ・**景気変動の調節弁** に苦しむ。
▶仕事だけのつながり。

独立企業：**ベンチャー**企業（小資本だが高技術）／**地場**産業（地域密着）

●問題点

- **資本装備率**（労働者1人あたりの工場や機械）が低い。
- **労働生産性**（労働者1人あたりの生産量）が低い。
- 企業数は多い（全企業の90％以上）が儲けは少ない。

➡ 大企業との**「経済の二重構造」**発生。

●主な対策立法

中小企業基本法 （1963年）	中小企業構造の高度化と、事業活動の不利の是正をめざす（→具体性なし）。
大規模小売店舗法 （1973年）	大型小売店（デパートやスーパー）の出店を規制し、中小商店の活動を確保。 →2000年より**大規模小売店舗立地法**へ。 ▶出店はほぼ自由化。

■農業問題

戦後の状況 農工間の所得格差が拡大。
➡ 対策を講じないと、**農家票に依存する**自民党はピンチ。

対策

農業基本法（1961年）…**農業所得をupして自立経営農家**をめざせ。
→ but 「工業の方が楽に儲かる」

生産の**選択的拡大**
▶コメ→果物などへ
機械化・近代化の促進

→ **第二種兼業農家**増 ▶農業は「ついで」。
三ちゃん農業増
　▶じいちゃん・ばあちゃん・母ちゃんによる農業。

食糧管理制度の強化…政府がコメを「**農民から高く買い、国民に安く売る**」。
▶**生産者**米価　　　▶**消費者**米価

but **逆ザヤ**拡大で**食糧管理特別会計**が**大赤字**に。

➡ **対策**
・**減反**政策…田んぼを減らし、コメの生産を制限。
・**自主流通米**…一部**自主的販売ができる**ように。

農産物の自由化

1980年代〜 農産物の**自由化**圧力（→コメ自由化は阻止したかったが…）

牛肉・オレンジ 1990年代初頭より、完全自由化。

コメ **GATTウルグアイラウンドの合意で**
・**1995年より部分開放**。
　▶**最低輸入義務**（ミニマム＝アクセス）分だけ輸入。
・1999年より**本格的な自由化スタート**。
　▶高関税だが**数量制限はなし**。

対策

新食糧法（1995年）…「農民保護→**競争力up**」への転換。

・ヤミ米＝「**計画外流通米**」として容認。
・販売の許可制 →「**登録制**」へ。
　　　　　　　　　　安い外国米に負けるな。

食料・農業・農村基本法（1999年）…農政の基本理念の変更。

・食料の安定供給
・農業の**多面的機能**…景観地保護／**環境保全**／水源確保
・農村の振興…「**地産地消**（地元生産・地元消費）」を軸に。

KEY TOPICS　中小企業・農業が抱える問題

● 日本経済に占める割合（2009年）

事業所数	中小企業の比率 99.0%
従業員数	69.3
製造業出荷額	50.2
卸売業販売額（2007）	64.4
小売業販売額（2007）	70.9

（注）第1次産業を除く。（『中小企業白書』2011より作成）

● 大企業と中小企業の格差（2010年）

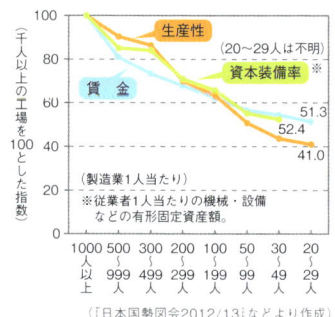

（千人以上の工場を100とした指数）

生産性（20〜29人は不明）　51.3
資本装備率※　52.4
賃金　41.0

（製造業1人当たり）
※従業者1人当たりの機械・設備などの有形固定資産額。

1000人以上／500〜999人／300〜499人／200〜299人／100〜199人／50〜99人／30〜49人／20〜29人

（『日本国勢図会2012/13』などより作成）

　高度成長期、政府の採った**経済成長優先政策**のおかげで確かに日本はGDPを伸ばし、GDP世界第2位の経済大国へと躍進した。

　でもその陰で泣かされた人たちもいた。大企業を優遇すれば中小企業が、工業を優遇すれば農業が、企業活動を優遇すれば消費者がそれぞれ泣かされ、割を食った。ここではそういう「**高度成長の歪み**」を個別に見てみよう。

中小企業の問題

　高度成長期、**中小企業**はいろんな意味で弱かった。特に大企業との所得格差は、きわめて大きかった（＝**経済の二重構造**）。政府は**中小企業基本法**や**大規模小売店舗法**で中小企業の保護政策を打ち出すが、どれも今日に至るまで効果を発揮していない。

農業の問題

農業問題は、日本の場合は少々歪んでいる。普通ならば高度成長期は「工業ばかり優遇しやがって、農業をないがしろにするな」みたいな問題が起こるはずだ。しかし日本の場合は、**農協が自民党の有力な圧力団体**であるため、「**日本は工業国なのに、なぜ農業ばかりが優遇されているの？**」という問題になる。

でも、いくら優遇しても、高度成長期の工業所得の伸びはすさまじかったため、農業保護政策も地道なやり方ではなく、**食糧管理制度**のような**逆ザヤ**必至の無理のあるものになった。

また**GATTウルグアイラウンド**から本格化してきた**コメの自由化圧力についに屈する形**となり、高関税ながらも、日本は**コメの輸入を自由化**した。

農業に今後求められるのは、競争力だ。高い関税はいずれ安くなるし、自民党も常に政権与党でいられるとは限らない。農政は今転換点を迎えている。

第2部 経済分野

●カロリー自給率の国際比較

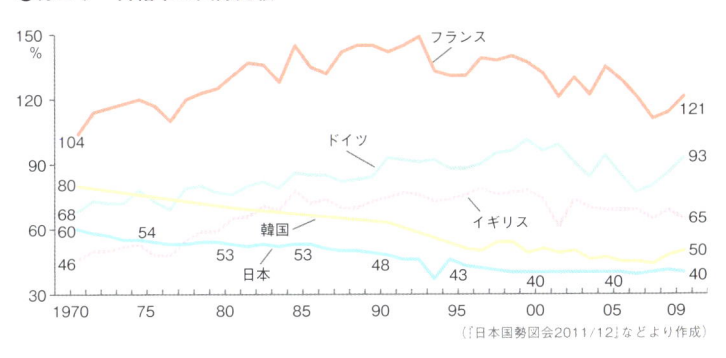

年	1970	…	2009
フランス	104	…	121
ドイツ	68	…	93
イギリス	46	…	65
韓国	80	…	50
日本	60	54→53→53→48→43→40→40	40

(『日本国勢図会2011/12』などより作成)

一問一答でキーワードチェック!

問題

1. 中小企業には、大企業から仕事を請け負うだけの ① 企業、大企業と子会社のように結合した ② 企業、さらには地域密着の ③ を担う企業、すきま分野の ④ を担う企業がある。他にも新技術をもち独自の開発を行ったり大企業からの外注（ ⑤ ）で、専門的な仕事を引き受ける**ベンチャー企業**などの ⑥ 企業がある。

2. 中小企業は、労働者1人あたりへの工場機械等の設備額（= ① ）や、労働者1人あたりの生産量（= ② ）が低い。また下請関係の中で、**原料高の製品安**により苦しめられ、景気変動の ③ として大企業から切り捨てられる。このような一国内での企業格差の並存を「 ④ 」と呼ぶ。

3. 中小企業対策立法としては、基本目標を掲げた1963年の ① 、デパート・スーパー等の大型小売店の出店を規制した1973年の ② などがある（2000年より ③ へ）。

解答

❶ **下請**
❷ **系列**
❸ **地場産業**
❹ **ニッチ産業**
❺ **アウトソーシング**
❻ **独立**

❶ **資本装備率**
❷ **労働生産性**
❸ **調節弁**
❹ **経済の二重構造**

❶ **中小企業基本法**
❷ **大規模小売店舗法**
❸ **大規模小売店舗立地法**

32. 日本経済の諸問題（1）

問題

4. 1961年制定の ① では、農業所得向上による ② 育成のため、農家に対して**コメ以外の作物生産へ転換**（= ③ ）することや、機械化・近代化が奨励された。しかし農外所得がメインの ④ （今日は**準主業農家**と呼ばれる）や、働き手である男性が都会への出稼ぎに流出する ⑤ が増加した。

5. 政府は農民保護のため ① 制度を強化し、コメを農民から高く買い（ ② ）、国民に安く売った（ ③ ）。しかしこれで**逆ザヤ**が拡大し ④ が赤字になったため、政府は ⑤ 政策で田んぼを減らすよう指導し、 ⑥ 制度で農家からすべてのコメを買い取る政策をやめた。

6. 1980年代以降は、貿易摩擦対策として ① の輸入を自由化した。また、 ② では**コメの輸入自由化**に対する圧力が増大した。政府は「主食＝完全自給」をめざす ③ で抵抗したが、1995年より ④ を受け入れ、**1999年からコメの輸入自由化が行われるようになった。**

7. その後の農政は、 ① に基づく競争力向上への転換と、 ② に基づく基本理念の変更が軸となっている。

解答

❶農業基本法
❷自立経営農家
❸選択的拡大
❹第二種兼業農家
❺三ちゃん農業

❶食糧管理
❷生産者米価
❸消費者米価
❹食糧管理特別会計
❺減反
❻自主流通米

❶牛肉・オレンジ
❷GATTウルグアイラウンド
❸食糧安全保障論
❹最低輸入義務（ミニマム＝アクセス）

❶新食糧法
❷食料・農業・農村基本法

センターレベルにチャレンジ!

次の問題の正誤を判定せよ。

問題

1 大企業と垂直的に結合し、資本提携・技術提携・人的交流など様々な協力関係を保つのが系列企業である。

2 大企業の業務を請け負うが結合関係はなく、しばしば原料安の製品高に悩まされるのが、下請企業である。

3 小資本だが、SOHOや大企業のアウトソーシングで高技術力を活用している企業が、ベンチャー企業である。

4 中小企業の多くは、資本装備率が高い上に労働生産性が低く、大企業との二重構造に苦しんでいる。

5 中小の商店を圧迫してきた大規模小売店舗法が改正され、大規模小売店舗立地法が制定されたことで、中小商店の活動は活性化した。

6 農業基本法では、農業所得を高め、自立経営農家を育てる試みがなされてきたが、工業化の波に押され、第二種兼業農家や三ちゃん農業を増加させた。

7 食糧管理制度から生まれる逆ザヤで食糧管理特別会計は赤字になり、政府は減反や備蓄米制度で対応した。

8 GATTウルグアイラウンドでは農産物の輸入自由化についても話し合われ、その合意に基づき、まず牛肉・オレンジが、その後コメが部分開放された。

9 コメの自由化後は農家の競争力が求められたため、食糧管理法を廃止して新食糧法とし、生産・販売など様々な面から競争力を高める取り組みがなされた。

10 1999年、農業基本法を引き継ぐ形で食料・農業・農村基本法が制定され、農政の基本理念が変更された。

32. 日本経済の諸問題（1）

解答 & 解説

1. ○
2. ×
3. ○
4. ×
5. ×
6. ○
7. ×
8. ×
9. ○
10. ○

1 例えば三菱グループの傘下に入った企業を三菱系列と呼ぶような形。「**垂直的に結合**」とは**タテの上下関係を伴う結合**という意味。

2 下請企業が対大企業で苦しむのは「**原料高の製品安**」。

3 SOHO（Small Office Home Office）とは「在宅小規模経営」、**アウトソーシング**は「外注」のこと。

4 **資本装備率**は労働者1人あたりの工場や機械、**労働生産性**は労働者1人あたりの生産量を指す。中小企業は、当然どちらも低い。

5 **大規模小売店舗法**は、中小の商店を保護するため、**デパートやスーパーの出店を規制**する法律。2000年の立地法からは保護機能が薄れ、出店がほぼ自由化された。

6 **自立経営農家**とは、農業だけで工業並みに稼げる農家のこと。しかし高度成長期の工業所得の伸びはすさまじく、「**農工間の二重構造**」が深刻になった。

7 食糧管理制度は赤字が不可避なので、必要なのは備蓄米ではなく政府が買い取らない「**自主流通米**」。

8 GATTウルグアイラウンドはコメの自由化のみ。**牛肉・オレンジの自由化は日米貿易摩擦の解消策**の1つ。

9 **新食糧法**では農家の努力だけでなく、販売を「登録制」にしたことでスーパーなどでもコメの販売ができるようにし、多方面で価格競争力を高める取組がなされた。

10 いわゆる「**新農業基本法**」。環境保全や景観地保護、**地産地消**など、**農業の新たな意義が見出された**。

33 日本経済の諸問題(2)

■消費者問題

高度成長期 …有害商品や欠陥商品、誇大広告など。

→ サリドマイド事件（睡眠薬で腕に障害）
　カネミ油症事件（食品にPCB混入）など

現代 …悪徳商法、食の安全、自己破産増加など。

輸入 BSE問題、輸入農産物のポストハーベスト農薬。
　　　▶＝狂牛病　　　　▶収穫後の農産物に薬剤を散布。日本は禁止。
国内 食品偽装（消費期限や産地偽装）が多発。

消費者保護

消費者保護の考え方：「消費者の4つの権利」（1962年・ケネディ［アメリカ］）

安全を求める権利／知らされる権利／
選ぶ権利／意見を聞いてもらう権利　　　消費者保護行政へ

- **消費者保護基本法**（1968年）…**中心的立法**（→2004年より**消費者基本法**へ。）
- **製造物責任法**（1994年）…**メーカーに過失がなくても欠陥証明で損害賠償**。
  ▶PL法　　　　▶メーカーの**無過失責任**を認める。
- 特定商取引法…悪徳商法につながりやすい**無店舗販売**（訪問販売やマルチ商法）から消費者を守る法律。
  内容
  - マルチ商法に対する規制
  - **クーリング＝オフ**制度…一定期間内（原則8日以内）ならば**契約の無条件解除が可能**。
- **国民生活センター**…消費者からの**苦情処理・商品テスト**。
- **消費者庁**（2009年）…消費者行政を一元化。被害の予防・救済など。
- **消費者契約法**（2001年）…強引な勧誘　or　不当な契約→解除可へ。

■都市問題

高度成長期には都市への人口集中によって様々な弊害が生じた。

- ドーナツ化現象（中心空洞化→**周辺過密化**）
- スプロール現象（周辺の**無計画な市街地化**）
  などが発生。
- **生活関連**社会資本の不備
- 農村部の過疎化
  などが起こる。

対策 全国総合開発計画（＝**全総**）…過疎・過密の解消。

⬇

- 旧全総（1962年）…「拠点開発方式」
  ➡15の「新産業都市」を指定し、重点開発。
- **新全総**（1969年）…「**ネットワーク方式**」
  ➡全国7地域を工業開発→高速交通網で結ぶ。

  ※田中角栄の『日本列島改造論』は、この**新全総の具体化案**。
  ➡ but 土地投機ブームを誘発し狂乱物価（激しいインフレ）へ。

- 三全総（1977年）…「定住圏構想」
  ➡全国の生活環境を整備→高速交通網で結ぶ。
- **四全総**（1987年）…「多極分散型国土」
  ➡**東京一極集中の是正**→「遷都論」の活性化。
- 五全総（1998年）…「多軸型国土」
  ➡全国を4つの国土軸に分ける→互いに連携。

その他 まちづくり三法…**中心市街地活性化**のための試み。

⬇

- 都市計画法改正…大型店の郊外立地の制限が可能に。
- **大規模小売店舗立地法**…出店可能な地域で出店する場合も地域の**生活環境には配慮**。
- **中心市街地活性化法**…国の支援で市街地を整備。

KEY TOPICS 消費者保護と新たな消費者問題

消費者が受ける被害や不利益をめぐる問題を、**消費者問題**という。これも高度成長期に、政府が**企業優先・産業優先の政策をとったしわ寄せ**だ。つまり企業は利益優先で、商品の品質管理などが不十分なまま大量生産・大量販売し、その結果**有害商品**や**欠陥商品**が蔓延したわけだ。さらには**誇大広告**や**不当表示**への規制もなかったため、これらの被害も増えた。つまり、**高度成長の最中である今の中国で起こっていることが、そのまま50年前の日本でもあった**んだ。

しかし、すべてのしわ寄せが消費者に来たんじゃ、たまったものじゃない。そこでまず動いたのが、1960年代のアメリカだった。1962年にケネディ大統領が大統領教書の中で「**消費者の4つの権利**」を発表し、消費者保護行政への道を開いた。また「**人民のロビイスト**」と呼ばれた弁護士**ラルフ＝ネーダー**が先頭に立ち、**消費者運動**を先導した。

こういう流れを受けて、ようやく日本でも1968年に、**消費者保護基本法**（現在は**消費者基本法**）が制定され、ここから本格的保護政策が開始された。今日では2009年に**消費者庁**が新設されるなど、消費者問題への対処も深まったが、**悪徳商法**や**自己破産**など新たな消費者問題も発生している。

日本の高度経済成長期は、都市と周辺部の**過密化**、農村部の**過疎化**といったアンバランスが拡大した時期でもあった。政府はこれを同時解決するため、数次に渡って「**全国総合開発計画**」を策定してきた。内容は様々だが、時々思い出したようにセンターに出題されるので、ていねいに見ておこう。

●悪徳商法の手口

利用される心理	手　口	手　口　の　概　要
金　銭　欲	マルチと類似商法	商品の購買を増やすとマージンが入る仕組みのネズミ講式の取引
	利殖（財テク）商法	「高利回り」「値上がり確実」と貯蓄・投資の話をもちかけてだます
	原野商法	「値上がり確実」と資産価値のない原野・山林を何十倍もの値で売る
物・特典への欲	アポイントセールス	電話やはがきで約束をとりつけて呼び出し、会員特典を強調する
	当選商法	「当選した人だけに」とくすぐっておいて、高額商品を買わせる
	無料招待商法	「無料サービス」で人を集め高額商品やサービスを売りさばく
	見本工事商法	家の外回り工事を「見本になるので格安に」と契約させ、だます
人間の善意	ネガティブオプション	注文していないのに商品を一方的に送りつけ、代金を支払わせる
	福祉商法	「盲導犬を贈ろう」などど福祉をうたって商品を買わせる
方法への信頼感	ホームパーティー商法	「試食会用に台所を貸して」といって近所の主婦を集め商品を買わせる
	キャッチセールス	繁華街の路上で「調査」などを口実に接近、売買契約を結ばせる
	アンケート商法	「アンケートに答えて欲しい」といって近づき、結局商品を買わせる
	講習会商法	「講習会」を名目に人を集め、商品やサービスを買わせる
	お礼商法	アンケートなど目的以外のことをした後、お礼に物品を与え引き込む
	モニター商法	モニター募集などで人を集め、実は商品をさばくことが目的
	就職商法	求人をかたって人を集めるが、実は商品を売るのが目的
興奮しやすさ	SF（催眠）商法	会場に人を集め密室状態にして「品数に制限がある」とあおる
	体験談商法	効果・効能があったという体験者の談話や手記を宣伝、錯覚させる
	デート商法	男女間の感情を利用、デートに誘うと思わせて高額商品を買わせる
不　安　感	開運（霊感）商法	「買えば不幸を逃れる」と高額なツボ・数珠・印鑑を買わせる
	点検商法	点検を口実に来訪、「危険な状態」といって新品を売り付ける
資格願望	士（さむらい）商法	「試験は免除」などといって、資格取得の講座や本を契約させる

（注）SFは、この商法を始めた新製品普及会の略。　　　　　　　　　　　　　　　　（出典：朝日新聞　1993.2.5）

一問一答でキーワードチェック!

問題

1. 高度経済成長期の**有害食品**被害としては、食用油に**PCB**が混入していた ① 事件、粉ミルクにヒ素が混入していた ② 事件があった。また**薬害**としては、睡眠薬の ③ で腕に深刻な障害が出た問題、整腸剤に混入していた**キノホルム**で神経障害が起きた ④ 事件などがあった。

2. 現代の消費者問題である**悪徳商法**には、路上で声をかける勧誘商法の ① 、電話で会う約束をして商品を売る ② 、注文していないのに商品を送付して代金請求する ③ 、販売相手を新たな販売員として勧誘する ④ などがある。

3. (a) 消費期限や産地を偽る ① 、収穫後の農産物に薬剤を散布する ② 農薬の問題、米国産牛肉の輸入一時禁止につながった ③ 問題など**食の安全**が問題視されている。
   (b) また、裁判所に債務の免責を申請する ④ の件数が近年増加している。

解答

1.
   ❶ カネミ油症
   ❷ 森永ヒ素ミルク
   ❸ サリドマイド
   ❹ スモン

2.
   ❶ キャッチセールス
   ❷ アポイントメントセールス
   ❸ 送り付け商法
   ❹ マルチ商法

3.
   ❶ 食品偽装
   ❷ ポストハーベスト
   ❸ BSE(狂牛病)
   ❹ 自己破産

33. 日本経済の諸問題（2）

問題

4. 1962年に、アメリカの**ケネディ大統領**が教書で発表した「**消費者の4つの権利**」とは ① 権利／ ② 権利／ ③ 権利／ ④ 権利のことである。

5. (a)1968年に制定された中心立法である**消費者保護基本法**は、 ① に改正された。また消費者を欠陥商品から守る ② 法では、メーカーの ③ が認められた。

(b)**特定商取引法**内の ④ 制度では**一定期間内における購入契約の無条件解除**が規定され、 ⑤ 法では、強引な契約の解除が幅広く認められた。

6. 都市問題では高度経済成長期に、過疎と過密の同時解決手段として、 ① が数次に渡り策定された。そのうち、1969年の**新全総**は田中首相の ② ブームと結びついて ③ を招き、中曽根首相時代の1987年に**四全総**では ④ が盛り上がった。

7. 今日、地方では、かつて中心市街地だった場所が ① 街と化しているケースが目立つ。その対処法として制定されたのが、 ② である。

解答

❶安全を求める
❷選ぶ
❸知らされる
❹意見を聞いてもらう

❶消費者基本法
❷製造物責任
❸無過失責任
❹クーリング＝オフ
❺消費者契約

❶全国総合開発計画
❷列島改造
❸狂乱物価
❹遷都論

❶シャッター
❷まちづくり三法

センターレベルにチャレンジ！

次の問題の正誤を判定せよ。

問題

1 高度経済成長期の有害食品被害にはカネミ油症事件や森永ヒ素ミルク事件があり、薬害としてはサリドマイド事件や薬害エイズ事件などがあった。

2 消費者が広告や宣伝に左右されやすいことを、ガルブレイスはデモンストレーション効果と呼んだ。

3 自己破産とは、債務者本人が申し立てて裁判所が破産宣告を行うことで、認められると債務弁済が免責される。

4 アメリカ大統領のケネディが唱えた「消費者の4つの権利」とは、安全を求める権利、保護される権利、選ぶ権利、意見を聞いてもらう権利である。

5 製造物責任法により、欠陥商品でメーカー側の過失が明白であれば、誰もが損害賠償を受けられるようになった。

6 特定商取引法にはクーリング゠オフの規定があり、どんな商品でも売買契約後一定期間内なら、無条件で契約を解除できる。

7 消費者行政を一元化するための機関として、2009年に内閣府の外局として消費者庁が設置された。

8 高度経済成長期に、農村部の過疎化と都市の過密化を同時に解決する方策として、数次に渡って全国総合開発計画（全総）が策定された。

9 1990年代に、住環境整備と市街地の商業機能の再生をめざして「まちづくり三法」が制定されたが、郊外型大型商業施設に押され、あまり有効に機能していない。

33. 日本経済の諸問題（2）

解答 & 解説

1	×
2	×
3	○
4	×
5	×
6	×
7	○
8	○
9	○

1 **薬害エイズ**事件だけ、高度経済成長期でなく1980年代。高度経済成長期の薬害は**スモン病**。

2 これは**依存効果**。デモンストレーション効果は「消費者は**他の消費者に左右されやすい**」という効果。

3 **自己破産**は、借金が膨らんで返済不可能になった時、債務者自身が裁判所に申し立て、破産宣告を受けられれば借金返済が免責される制度。ただしその際、必要最小限の財産以外は債権者への返済にあてられる。2002年～2003年は自己破産者数が年20万件を超えていたが近年は沈静化し、**2011年現在で年10万件**。

4 「保護される権利」ではなく「**知らされる権利**」。

5 メーカー側の「**過失がなくても**」、被害とその商品の因果関係が明白であれば、メーカーが賠償責任を負う（＝**無過失責任の原則**）。

6 クーリング＝オフはキャッチセールス・マルチ商法・訪問販売・英会話教室など、あくまでも**特定商取引法に規定されているもののみ**に適用。また同法以外にも、割賦販売法や保険業法など、**クーリング＝オフ**規定のあるものもある。

7 消費者庁についての正しい文。

8 五次に渡って実施あるいは策定された。特に出題の可能性が高いのは、**新全総**と**四全総**。

9 近年はかつての中心市街地がシャッター街と化し、郊外の大型商業施設に顧客を奪われるケースが多い。こうした状況への対策だったが、あまり有効には機能していない。

34 労働問題（1）
労働三法

■ 労働基準法（1947年）
労働条件の**最低基準**を示して労働者を保護。
→同法に違反する**労働契約**があれば、**違反部分が無効**になる。
▶労働契約（使用者と個々の労働者）／労働協約（使用者と労働組合）／就業規則（使用者が定める）

労働時間	**1日8時間／週40時間**以内。週1日は休日。有給休暇。
例外 （変形労働時間）	フレックスタイム制：勤務時間帯の**自主選択可**。 裁量労働制：あらかじめ労使間で合意した労働時間をこなしたとみなす「**みなし労働時間制**」
賃金	**男女同一賃金**の原則／最低賃金法の規定以上
年少者	児童（15歳未満）の使用／18歳未満の深夜労働禁止
女子	生理休暇＋出産休暇可（「**深夜労働の禁止**」**規定は撤廃**）
その他	差別・強制労働の禁止。解雇の制限・予告義務

■ 労働組合法（1945年）
労働三権（憲法第28条 団結・団体交渉・争議権）の行使を助成する。

- **ストライキ**…労務の提供拒否
- サボタージュ…作業能率の低下
- 使用者側の争議行為
- **ロックアウト**…作業所の閉鎖

→※これらは憲法上の権利だから**刑事上・民事上の免責**あり。
　　　　　　▶＝刑法・民法に触れてもOK。

不当労働行為（使用者の労働組合への不当行為）の禁止。
→その際は**労働委員会**（行政委員会の1つ）に申し出ることが可能。

構成	使用者委員／労働者委員／**公益委員**（法の専門家）
判定的権限	**不当労働行為**の判定と救済。
調整的権限	労使対立の「**斡旋・調停・仲裁**」。

● **不当労働行為（労働組合法第7条）**

不利益取り扱い （第7条1号）	以下を理由に、解雇もしくは不利益な扱いをすること ①労働組合の組合員であること ②組合に加入したり組合を結成しようとしたこと ③労働組合の正当な行為をしたこと
黄犬契約 （第7条1号）	以下を条件に労働者を採用すること ①労働組合に加入しないこと ②労働組合から脱退すること
団体交渉の拒否 （第7条2号）	団体交渉の申し入れをしたにもかかわらず、正当な理由なしに拒否すること
組合への支配・介入 （第7条3号）	労働組合の結成・運営に対して使用者が支配・介入すること
経費援助（第7条3号）	労働組合の運営に要する費用を使用者が援助すること
救済新政党を理由にする不利益取り扱い （第7条4号）	以下を理由に、解雇もしくは不利益な扱いをすること ①労働組合に対して不当労働行為の救済命令の申し立てをしたこと ②不当労働行為の救済命令に対して再審査の申し立てをしたこと ③①・②及び労働争議の調査の場合に証拠を提出し、発言したこと

■労働関係調整法（1946年）

労働委員会による、**労使対立の調整**。

調整手段 **斡旋→調停→仲裁**

労使対立の調整

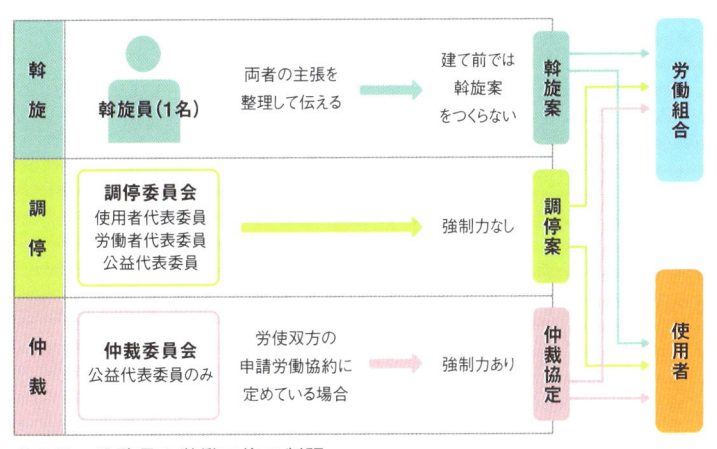

斡旋	斡旋員（1名）	両者の主張を整理して伝える	建て前では斡旋案をつくらない	斡旋案	→ 労働組合
調停	調停委員会 使用者代表委員 労働者代表委員 公益代表委員		強制力なし	調停案	
仲裁	仲裁委員会 公益代表委員のみ	労使双方の申請労働協約に定めている場合	強制力あり	仲裁協定	→ 使用者

その他…公務員の労働三権の制限。

一般職：**争議権のみ**認められていない（→団結・団体交渉権はあり）。

治安維持系：**労働三権すべてが認められていない**。

KEY TOPICS 労働三法

労働基準法

労働基準法は、労働条件の**最低基準**を規定した法律だ。**同法の規定を下回る劣悪な労働条件は、その違反部分が無効**となる。特に注意すべき点は労働時間に関する規定だ。**裁量労働制**や**フレックスタイム**など労働時間については例外規定が多いことに注意して、しっかりおさえておこう。

労働組合法

労働組合法は、憲法第**28**条で保障された**労働三権**（団結権・団体交渉権・争議権）の行使をサポートしつつ、使用者の労働組合に対する**不当労働行為**を禁止する法律だ。なお**労働三権は憲法上の権利**なので、**法律よりも上位**。つまり、ストライキなどをやったことで刑法や民法に触れることがあっても、正当な労働争議であれば、処罰を受けないんだ。

労働関係調整法

労働関係調整法は、労使の対立を調整するための法律で、**労働組合法を補完するために作られた**。その調整手段は**斡旋・調停・仲裁**の3つで、**不当労働行為**を判定した**労働委員会**のメンバーが行う。

また同法には、**公務員の争議行為の禁止**と、**公益事業の緊急調整**の規定がある。公益事業とは交通・ガス・病院など公共性の高い仕事で、急なストは社会に大きな混乱をもたらす。だから彼らは**10日前までのスト予告**が義務づけられ、しかもそこで**緊急調整**が発動されればその後**50日はスト禁止**（**その間に解決**）となる。

● ショップ制…従業員と組合加入の関係（労働協約に明記）

クローズド＝ショップ	使用者は必ず組合員の中から雇用。労働組合を抜ければ解雇。
ユニオン＝ショップ	雇用後**一定期間内に組合加入義務**（日本で多い）。 ▶実際は解雇しない場合が多い（＝**尻抜けユニオン**）。
オープン＝ショップ	組合加入と雇用・解雇は無関係。

※逆に「**組合に加入しないことを条件に雇用**」することを「**黄犬契約**」というが、これは**不当労働行為**のひとつ。

● 労働組合の種類

職業別組合	同一職業の熟練労働者のみで形成。 日本にはほとんどない形。
産業別組合 ▶欧米で主流	家電業界・自動車業界・造船業界など、大きなくくりで未熟練工も含めて形成。
企業別組合 ▶日本で主流	**同じ企業の正社員だけで形成**。事実上使用者に支配された「**御用組合**」化しやすい。

● 公務員の労働三権

	団　結	団体交渉	争　議
民　間　企　業	○	○	○
公務員の一般職 ▶国・地方とも	○	△ ▶労働協約はなし。	×
警察・消防・自衛官などの**治安維持系**	×	×	×
	▶国・地方とも、労働三権すべてなし。		

第2部　経済分野

一問一答でキーワードチェック!

問題

1. 労働条件の ❶ を規定する**労働基準法**では、労働時間は1日8時間以内・週40時間以内が原則である。例外として、**勤務時間帯を自主選択**できる ❷ 制、時間管理の困難な職種で**みなし労働時間**制が取れる ❸ 制などの ❹ が認められている。

2. 労働時間以外にも、❶ 賃金の原則、国籍・信条・社会的身分などを理由とする ❷ の禁止、30日前までの ❸ 予告義務、業務上の傷病者と出産休暇者に対する解雇禁止、**児童**の使用禁止、❹ 歳未満の深夜労働禁止などの規定がある。なお**女性の雇用**に関しては、従来は ❺ 禁止と ❻ の制限規定があったが、**1997年の労働基準法の改正で撤廃**された。

3. **法律に違反する** ❶ **は、違反部分が無効になる**。なお（ア）❶ は使用者と個々の労働者間のものであり、（イ）❷ は使用者と労働組合間、（ウ）❸ は（イ）の範囲内で使用者が定める職場規則である。（ア）〜（ウ）を強さの順に示すと「 ❹ 」となる。

解答

❶最低基準
❷フレックスタイム
❸裁量労働
❹変形労働時間

❶男女同一
❷差別的労働
❸解雇
❹18
❺深夜労働
❻時間外労働

❶労働契約
❷労働協約
❸就業規則
❹（イ）＞（ウ）＞（ア）

34. 労働問題（1）
労働三法

問題

4. **労働組合法**は、憲法第 **❶** 条で保障する**労働三権**（ **❷** 権／ **❸** 権／ **❹** 権）の行使を助成し、使用者の労働組合への不当行為である **❺** を禁止する法律である。労働三権は憲法上の権利のため、正当な争議行為には刑事上・民事上の処罰が科されない（＝**刑事上・民事上の免責**）。また不当労働行為の判定と労使対立の調整は、**労働委員会**が行う。

5. **労働委員会**による労使対立の調整は、**労働関係調整法**に規定されている。その手段は、間に入って交渉をとりもつだけの **❶** 、委員会側から案を提示するが拘束力はない **❷** 、そして拘束力のある裁定を下す **❸** の3つである。

6. 労働関係調整法によると、公務員の労働三権は、**一般職**の場合、 **❶** **はないが**団結権と団体交渉権は**あり、治安維持系公務員**は**労働三権すべてなし**となっている。また同法にはガス・交通・病院など **❷** の争議行為の制限についても規定されており、**10日前までの ❸ と、その後の ❹ 発動による50日間スト禁止**、などが定められている。

解答

❶28
❷団結
❸団体交渉
❹争議
❺不当労働行為

❶斡旋
❷調停
❸仲裁

❶争議権
❷公益事業
❸スト予告義務
❹緊急調整

センターレベルにチャレンジ!

次の問題の正誤を判定せよ。

問 題

1 労使間の取り決めには、効力の強いものから順に、労働契約・労働協約・就業規則がある。

2 労働基準法には労働条件の最低基準が定められており、同法に違反する労働契約があれば、契約はすべて無効となる。

3 裁量労働制では、時間管理の難しい仕事などの場合、所定の労働時間分は働いたものとみなして給与が決定される。

4 女子雇用では、以前は深夜労働禁止と時間外労働の制限があったが、1997年の改正で撤廃された。

5 差別的労働の禁止規定のため、労働立法上は、不法就労の外国人でも日本人同様に扱わなければならない。

6 業務上の傷病者と有給休暇中の労働者は解雇できず、また解雇するならば、10日前には予告の義務がある。

7(a) 争議行為は憲法で定められた労働者の権利であるため、使用者側には一切の対抗手段は認められない。

7(b) 同じく憲法上の権利のため、争議行為中の違法行為はすべて免責される。

8 使用者側の労働者に対する不当な行為を不当労働行為といい、労働委員会に救済の申し立てができる。

9 実際に労使対立が起こった際には労働委員会が調整にあたるが、その手段は斡旋・調停・仲裁である。

10 すべての公務員には労働三権が保障されていないため、その労働条件を民間のものと合わせるため、人事院という行政委員会が監視する。

34. 労働問題(1) 労働三法

解答 & 解説

1	✗
2	✗
3	○
4	○
5	○
6	✗
7(a)	✗
7(b)	✗
8	✗
9	○
10	○

1 強い順なら「**労働協約→就業規則→労働契約**」。

2 最低基準は「それを下回ってはいけない境目」のこと。もし同法の内容を下回る劣悪な労働契約があれば、「**違反部分だけ**」が**無効**になる。

3 労働時間の算定が難しい職種の人(デザイナーや弁護士など)を会社が雇う場合、実際の労働時間に関係なく一定時間働いたとみなして給与決定する、というのが**裁量労働制**。

4 バブル崩壊後の不況時に、女子保護は女子雇用の妨げになるため撤廃された。

5 労働立法上は日本人と同じ扱い。ただ入管法上は不法就労者なので、**明るみに出れば本国へ強制送還**される。

6 有給ではなく「出産」休暇中。予告は30日前。

7(a) 労働者側のストライキに対する使用者側からの対抗手段としては**ロックアウト**(**作業所閉鎖**)のみが認められる。

7(b) 「正当な団体交渉や争議行為」の範囲内に収まれば、刑法や民法で処罰されることはない。

8 不当労働行為は「労働者に対する」ではなく「**労働組合に対する**」不当・違法行為。

9 そのうち仲裁には、準司法的機能がある。

10 「すべての公務員」ではなく「**治安維持系の公務員**」**のみ、労働三権すべてが認められていない**。「治安維持系の公務員」以外の公務員は、団結権と団体交渉権が認められている。

第2部 経済分野

35 労働問題(2)
日本の労働問題

■日本の雇用慣行とその変化

三大雇用慣行：①**終身雇用**制／②**年功序列**型賃金／③**企業別**組合

※①②はバブル崩壊後に**見直し**が進む。

- ①中高年のリストラ→パート、派遣社員を増やす。
- ②**能力給**(成績で決定)や**職務給**(職務内容で決定)へ。

| 労働者派遣事業 | 派遣元が派遣先に労働者を送り、派遣先の企業の指示に従って労働させる雇用形態。 |

↓

- 2010年現在で、派遣労働者数は約**271万人**。
  - ▶2008年は399万人→その後「派遣切り」が増加。
- 低賃金→
  - ・正社員希望者の**雇用機会を圧迫**。
  - ・**格差社会**や**ワーキング＝プア**の原因に。
- 派遣業種は**原則自由化**され**製造業**への日雇い派遣もOKに。
  - ▶2003年の**労働者派遣法**改正→※2012年の改正で**日雇い派遣は原則禁止**に。

問題 バブル崩壊後、派遣社員は増えたが、サブプライム後の不況で、低い賃金の派遣労働者まで**派遣切り**に遭い始めている。

■その他の労働問題

●労働組合組織率の低下

戦前	終戦直後	高度経済成長期	2012年
最高でも**7.9**%	50%台	30%台	**17.9**%

●長時間労働

日本 年**1800時間**弱→1992年に**時短**目標を設定(年2000時間→1800時間へ)したが、不況により、日本企業の稼働率が低下し、日本人全体の労働時間が減少したことで、2007年にようやく到達。

`イギリス` 1800時間台
`ドイツ` 1400時間台→ドイツ・オランダなどは**ワークシェアリング**が盛ん。

● **高齢者雇用**：「低い年金＋高い住居費」
　　　　　　→生活不安から**労働意欲が高い**（　but　**企業が雇用に消極的**）。
`対策` 定年延長、再就職の促進など。

● **女性雇用**

- **男女雇用機会均等法**…1985年成立→**1997年改正強化**

  - 機会均等の「**努力義務**」→「**差別禁止**」に。
  - **違反企業名の公表**
  - **セクハラ防止**義務の新設。

- **育児・介護休業法**…男女労働者とも申請可（→企業は申し出を断れない）。
  `問題` 違反企業への**罰則なし**。／所得保障が**不十分**。
- **パート労働法**（1993年）…**フルタイム労働者**との格差**是正**めざす。
  　　　　　　　　➡2007年の改正で「**差別待遇禁止**」に。

● **外国人労働**：**出入国管理法**で、知識・技能のある外国人は受け入れ。
　　　　　　※ただし**単純労働者**（＝「**3K**」従事の不法就労者）はダメ。

EPA（経済連携協定）締結により2009年より**フィリピン・インドネシアからの看護師・介護士の受け入れ**を開始。

● **失業問題**

完全失業率：日本は2012年平均で**4.3**％（259万人）。
▶働く意思・能力はあるのに雇用されない人の率。

有効求人倍率…求職者1人あたりへの求人数。日本は2012年平均で**0.80**倍。

第2部 経済分野

KEY TOPICS 日本的な雇用慣行とその変化

　日本には様々な労働問題があるが、バブル後の今日、昔と大きく変わった点は、何といっても**日本的な雇用慣行の変化**だろう。具体的には、**終身雇用制**と**年功序列型賃金**が大きく見直されている点だ。

　日本人にとって、かつては当たり前であったこれらの慣行は、よく考えたら不合理な制度だ。だって社員の能力の個人差などを考慮せずに、定年まで雇用し続け、しかも給料は上がり続ける。こういう制度を利潤の最大化をめざす企業がとるのは変でしょ。

　これらはあくまで、**日本全体に余裕があった経済大国時代のなごり**だ。今日にこのような不合理な互助的制度を残す余裕はない。だから消滅しつつあるんだ。

　その他に出題されることが多い項目は、**派遣労働**と**外国人労働者**の扱いだ。派遣労働の方は細かいルール改正と人数の推移、外国人労働の方は**2009年のEPA**から始まった、**労働力移動の自由化**などが特に大事なので覚えておこう。

●職場での女性に対する差別についての意識調査結果

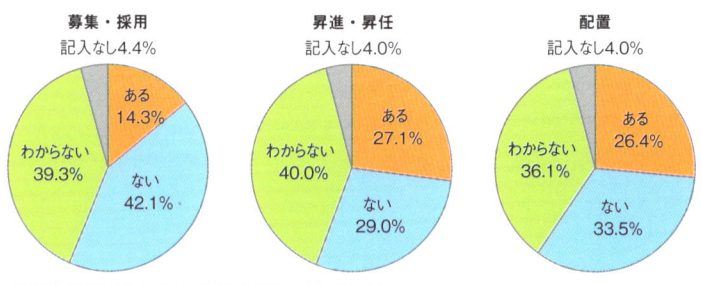

募集・採用 記入なし4.4%
- ある 14.3%
- ない 42.1%
- わからない 39.3%

昇進・昇任 記入なし4.0%
- ある 27.1%
- ない 29.0%
- わからない 40.0%

配置 記入なし4.0%
- ある 26.4%
- ない 33.5%
- わからない 36.1%

(注)割合は四捨五入しているため、合計値が100%にならない場合がある。

(全労連「女性労働者の健康・労働及び雇用における男女平等調査報告」2012)

●女性の労働力率の推移

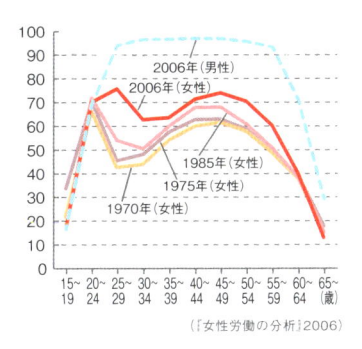

(『女性労働の分析』2006)

●年間総労働時間の国際比較(2009年)

※イギリスは2008年

- 日本: 1,733
- アメリカ: 1,776
- イギリス: 1,638
- ドイツ: 1,309
- フランス: 1,469

(『活用労働統計』2011)

●主要国の失業率の推移

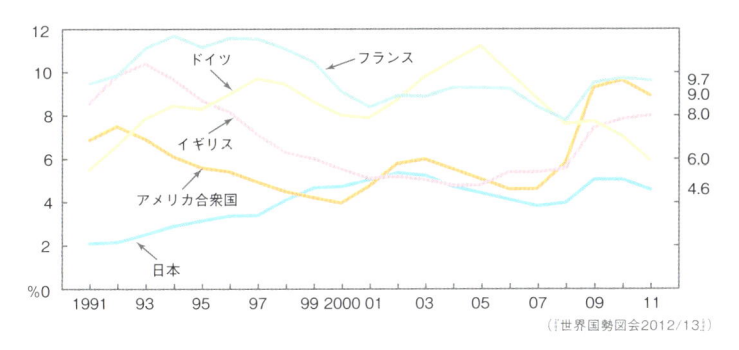

ドイツ、フランス、イギリス、アメリカ合衆国、日本

(『世界国勢図会2012/13』)

●フリーター数・ニート数の推移

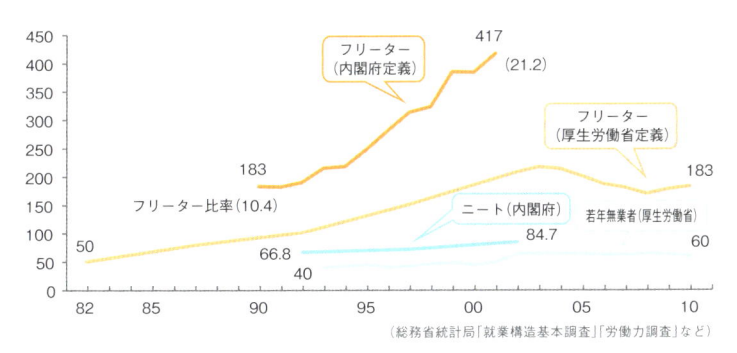

- フリーター(内閣府定義): 183 → 417 (21.2)
- フリーター(厚生労働省定義) / 若年無業者(厚生労働省): 50 → 183
- フリーター比率(10.4)
- ニート(内閣府): 66.8 → 40 → 84.7 → 60

(総務省統計局「就業構造基本調査」「労働力調査」など)

第2部 経済分野

一問一答でキーワードチェック!

問題

1. 日本の**三大雇用慣行**は ① ・ ② ・ ③ だが、バブル崩壊後は**中高年をリストラして派遣労働者**などを増やしたり、給与体系を ④ や ⑤ にしたりなど、多くの点で見直しが進んでいる。

2. (a) **労働者派遣事業**は、当初は専門職種に限られていたが、**1999年の** ① **改正により原則自由化**した。そして2003年の法改正で2004年から ② への**日雇い派遣が解禁**となった。しかし過酷な低賃金労働が増え、 ③ が増加したとされる(その後2012年の改正で**日雇い派遣は原則禁止**に)。
   (b) 2008年の ④ 以後は「**派遣切り**」が増え、派遣人数は減少傾向にある。

3. 日本人の労働時間は国際的に見て長く、残業代なしの ① が**過労死**などを招いている。そこで政府は ② 目標を設定し、**平均労働時間を年2000時間から** ③ **時間へ削減**することをめざし、近年ようやく実現した。しかし ④ (各人の労働時間を削り多くの労働者でシェアすること)の盛んなドイツなどは年 ⑤ 時間台で、まだ隔たりがある。

解答

❶ 終身雇用制
❷ 年功序列型賃金
❸ 企業別組合
❹ 能力給
❺ 職務給

❶ 労働者派遣法
❷ 製造業
❸ ワーキング=プア
❹ リーマンショック

❶ サービス残業
❷ 時短
❸ 1800
❹ ワークシェアリング
❺ 1400

35. 労働問題（2）
日本の労働問題

問題

4. **男女雇用機会均等法**は1997年に改正され、機会均等の**努力義務**が [❶] 規定に、罰則なしが [❷] の公表と変わり、新たに [❸] 義務も規定された。

5. [❶] 法には男女労働者の休業規定が記されており、企業は申し出を断れないが、違反企業への**罰則がない**ため実効力に乏しい。また、休業中の [❷] 保障**が不十分**な点も休業申請の妨げとなっている。

6. **外国人労働者**の扱いは、入管法（[❶] 法）により「**知識・技能のある外国人は優遇／単純労働者は認めず**」だったが、フィリピン・インドネシアとの**EPA（経済連携協定）**を受け、2009年より [❷] の受け入れが始まった。

7. 働く意思・能力はあるのに雇用されない人の率を [❶] といい、求職者1人あたりへの求人数を [❷] という。

解答

❶ 差別禁止
❷ 違反企業名
❸ セクハラ防止

❶ 育児・介護休業
❷ 所得

❶ 出入国管理及び難民認定
❷ 看護師・介護士

❶ 完全失業率
❷ 有効求人倍率

センターレベルにチャレンジ！

次の問題の正誤を判定せよ。

問　題

1　日本における三大雇用慣行は、終身雇用制・年功序列型賃金・産業別組合の3つである。

2　以前は専門職種に限られていた派遣労働の業種は、数度の法改正で原則自由化され、今日では従来認められなかった製造業への派遣も可能となっている。

3　バブル後の不況のあおりを受け、派遣労働者の数は、年々増加の一途をたどっている。

4　労働組合組織率は近年20％を下回っているが、その背景には若者の組合離れ、サービス業の増加、未組織のパート・派遣労働者の増加などがある。

5　年間平均労働時間を比較すると、先進国の中ではドイツとアメリカが非常に短い。

6　男女雇用機会均等法は1997年に改正されたが、そこでは従来よりも厳しい法運用とともに、それまではなかったセクハラ防止義務が規定された。

7　育児・介護休業法には、違反企業への罰則がない、所得保障がないなどの問題点がある。

8　外国人労働者の受け入れは、従来あまり開かれていなかったが、2009年より取り決めのあった特定国の看護士・介護士の受け入れが始まった。

9　完全失業率は改善傾向にあり、過去最悪が失業率5％台で失業者数300万人以上だったのに対し、近年は失業率4％台・失業者数200万人台で推移している。

35. 労働問題（2）
日本の労働問題

解答 & 解説

1 ✕　終身雇用と年功序列は合っているが、**産業別組合は欧米で主流**の形。日本は**企業別組合**。

2 ◯　労働者派遣法の2003年の改正で、**製造業の派遣も自由化**された。ただし過酷な低賃金労働につながるので、**2012年の改正で日雇い派遣は禁止**に。

3 ✕　2008年には約400万人いた派遣労働者も、リーマンショック後に増加した「**派遣切り**」により**減少傾向**に（2010年には271万人になった）。

4 ◯　ホワイトカラー中心だとなかなか組織率が上がらない。また正社員以外にとっては、その企業の労働条件に固執する理由もないから、盛り上がらない。

5 ✕　年間平均労働時間は、**ドイツとフランスが短くて年1500時間以下**。**日本とアメリカは1700時間台**だが、日本は不況で仕事そのものの量が減っているため、今日ではアメリカの方がやや長い。

6 ◯　男女雇用機会均等法についての正しい文。

7 ✕　所得保障は「ない」ではなくて「不十分」。**休業前賃金の50%が支給**されるが、これでは夫（主に正社員で働いている）の収入が半減するため、経済面の理由から男性の育児休業の取得率が増えない。

8 ◯　2009年の**フィリピン・インドネシアとのEPAを受けて、労働者移動の自由化が始まった**。

9 ◯　完全失業率は、リーマンショックがからむ2008年～2009年で底を打ち、近年は回復傾向にある。

36 社会保障（1）
日本の社会保障制度

■社会保険

社会保険は、様々な生活不安への「備え」。

医療保険

医療費はすべて**3割**負担。

| 健康保険 | 一般民間被用者（主にサラリーマン）向け。 |

‖

組合管掌型：**大企業用**。企業内に作る健康保険組合が管理。
協会管掌型：**中小企業用**。全国健康保険協会が代わりに管理。
　　　　　　▶︎※旧「政府」管掌型。2008年の<u>社会保険庁解体</u>により「協会」に。

国民健康保険	自営・自由・農家用。市町村が運営。
共済組合	公務員向け。
後期高齢者医療制度	**75**歳以上向け。「医療費**1割**＋**保険料も一部**」負担。

➡老人の経済的負担が大きいため、反対も多い。

年金保険

(a) | 国民年金 | 20歳以上の**全国民が加入**する「<u>基礎年金</u>」。

↓

・かつては「自営・自由・農家」向け→「全国民」対象に。

被保険者
　第1号：自営業・自由業・農家
　第2号：サラリーマン、公務員
　第3号：第2号の配偶者（主に専業主婦）

・加入は**義務**だが、罰則がないため、<u>未加入・未納も多い</u>。

(b) | 厚生年金 | サラリーマン向け
(c) 共済年金…公務員向け
　▶︎(a)は65歳より。(b)(c)は2001年より<u>段階的に65歳からの支給に変更</u>。

※財源：**修正積立**方式

「<u>積 立 方 式</u>」と「<u>賦 課 方 式</u>」の中間。
　▶︎自分の積立金の払戻。　▶︎今の若者の保険料を今の老人に渡す。

雇用保険

かつての**失業**保険。
「**失業**時＋**育児・介護休業**時」に一定期間給付される。

労働者災害保障保険

業務上の理由による病気・ケガ・死亡などの際に給付される。労災保険は略称。

■公的扶助（＝生活保護）

公的扶助は、生活困窮者の救済。

　　　生活保護法　　・**最低限度の生活**を保障。
　　　を根拠に　　　　・自立を助長。

■社会福祉

社会福祉は、社会的弱者の救済。

- **福祉六法**…児童福祉法・老人福祉法・母子及び寡婦福祉法・身体障害者福祉法・知的障害者福祉法＋生活保護法
- **福祉元年**（1973年）…
  - **老人医療の無料化**など、医療費down。
  - 年金の**物価スライド制**…物価up→年金給付もup。

　　　　　　　※2004年より「**マクロ経済スライド**」も含むことに。

　　　　　　　　　　物価・賃金の伸び率　　　これで制度の
　　　　　　　　　　年金給付の伸び率　　　　破綻を防ぐ。

- but　同年**石油危機**➡「**福祉見直し論**」（高福祉には高負担を）へ。
- **ノーマライゼーション**…老人や障害者が**健常者同様に暮らせる社会作り**。
- **バリアフリー**…老人や障害者にとっての**物的・精神的障害の除去**。

老人医療費の推移

`1973年` 老人福祉法で無料化。　→　`1983年〜` **老人保健法**で一部負担。
→　`2008年〜` **後期高齢者医療制度**で「1割負担＋保険料も一部負担」。

KEY TOPICS 社会保障の四本柱

●被保護世帯数、被保護人員、保護率の年次推移

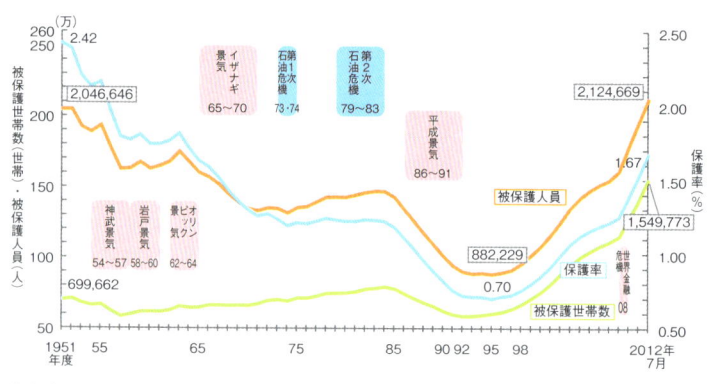

資料：被保護者調査より保護課にて作成（平成24年3月以前の数値は福祉行政報告例） （内閣府資料）

> 社会保障には**四本柱**がある。すなわち、**社会保険・公的扶助・社会福祉・公衆衛生**だ。
>
> **社会保険**は万が一への備え、**公的扶助**とは**生活保護**のこと。そして**社会福祉**は社会的弱者の救済で、**公衆衛生**は感染症の予防や水質の管理などのいわゆる保健所が扱う仕事（※内容は政経では扱わないが、名称くらいは覚えておこう）のことだ。これらはすべて国民の生活不安を解消し、最低限度の生活を保障するための「**国が整備すべき生活水準の最低基準**（**ナショナル＝ミニマム**）」として存在する。
>
> どの分野も大事だが、やはり今日は急速な少子高齢化の時代だけに、**医療保険**や**年金保険**のあり方などが特に**入試では頻出**になる。正直どちらも非常に渋い内容で、この国で歳をとることに不安を覚える制度や財源ばかりだ。でもその分真剣に取り組めるはずだ。しっかり学んで得点につなげていこう。
>
> これらのテーマは、詳しくは次の37章で扱う。最新の内容も多いから、お楽しみに。

●各年金加入者の人数比較 (数値は2011年3月末の加入者数)

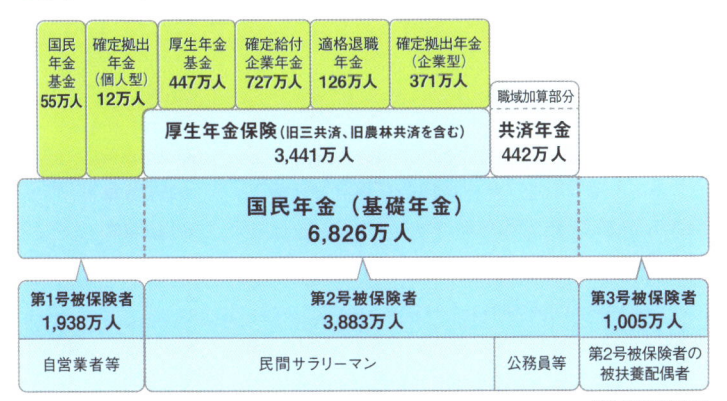

国民年金基金 55万人	確定拠出年金(個人型) 12万人	厚生年金基金 447万人	確定給付企業年金 727万人	適格退職年金 126万人	確定拠出年金(企業型) 371万人	職域加算部分	
		厚生年金保険(旧三共済、旧農林共済を含む) 3,441万人				共済年金 442万人	
国民年金(基礎年金) 6,826万人							
第1号被保険者 1,938万人	第2号被保険者 3,883万人						第3号被保険者 1,005万人
自営業者等	民間サラリーマン					公務員等	第2号被保険者の被扶養配偶者

(厚生労働省資料など)

●高齢者世帯における公的年金・恩給の総所得に占める割合別世帯数の構成割合

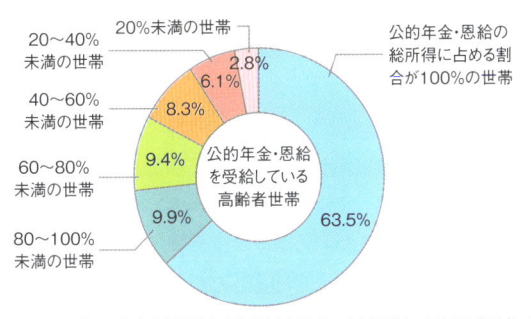

公的年金・恩給を受給している高齢者世帯

- 公的年金・恩給の総所得に占める割合が100%の世帯: 63.5%
- 80～100%未満の世帯: 9.9%
- 60～80%未満の世帯: 9.4%
- 40～60%未満の世帯: 8.3%
- 20～40%未満の世帯: 6.1%
- 20%未満の世帯: 2.8%

(資料:厚生労働省「国民生活基礎調査」(平成21年)(同調査における平成20年1年間の所得))

●生活保護基準 (2012年・月額)

		標準3人世帯 33歳男 4歳(子) 29歳女	老人2人世帯 68歳男 65歳女
1級地 (6大都市とその周辺)	世帯当たり最低生活費	180,170円	134,940円
内訳	生活扶助	162,170円	121,940円
	児童養育	5,000円	－
	住宅扶助	13,000円	13,000円

※就労収入があった場合には、その額が控除される。

(厚生労働省資料)

一問一答でキーワードチェック!

問 題	解 答

1. 一般民間被用者が加入する**医療保険**である ① には、大企業用の ② 型と中小企業用の ③ 型とがある。後者は ④ 庁の解体を受けて、2008年より**全国健康保険協会**が運営している。

❶健康保険
❷組合管掌
❸協会管掌
❹社会保険

2. 会社員の他の職種の場合、公務員は ① 、自衛・自由・農家は ② に加入する。75歳以上の高齢者は、以前は ③ に加入していたが、2008年より ④ に加入している。

❶共済組合
❷国民健康保険
❸老人保健
❹後期高齢者医療制度

3. ① 年金は20歳以上の全国民が加入する ② 年金で、それに加えて一般民間被用者は ③ 年金、公務員は ④ 年金にも加入する。国民年金は65歳から支給される。後者2つの年金支給開始年齢は、以前は60歳だったが、**年金制度改革により2001年より段階的に** ⑤ **歳に引き上げられ**つつある。

❶国民
❷基礎
❸厚生
❹共済
❺65

4. 年金財源の集め方には、自分で長年積み立てた保険料を老後に受け取る ① 方式と、今の現役世代が支払う保険料がそのまま今の高齢者に給付される ② 方式とがあるが、日本は両者をまぜた ③ 方式を採用している。

❶積立
❷賦課
❸修正積立

36. 社会保障（1）
日本の社会保障制度

問題

5. その他の**社会保険**には、失業時と育児・介護休業時に一定期間給付される ❶ 、業務上の病気・ケガ・死亡の際に支給される ❷ などがある。

6. **公的扶助**は**生活困窮者を救済**する社会保障で、 ❶ 法を根拠とする。近年は不況や高齢化にともなう受給者の増加に加えて、 ❷ が社会問題化し、**政府は2013年より ❸ を減額**することになった。

7. **社会福祉**は**社会的弱者を救済**する社会保障であり、法律面ではいわゆる ❶ が整備されている。施策面では1973年（この年は「 ❷ 」と呼ばれる）に、老人医療費の ❸ や年金の ❹ 制が実現している。ただし同年に第一次石油危機が発生し、のちに「 ❺ 論」が出された。

8. 老人や障害者が若者や健常者と同様に普通に暮らせる社会をめざす理念を ❶ といい、そのために必要な物的・精神的障害の除去を ❷ という。

解答

❶ 雇用保険
❷ 労働者災害補償保険（労災保険）

❶ 生活保護
❷ 不正受給
❸ 生活保護費

❶ 福祉六法
❷ 福祉元年
❸ 無料化
❹ 物価スライド
❺ 福祉見直し

❶ ノーマライゼーション
❷ バリアフリー

第2部 経済分野

センターレベルにチャレンジ!

次の問題の正誤を判定せよ。

問 題

1 健康保険には大企業用の協会管掌型健康保険と、中小企業用の組合管掌型健康保険とがある。

2 75歳以上の高齢者は老人保健制度の適用となるが、医療費に加えて保険料も一部負担するため高齢者の生活を圧迫し、批判が多い。

3 国民年金は20歳以上の全国民に加入義務があるが、実際には未加入者と未納者が多い。

4 厚生年金と共済年金は、制度改革で支給開始年齢が繰り上げられ、段階的に65歳からの支給になってゆく。

5 年金財源の取り方は、加入期間の長さからくるインフレを考慮すると、積立方式より賦課方式の方が合理的なので、日本も賦課方式を採用している。

6 労働者災害補償保険は業務上の病気・怪我などのための保険だが、その性質上、保険料は事業主のみが負担する。

7 生活保護は生活保護法に基づいて最低限度の生活費が支給されるが、受給世帯の多くが医療費を必要としており、医療費の支給も検討の余地がある。

8 生活保護の不正受給が近年問題になっており、2013年より生活保護費減額が決定した。

9 1973年は、老人医療の無料化や年金の物価スライド制などが実現したため「福祉元年」と呼ばれる。

10 老人や障害者が若者や健常者同様に暮らせる社会作りをしようという理念をインテグレーション、そのための物質的・精神的障害の除去をバリアフリーという。

36. 社会保障（1）
日本の社会保障制度

解答 & 解説

1	×
2	×
3	○
4	○
5	×
6	○
7	×
8	○
9	○
10	×

1 「協会」と「組合」が逆。

2 **老人保健**制度はかつての75歳以上のもの。2008年より**後期高齢者医療制度**になったが、従来なかった保険料の一部負担があり、**与野党ともに反対の声があがっている**。

3 20歳以上の「全国民が加入」だから「加入義務あり」は正しい。**義務ではあるが罰則がない**ため、未加入と未納が多い。

4 厚生年金と共済年金は、従来は60歳からの支給だったが、2001年より**3年ごとに1歳ずつ支給開始年齢が引き上げ**られ、将来的には65歳からになる。

5 確かに賦課方式の方がインフレには強いが、日本は両制度の中間的なやり方である**修正積立方式**。

6 その会社で働いていなければ労災はあり得なかったのだから、「**労働災害＝すべて会社側の責任**」になる。

7 生活保護は、生活費だけでなく、**医療扶助・教育扶助・出産扶助なども支給**される。

8 収入や家族構成の偽装・暴力団の介入・議員や公務員の不正などで、生活保護の不正受給が増加し、対策として**2013年より生活保護費の減額**が決定した。

9 ただし同じ1973年に、**第一次石油危機**が発生したため、その後は「**福祉見直し論**」が出た。

10 インテグレーションは障害者の隔離を廃するあり方。ここでの正解は**ノーマライゼーション**。

第2部 経済分野

37 社会保障（2）
少子高齢化とその対策

高齢化社会：<u>高齢化率</u>（総人口において65歳以上が占める割合）が**7%以上**になった社会。 ▶※**14**%以上＝**高齢社会**、**21**%以上＝**超高齢社会**

少子高齢化の現状

少子化 <u>合計特殊出生率</u>は**1.39**（2011年）…
- 最高は1947年の4.5
- 最低は2005年の1.26

（女性が一生で生む子供の数）

これが<u>**2.1以下**</u>を継続すると、その国の**人口**は<u>減少</u>。
⇒ 世界平均は**2.5**、日本は**2005年より**<u>減少</u>。

● <u>第一次ベビーブーム</u>で「<u>団塊の世代</u>」が生まれたころ。

高齢化
- 平均寿命は**世界第2位**（男79／女86）→ ※2011年**香港**に抜かれた。
- 高齢化率は2012年現在で**24.1%**（同年**3000万人**超）。
  ▶1970年：7%→1994年：14%→2007年：21%

※この間、24年しかかかっていない。
（フランス115年／スウェーデン85年／イギリス・ドイツ40年）

このままだと2052年には高齢化率40%に → 「<u>限界集落</u>（高齢化率50%以上の地域）」増加の危機。
▶集落機能のマヒ、集落消滅へ。

- 若い世代の負担増…<u>国民負担率</u>（GDP中の租税・保険料比）**up**。
  ▶2013年現在約40%だが、今後さらにup。

少子化対策

● 育児・介護休業法改正（2010年）…**育休の男性取得率up**をめざす。
● <u>次世代育成支援対策推進法</u>（2005年）…企業に仕事と子育てを両立できる環境をめざすよう促す。
● <u>認定こども園</u>…**幼稚園**（短時間の教育施設）と**保育園**（長時間の保育施設）を<u>統合</u>する試み（＝<u>幼保一体化</u>）。

- **子ども手当**…15歳以下の子を持つ保護者に支給したが、2012年の政権交代で**廃止**。**自民党政権**が**児童手当**に**移行**。
  ▶民主党政権

高齢化対策

・老人福祉の充実…「**ゴールド＝プラン**」開始（1990年〜）。

❶ 訪問介護：**ホームヘルパー**による日常的な世話。
❷ 訪問看護：看護師による**医療的世話**（地域ごとに作る**訪問看護ステーション**より派遣）。
❸ **デイサービス**：老人を昼間だけ預かる。
❹ **特別養護老人ホーム**：常時介護の必要な老人用。
❺ **ショートステイ**：介護の一時的困難→❹で短期間預かる。

老人用の新たな財源必要	社会保障関係費	年金	医療	福祉
		5 :	4 :	1（年金偏重）

●**介護保険**導入で**医療**と**介護**を**分離**すれば、「5：3：2」にできる。
（＝福祉の財源が足りる。）

介護保険制度…2000年にスタート。

保険料	**40歳以上の全国民**負担（老人は年金から）。**市町村**が運営。
手順	**要介護認定**を受ける→**ケアプラン**を作成→サービスを利用 ▶介護必要との認定。　▶必要なサービスの選択。
サービスの種類	在宅介護　or　施設介護（→**在宅介護が中心**。）
問題	認定厳しい／サービス不足／保険料の地域格差／**老老介護**

KEY TOPICS 日本が抱える少子高齢化の問題

　高齢化率（総人口において65歳以上が占める割合）が**7%以上の社会**を**高齢化社会**というが、今の日本はそれを軽く2ランク飛び越している。すなわち、**14%以上**の**高齢社会**の次である**21%以上**の「**超高齢社会**」にまで到達しているんだ。

　しかも高齢者の数は、2012年についに**3000万人**の大台を突破し、**高齢化率も2009年からは世界一**。今の日本は他国に類を見ないほどの早さで、高齢化率を伸ばし続けてるんだ。

　この高齢化率の上昇スピードは、老人が増えているだけでは説明がつかない。そう、ご存知の通り、今の日本は高齢化だけでなく、**少子化の方も急速に進行している**。このままいくと、若い世代が負担する税金や保険料などのいわゆる**国民負担率**がどんどん上がってしまう。早く両方の面から対策しなければならない。

　というわけで、今日では**介護保険**のような高齢化対策と並行して、男性の**育児休業**奨励や**子ども手当**の支給、**子ども園**の整備による保育施設の拡充といった少子化対策も進められている。ただし、少子化対策はまだ始まったばかりで、十分な対策が講じられているとは言い難い状況だ。**少子化は生産力の低下に直結するため、日本の経済力のジリ貧にもつながる**。そろそろ本腰を入れた対策が必要だ。

●**国民負担率の国際比較（2009年）**

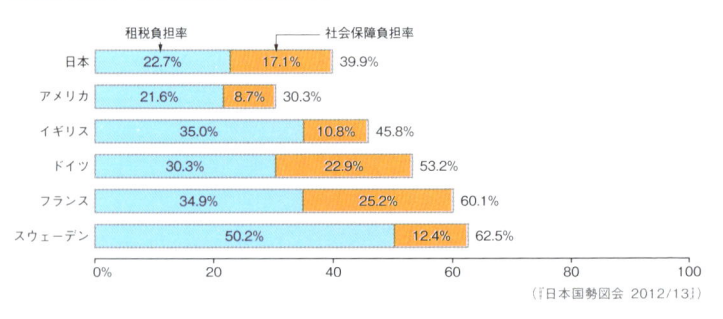

	租税負担率	社会保障負担率	合計
日本	22.7%	17.1%	39.9%
アメリカ	21.6%	8.7%	30.3%
イギリス	35.0%	10.8%	45.8%
ドイツ	30.3%	22.9%	53.2%
フランス	34.9%	25.2%	60.1%
スウェーデン	50.2%	12.4%	62.5%

（『日本国勢図会 2012/13』）

●高齢化率国際比較表

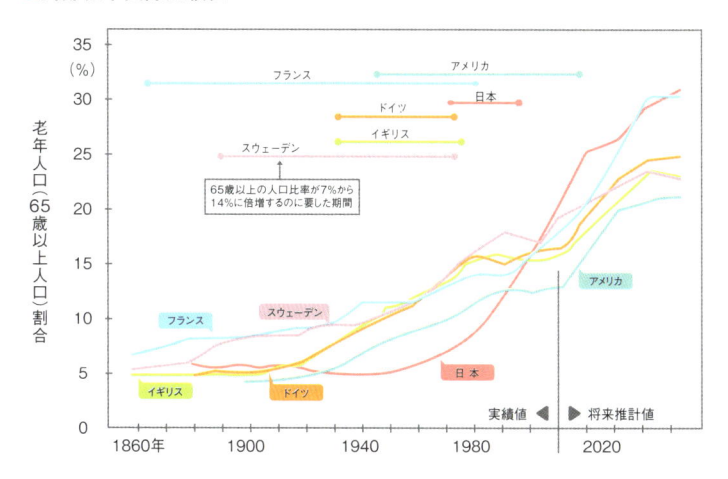

老年人口（65歳以上人口）割合

フランス
アメリカ
ドイツ
日本
イギリス
スウェーデン

65歳以上の人口比率が7％から14％に倍増するのに要した期間

フランス
スウェーデン
イギリス
ドイツ
日本
アメリカ

実績値 ◀ ▶ 将来推計値

●合計特殊出生率の推移（日本及び諸外国）

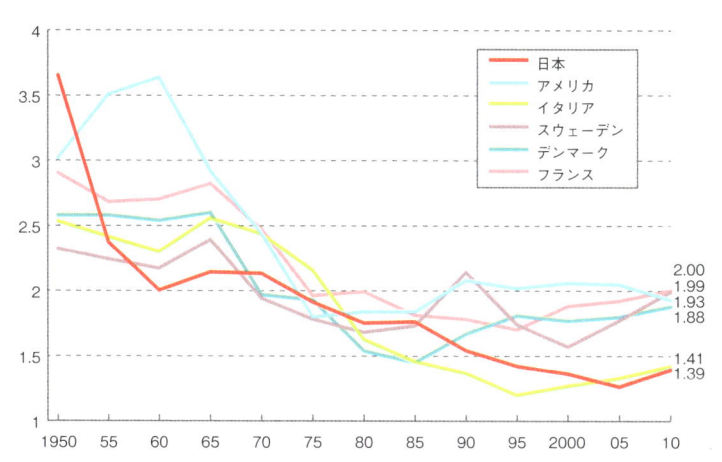

- 日本
- アメリカ
- イタリア
- スウェーデン
- デンマーク
- フランス

2.00
1.99
1.93
1.88
1.41
1.39

（注）合計特殊出生率は女性の年齢別出生率を合計した値。日本概数。
（資料）厚生労働省「平成13年度人口動態統計特殊報告」「人口動態統計」、
国立社会保障・人口問題研究所「人口統計資料集2006」など

第2部 経済分野

一問一答でキーワードチェック!

問題

1. **高齢化社会**とは、総人口において、❶歳以上が占める割合(❷)が**7%以上の社会**を指す。❷が、**14%以上**だと❸、**21%以上**だと❹となる。

2. 日本人の平均寿命は男性❶歳、女性❷歳で、2013年現在**世界第2位**である。**2011年までは26年連続世界第1位**だったが、❸に抜かれた。

3. 日本の高齢化率は2012年現在**24.1%**で、高齢者の人数は❶万人を突破した。7%から14%に上昇するまでに要した年数は❷年であり、これは❸の115年、❹の85年と比べると非常に早い。

4. 高齢化の進行が早いことは、一方で急速な**少子化**が進行していることを意味する。**合計特殊出生率**(女性が一生で生む子どもの数の平均)が❶を下回ると人口は減少するとされるが、日本は1989年の「❷」あたりからこの数字を下回り続け、2011年には**1.39**となった。すでに日本は❸年から、人口が減少し始めている。

解答

❶65
❷高齢化率
❸高齢社会
❹超高齢社会

❶79
❷86
❸香港

❶3000
❷24
❸フランス
❹スウェーデン

❶2.1
❷1.57ショック
❸2005

37. 社会保障（2）少子高齢化とその対策

問題

5. 急速な少子高齢化の進行は、**高齢者の人口が50％以上の** ① を増やす。そして、**現役世代の租税・保険料負担**を大きくし、そのGDP中の比率である ② 率を引き上げてしまう。

6. 現在の少子化対策は、男性の育児休業取得率を上げるための ① 法改正、企業に子育てと仕事を両立させる環境整備を求める ② 法の制定、幼稚園の教育と保育園の長時間保育を一体化（＝**幼保一体化**）させた ③ の設置、民主党の**子ども手当**改め自民党の ④ の支給などである。

7. 高齢化対策としては、まず1990年の ① の策定より、老人福祉サービスの拡充が始まった。また、2000年に始まった ② により**高齢者介護のための新たな社会保険**が誕生した。

8. 介護保険は ① が運営し、保険料は ② **歳以上の全国民**が負担する。サービスを受けるにはまず ③ 認定を受け、**ケアマネジャー**と相談して ④ を作成することが必要である。サービスには ⑤ サービスと ⑥ サービスがある。サービスを受けた場合、**サービス料の1割は自己負担**となる。

解答

❶限界集落
❷国民負担

❶育児・介護休業
❷次世代育成支援対策推進
❸認定こども園
❹児童手当

❶ゴールド＝プラン
❷介護保険制度

❶市町村
❷40
❸要介護
❹ケアプラン
❺在宅
❻施設

第2部 経済分野

センターレベルにチャレンジ!

次の問題の正誤を判定せよ。

問題

1 日本は2007年より超高齢社会になり、現在65歳以上の人口は3000万人を突破している。

2 日本が高齢化社会から高齢社会に移行するまでの期間は24年で、これは諸外国と比べて著しく早い。

3 日本の合計特殊出生率は2011年で1.39だが、この数字は諸外国と比べて著しく低い。

4 限界集落とは高齢化率50％以上の集落で、現在日本にはまだほとんどないが、今後20年のうちに急増することが懸念されている。

5 国民負担率とは国民所得に占める租税と保険料の比率だが、日本のそれは高福祉国家スウェーデンとほぼ同じ水準まで上がってきた。

6 少子化対策の一環として、幼保一体化、すなわち幼稚園の教育機能と保育園の長時間保育を一体化させた認定子ども園の設立が始まっている。

7 民主党政権が始めた子ども手当は、少子化対策の必要から、自民党政権でも引き継がれた。

8 高齢化対策の一環として、老人福祉サービスの充実をめざすゴールド・プランが1990年より始まり、従来なかった様々なサービスが新設された。

9 介護保険制度は40歳以上の国民に加入義務があり、厚生労働省が運営する。

10 介護保険のサービスは要介護認定が出ないと受けられず、サービスは施設サービスが中心である。

37. 社会保障（2）少子高齢化とその対策

解答 & 解説

1 ○
2 ○
3 ×
4 ×
5 ×
6 ○
7 ×
8 ○
9 ×
10 ×

1 日本の状況を述べた正しい文。

2 フランスは115年、スウェーデンは85年もかかっていることを考えると、**日本は尋常でない早さ**。これは少子化も同時進行で進んでいるため。

3 ドイツが1.38でイタリアが1.37、アジアNIESはすべて1.3未満と、**日本より出生率の低い国は意外と多い**。

4 **限界集落**は、現段階ですでに8000か所以上あることが確認されている。

5 高福祉国家でいえば、今日は**デンマークが70％以上、スウェーデンが60％以上**なのに対し、日本はようやく40％に乗ったところだから、同じ水準ではない。

6 従来は「幼稚園＝教育施設／保育園＝福祉施設」という扱いだったが、**共稼ぎ家庭の増加で保育園への入所待ちの待機児童**が増加し、幼稚園でも長時間保育ができるようにしていく必要性があった。この状況を受けた改革で認定子ども園が設立された。

7 自民党政権に移行してからは、**子ども手当は廃止され、児童手当**に。

8 ゴールド＝プランについてはよく覚えておくこと。

9 **介護保険**は国ではなく**市町村**が運営する。そのため、市町村ごとにサービスや保険料がバラバラになるという問題が発生している。

10 高齢者の増加を受けて介護保険が誕生したので、施設の数も不足気味。**サービスは在宅が中心**。

38 労働と社会保障の歴史

■労働問題と労働組合

本格的運動…イギリスの産業革命期、資本主義の発達で急速に激化。

- **ラッダイト**運動…機械に職を奪われた手工業者による**機械打ち壊し運動**。
  ↓
- **チャーチスト**運動…労働者による**参政権要求**運動。

その他：世界恐慌後のアメリカで**ニューディール**政策期に進展。

全国労働関係法…労働者の**団結権・団体交渉権**が認められる。
▶**ワグナー法**　　　　　　　　▶ただし冷戦期には**タフト＝ハートレー**法で組合抑圧。

| 戦前の日本 | **労働組合期成会**の結成。 → **鉄工組合**の誕生へ（1897年）。 |

▶組合育成のための組織。　　　▶日本初の労働組合。

but　その後**治安維持法**などで**弾圧**され、戦時下には**大日本産業報国会**にすべての**組合が統合**される。

■社会保障の歴史

- 初の社会保障：イギリスの**エリザベス救貧法**（1601年・公的扶助）。
- 初の社会保険：**ビスマルク**（ドイツ）の「**アメとムチ**」において。
  ‖

  労働者の不満を骨抜きにすべく　　**疾病保険法**など ＋ **社会主義者鎮圧法**
  　　　　　　　　　　　▶社会保険＝アメ　▶弾圧立法＝ムチ

- 初の社会保障：アメリカの**社会保障法**　▶**ニューディール政策**の一環。
  ※ただしアメリカには現在も**公的な医療保険はない**。　▶**生活自助**の原則
- 生存権：　憲法上初：ドイツの**ワイマール憲法**
  　　　　　具体化：イギリスの**ベバリッジ報告**より　▶「**ゆりかごから墓場まで**」
- ILO関係：**フィラデルフィア宣言**（1944年）／**ILO102号条約**（1952年）
  　　　　　▶所得・医療保障の勧告　　　　▶社会保障の最低基準
- 戦前の日本：1874年の**恤救規則**（公的扶助）より始まる。**恩恵的な施策**。

KEY TOPICS ▶ 労働問題と社会保障

産業革命の進展とともに労働運動が激化してくると、次第にそれが社会問題化してきた。

チャーチスト運動のころには権利要求がメインだった労働者も、その後イギリスの**労働党**誕生やアメリカの**ニューディール政策**時の**ワグナー法**を経て、団結権や団体交渉権を本格的に獲得していった。しかし戦前の日本の状況はひどく、初の労働組合である**鉄工組合**や穏健派の**友愛会**も、ちょっと急進的に動くとすぐに**治安警察法**や**治安維持法**で弾圧され、最終的には**大日本産業報国会**に統合されてしまったんだ。

社会保障

社会保障は当初**恩恵**的な施策にすぎなかったが、イギリスの**ベバリッジ報告**から、ようやく生存権に裏打ちされた社会保障がスタートした。しかし戦前日本の**恤救規則**は天皇による恩恵が前提で、生存権に基づく社会保障は日本国憲法が制定されてからということになる。

一問一答でキーワードチェック!

問題

1. (a) 本格的な労働運動は、イギリスの産業革命期に起こった、資本家の機械を壊す ① 運動と、**労働者による参政権要求運動**である ② 運動で始まった。

   (b) その後、世界恐慌時のアメリカで**ニューディール政策**が実施され、そこで労働者保護の ③ が制定された。しかし冷戦期に入ると、労働組合抑圧立法である ④ が制定された。

2. (a) 戦前日本の労働運動は、まず**労働組合の育成**から始まった。1897年に組合育成のための組織である ① が作られ、その指導の下で日本初の労働組合である ② が誕生した。

   (b) しかし ③ 法により弾圧されたため、今度は穏健な労使協調主義の ④ が生まれ、軌道に乗った。しかし組織が拡張しすぎたため ⑤ 法の弾圧を受け、その後すべての組合は ⑥ の下に統合された。

3. (a) 世界初の社会保障は、**イギリスで囲い込み運動の被害者を救済**するために行われた**公的扶助**・ ① 法だった。その後ドイツで実施された ② の「**アメとムチ**」において、**社会保険の三部作**(③ ・ ④ ・養老廃疾保険)が整備された。

解答

1.
   ❶ ラッダイト
   ❷ チャーチスト
   ❸ 全国労働関係法（ワグナー法）
   ❹ タフト＝ハートレー法

2.
   ❶ 労働組合期成会
   ❷ 鉄工組合
   ❸ 治安警察
   ❹ 友愛会
   ❺ 治安維持
   ❻ 大日本産業報国会

3.
   ❶ エリザベス救貧
   ❷ ビスマルク
   ❸ 疾病保険
   ❹ 労働者災害保険

38. 労働と社会保障の歴史

問題

(b) アメリカでは**ニューディール政策**の一環で ⑤ が制定されたが、**生活自助**を原則とする国であり、**今日に至るまで公的な** ⑥ **はない**。

4. **生存権に基づく社会保障**に大きく貢献したのは、イギリスの ❶ 報告である。これに基づき、戦後のイギリスでは「 ❷ 」をスローガンにした社会保障が整備された。

5. ILO（国際労働機関）関係で重要なものには、所得・医療保障を各国に勧告した ❶ と、社会保障の最低基準を示した ❷ がある。

6. 世界の社会保障は財源の取り方で分類され、**租税中心の国**は「 ❶ 型」、**保険料中心のドイツやフランスなど**は「 ❷ 型」と呼ばれる。

7. 日本の社会保障は、**戦前の恩恵的な公的扶助**である ❶ から始まり、1961年には全国民が何らかの医療保険と年金に加入する「 ❷ 」が実現した。

解答

- ⑤ 社会保障法
- ⑥ 医療保険

- ❶ ベバリッジ
- ❷ ゆりかごから墓場まで

- ❶ フィラデルフィア宣言
- ❷ ILO102号条約

- ❶ 英・北欧
- ❷ 大陸

- ❶ 恤救（じゅっきゅう）規則
- ❷ 国民皆保険・皆年金

第2部 経済分野

▶ センターレベルにチャレンジ!

次の問題の正誤を判定せよ。

問 題

1 産業革命期にイギリスで起こった機械打ち壊し運動をチャーチスト運動、その後起こった労働者による参政権要求運動をラッダイト運動という。

2 世界恐慌の際、アメリカのルーズベルト大統領はニューディール政策の一環としてタフト=ハートレー法を制定し、労働者の権利を保護した。

3 日本ではまず組合育成組織の労働組合期成会が結成され、その後、日本初の労働組合・鉄工組合が誕生した。

4 戦前の労働組合活動は、治安維持法で弾圧された後、大政翼賛会に統合された。

5 世界初の社会保険は、ドイツの鉄血宰相・ビスマルクが行った「アメとムチ」の政策における、疾病保険法の制定から始まった。

6 アメリカは社会保障法で、世界で初めて社会保障という語を用いた国だが、公的医療保険制度ができたのは、先進国の中で最も遅かった。

7 生存権を具体化させる今日の世界の社会保障の基本形は、イギリスで発表されたベバリッジ報告からだった。

8 ILO総会で1944年に発表されたフィラデルフィア宣言は、社会保障の最低基準を示すものだった。

9 社会保障の財源の取り方は、イギリスと北欧が租税中心、ドイツやフランスなどが保険料中心となっている。

10 日本初の社会保障・恤救規則は、生存権の考えに根ざした公的扶助であった。

38. 労働と社会保障の歴史

解答 & 解説

1 ✗
2 ✗
3 ○
4 ✗
5 ○
6 ✗
7 ○
8 ✗
9 ○
10 ✗

1 チャーチスト運動とラッダイト運動が逆。

2 タフト＝ハートレー法は、冷戦期に生まれた組合抑圧立法。ニューディール政策なら全国労働関係法（ワグナー法）。

3 鎖国で出遅れた日本は、資本主義の発展も自然発生的ではなかった（殖産興業政策で官営工場などを作っている）が、労働組合も同じだった。

4 大政翼賛会は政党活動の規制の方。組合活動の規制なら「大日本産業報国会」。

5 ドイツの首相・ビスマルクのアメとムチは「社会保険の三部作（疾病保険・労災保険・養老保険）」と社会主義者鎮圧法のセット。

6 アメリカは生活自助を原則とする国だから、公的医療保険は「ない」。

7 イギリスのベバリッジ報告では「均一保険料／均一給付／全国民対象」という、ほぼ今日型といえる社会保障のあり方が提示された。

8 社会保障の最低基準を示したのはILO102号条約。フィラデルフィア宣言は「所得・医療保障を各国に勧告」。

9 いわゆる「英・北欧型（租税中心）」と「大陸型（保険料中心）」。頻出だから覚えておこう。

10 当時は天皇主権で国民は臣民だったから、生存権ではなく主権者である天皇の「恩恵」。そもそも19世紀の話だから、生存権（20世紀的権利）は存在しなかった。

39 国際経済

■国際収支表

※主な費目のみ。

● **貿易・サービス**収支

> **貿易** モノの輸出入の差額。
>
> **サービス** モノ以外（輸送料・旅費・特許使用料など）の輸出入の差額。

● **所得**収支…
- **非居住者**に支払われる賃金。
  ▶外国への居住者or日本への居住1年未満の外国人。
  ‖
- 海外投資の収益。
  ▶証券投資で得た利子・配当を含む。

● **移転**収支…**対価の伴わない**無償援助・送金・賠償金など。

▶見返りなし。

経常移転 資本形成以外 →
  ▶＝建設事業など以外
  ・食料や衣服等に関わる援助。
  ・国際機関への拠出金。
  ・外国人労働者の本国への送金。

＋

資本移転 資本形成に関わる無償援助（「**その他資本収支**」に入る）。

● **投資**収支…
▶見返りを期待。

> **直接**投資 海外工場建設などにかかる費用（民間のみ）。
>
> **証券投資** 外国の株式・国債購入にかかる費用。
>
> **その他投資** その他の投資や貸付・借り入れ。
>   ▶ODAによる貸付や外国への預金。

● **注意すべきポイント**

・「**こちらからの支払い＝赤字／受け取り＝黒字**」と表現する。
  ▶最終的な損得ではなくベクトル。

・大きな費目名：
  - 貿易サービス＋所得＋経常移転収支＝**経常収支**
  - 残りの後半部分の合計＝**資本収支**

・**外貨準備増減**とは、通貨当局（政府＋日銀）の管理下にある外貨量。

■国際貿易と比較生産費説

- **保護**貿易…**産業の保護・育成**のため、**国家が輸入を抑える。**
  ▶主に途上国。　　　　　▶または輸出を奨励。

  関税障壁：輸入品に**高い関税**をかける。
  非関税障壁：輸入**数量制限**など。

- **自由**貿易…国家からの保護・統制なし。▶主に先進国。

  これを確保し　　　**垂直的**分業：一次産品と工業品
  たら**国際分業**　　　　　（発展途上国と先進国）
  が成立する。　　　　＋
  　　　　　　　　　水平的分業：農農間や工工間
  　　　　　　　　　　　　（発展途上国同士や先進国同士）

- **比較生産費説**…各国内で**比較的生産の得意な財**のみを作り、貿易で交換。
  ▶イギリスの**リカード**　　▶＝**比較優位**をもつ財。

	車1台	小麦1t	生産量
A国	10人	12人	車1台＋小麦1t
B国	9人	8人	車1台＋小麦1t

➡ どちらもB国の方が得意だが、**分業すればさらに効率up**。

- A国は**自国内では車の生産の方**が得意→車の生産に特化。
  ▶＝車が**比較優位**をもつ財。
- B国は自国内では小麦の生産の方が得意→小麦の生産に特化。

	車1台	小麦1t	生産量	
A国	22人	—	**車のみ2.2台**	＝22÷10
B国	—	17人	**小麦のみ2.125t**	＝17÷8

➡ 特化後に交換する方が両国にとって得。

KEY TOPICS 国際貿易と比較生産費説

● 経常収支の推移

（財務省資料より作成）

※2012年の数値は速報値。
四捨五入のため、合計に合わないことがある。
資本収支及び外貨準備増減のマイナス（－）は資本の流出（資産の増加、負債の減少）を示す。

　　国際収支は、外国との間におけるお金の受け払いのことだ。考え方は簡単で、**最終的な損得は関係なく、こちらから支払った場合が赤字、受け取った場合が黒字**と表現される。ここでは内容をやや圧縮した国際収支表を載せておいたが、これぐらいの内容でセンター政経は十分なので、ていねいに覚えておこう。

　日本は長年、貿易黒字の多い国の代名詞みたいになっていたが、**東日本大震災**による景気後退、**原発事故**からくる電力不足、**超円高**、世界的不況、アジア新興国の台頭などを受けて、ついに2011年、**31年ぶりに貿易赤字**を記録した。

　比較生産費説はリカードの唱えた**国際分業**の理論だ。各国は自分の国で得意な産業の生産に特化し、輸出をし、生産が不得意な商品は輸入をすればよいという説だ。入試では計算問題で出題される可能性もあるので、しっかり考え方をマスターしておこう。

●日本の輸出入相手国（2011年）

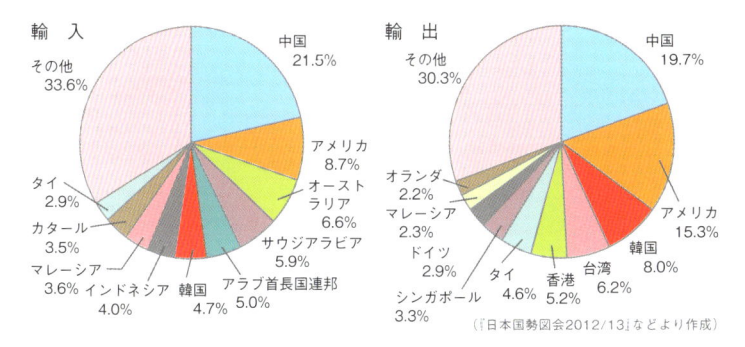

輸入
- 中国 21.5%
- その他 33.6%
- アメリカ 8.7%
- オーストラリア 6.6%
- サウジアラビア 5.9%
- アラブ首長国連邦 5.0%
- 韓国 4.7%
- インドネシア 4.0%
- マレーシア 3.6%
- カタール 3.5%
- タイ 2.9%

輸出
- 中国 19.7%
- その他 30.3%
- アメリカ 15.3%
- 韓国 8.0%
- 台湾 6.2%
- 香港 5.2%
- タイ 4.6%
- シンガポール 3.3%
- ドイツ 2.9%
- マレーシア 2.3%
- オランダ 2.2%

（『日本国勢図会2012/13』などより作成）

●主要な国と地域の貿易依存度（2010年）

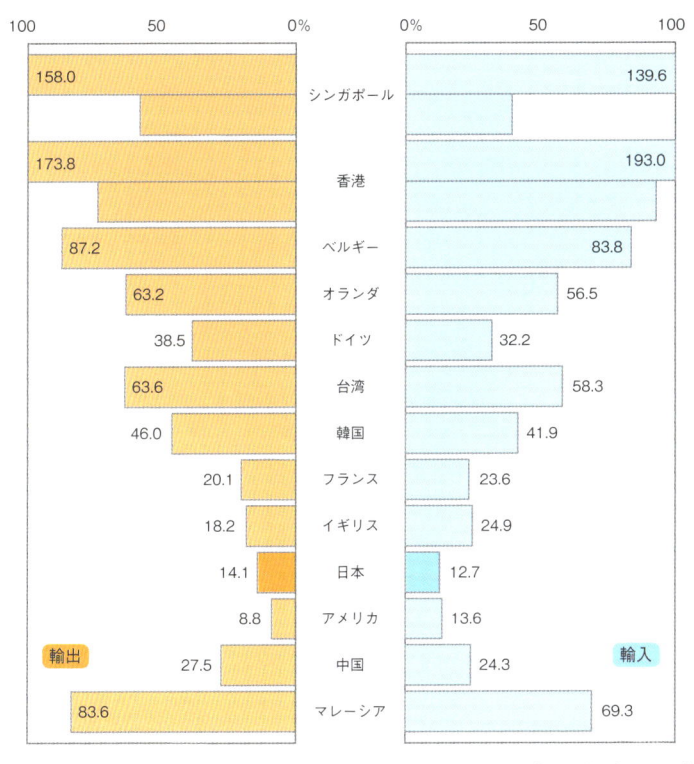

国・地域	輸出	輸入
シンガポール	158.0	139.6
香港	173.8	193.0
ベルギー	87.2	83.8
オランダ	63.2	56.5
ドイツ	38.5	32.2
台湾	63.6	58.3
韓国	46.0	41.9
フランス	20.1	23.6
イギリス	18.2	24.9
日本	14.1	12.7
アメリカ	8.8	13.6
中国	27.5	24.3
マレーシア	83.6	69.3

（『世界国勢図会2012/13』）

一問一答でキーワードチェック！

問題

1. 1国の1年間の対外的な支払い額と受け取り額を示したものを、❶ という。そこで示される数字は、最終的な損益ではなく**収支の向かう方向**であり、支払いは ❷ 、受け取りは ❸ と表現する。

2. モノの輸出入の差額を ❶ 、モノ以外の輸出入の差額を ❷ という。モノ以外とは輸送料・旅費・特許使用料・保険料などである。

3. 対外的な所得の受け払いを ❶ という。これは非居住者（日本への居住が ❷ 未満の外国人を含む）への賃金と、海外投資で得た利益（ ❸ も含む）からなる。

4. **移転収支とは、対価が伴わない**（＝一方的にあげる・もらう）**無償援助や送金・賠償金**の受け払いを指す。そのうち「建設事業など以外での収支」は ❶ で、典型例は「 ❷ の無償援助／ ❸ への拠出金／ ❹ の本国への送金」の3つである。
※「建設事業の収支」なら資本移転収支という。

解答

❶国際収支
❷赤字
❸黒字

❶貿易収支
❷サービス収支

❶所得収支
❷1年
❸利子・配当

❶経常移転収支
❷食料や衣服
❸国際機関
❹外国人労働者

39. 国際経済

問題

5. 見返りを期待した対外的な受け払いを ① という。そのうち、**海外への工場建設** などにかかる費用を ② 、外国の株式や国債購入にかかる費用を ③ 、その他の投資や貸し借り（ ④ での貸付や**外国への預金**）は ⑤ という。

6. (a) 国内産業を保護するために輸入を抑える ① には、輸入品に**高関税**をかける ② と、輸入**数量制限**を行う ③ とがある。
　(b) 輸出奨励策としては、商品価格を不当に安くして輸出する ④ （不当廉売）や通貨価値を不当に下げる ⑤ などがある。これらは近隣諸国に迷惑をかける（他国の貿易収支を悪化させる）ので「 ⑥ 」ともいう。

7. 商品が「資本量（工場や機械）＞労働量（労働者）」の形で生産される産業（つまり工業）を ① 、この逆の形の産業（農業など）を ② という。

8. **途上国と先進国の間**で見られる一次産品と工業製品の交換を ① 、**途上国間や先進国間**で見られる農農間・工工間の交換を ② という。

解答

❶ 投資収支
❷ 直接投資
❸ 証券投資
❹ ODA
❺ その他投資

❶ 保護貿易
❷ 関税障壁
❸ 非関税障壁
❹ ダンピング
❺ 為替ダンピング
❻ 近隣窮乏化政策

❶ 資本集約型産業
❷ 労働集約型産業

❶ 垂直的分業
❷ 水平的分業

第2部 経済分野

▶ センターレベルにチャレンジ!

次の問題の正誤を判定せよ。

問題

1 アメリカに自動車を輸出し、その際保険料を支払えば、貿易・サービス収支は必ず黒字になる。

2 円高で日本からの海外旅行者が増えれば、サービス収支が赤字になる。

3 日本で働き始めて8か月になる外国人に給与を支払うと、所得収支は必ず赤字になる。

4 終戦直後日本がアメリカから受けたエロアによる援助は、金銭的に考えると経常移転収支の黒字である。

5 国連分担金を滞納すると、経常移転収支が黒字になる。

6 日本企業が海外に工場を建てると直接投資が赤字になるが、そこから得た利益は貿易収支を黒字にする。

7 ODAで食料や衣服をあげれば経常移転収支が赤字、工場をあげればその他資本収支が赤字、工場建設費用を貸せばその他投資が赤字になる。

8 外国人が日本企業の株式を買えば証券投資は黒字になるが、その配当金を支払うと所得収支が赤字になる。

9 外貨準備高は政府や日銀が保有する対外支払い用の外貨や金だが、中国とアメリカの準備高が非常に多く、日本・EUなどがそれに続く。

10 国際分業のあり方のうち、途上国同士の分業は水平的分業、先進国同士の分業は垂直的分業になりやすい。

11 リカードの比較生産費説は、各国が相手国よりも生産効率のいい財の生産に特化し、貿易で交換するという、国際分業の理論である。

39. 国際経済

解答 & 解説

1. ✗
2. ○
3. ✗
4. ✗
5. ✗
6. ✗
7. ○
8. ○
9. ✗
10. ✗
11. ✗

1 おそらく黒字になるだろうが、**保険料の額がわからない限り、確実とはいえない。**

2 こういうふわっとした文体で出ることが多い。

3 「居住し始めて」なら○だが、**働き始めと居住し始めが同じとは限らない。**

4 エロアでなく**ガリオア**（食料・医薬品の無償援助）。エロアは機械や原材料の無償援助だから資本移転収支になる。なお、**資本移転収支は費目名でいうと「その他資本収支」に分類されるから注意。**

5 「滞納」は国家間でお金が動いていないから、国際収支は黒字にも赤字にもならない。

6 投資で収益をあげたのなら、貿易収支ではなく所得収支が黒字になる。

7 正しい文。ただし **4** で言った「資本移転収支がその他資本収支で出題」されているから注意。

8 利子・配当も海外投資の収益だから所得収支。

9 中国が外貨準備高世界一で日本・EUがそれに続くというのは正しいが、**アメリカは予想外に少なく約20位。アメリカは自国通貨のドルで貿易できる**ことが多いため、外貨準備高は国家規模と比べるとかなり少ない。

10 先進国同士の分業も水平的分業。**垂直的分業**とは「先進国一途上国間」の分業。

11 「相手国よりも得意」である必要はなく「**自国内でマシな方（＝比較優位）」の特化でいい**のが、比較生産費説。

40 ブレトン＝ウッズ体制とその崩壊

■戦前の通貨体制

金本位制…通貨価値を**金との交換**で保証（例：1円＝0.75gの金）。
▶兌換（だかん）紙幣

> **長所** 通貨価値が安定し「国際的信用up→**貿易の促進**」へ。
> **短所** 国の信用低下→**金の国外流出**⇒金不足で**制度崩壊**へ。
> 19世紀に各国でスタートしたが、世界恐慌後の信用低下で**崩壊**。
>
> ⬇
>
> **金と交換できる通貨が消滅**したことで、各国通貨への不信が高まり、
> **世界貿易が縮小**。⇒次第に**ブロック経済**（自国と植民地の貿易）へ。
>
> ⬇
>
> 植民地を「**持てるブロック（イギリス・アメリカなど） vs 持たざるブロック
> （日本・ドイツなど）**」の対立が激化。⇒**第二次世界大戦**へ。

■戦後の通貨体制

ブレトン＝ウッズ体制

ブレトン＝ウッズ協定に基づく「**IMF**と**IBRD**の設立＋**GATT**発効」

- **IMF**（国際通貨基金）

  > **目的**
  > ❶為替（通貨交換）の安定…**固定相場制**導入へ。
  > ❷為替の自由化…通貨交換の制限（**為替制限**）はダメ。
  > ❸国際収支の安定…赤字加盟国への**短期**融資。

  金保有量の多いアメリカが1国で支える、**変形の金本位制**（金ドル本位制）。
  - アメリカドルのみを**貿易決済用の中心通貨**（＝**基軸通貨**）とする。
  - **ドルだけ金と交換可**／各国通貨は「**1ドル＝いくら**」で表示。

- **IBRD**（国際復興開発銀行（＝**世界銀行**））
  目的 「**戦後復興＋途上国**」のための援助→**長期**融資。

GATT（関税と貿易に関する一般協定）に基づく**自由貿易体制**。

| 自由 | 関税引き下げ＋**非関税障壁**（＝輸入数量制限）**の撤廃**。
▶自国産業を守る時のみ**セーフガード**（緊急関税措置）可。

| 無差別・平等 | **最 恵 国 待 遇** ＋ **内 国 民 待 遇**
▶1国のみのえこひいき禁止。　▶1国のみの差別禁止。

| 多角的交渉 | **多国間**（原則全加盟国）**での貿易交渉**（＝**ラウンド交渉**）。

※これらは**WTO**（**世界貿易機関**・1995年〜）になっても継続。

- 貿易に関する**初の正式な国際機関**として設立。
- 金融や情報通信などの**サービス貿易**も扱う。
- **投資ルール**（TRIM協定）や**知的所有権**（TRIPs協定）も扱う。

■ブレトン＝ウッズ体制の崩壊（＝固定相場制の崩壊）

| 1950〜60年代 | アメリカの**国際収支が悪化**→アメリカからの対外支払いが増加
▶ベトナム戦争など　し、**金が国外に流出**。

| ドル不足対策 | **SDR**（＝**IMF特別引出権**。別名「**第三の通貨**」）
1969年創設。ドル不足国がドル黒字国からドルを回してもらう、相互助け合いシステム（→少ないドルを融通し合う）。

| 1971年 | **ニクソン＝ショック**…ドルと金の交換が**ついに一時停止**に。
▶ドル＝ショック　　　　　　　▶＝固定相場制の一時放棄。

| 対策 | **スミソニアン協定**…**固定相場制の再構築**をめざす。
アメリカを貿易黒字にし、**金保有量の回復**を。

- ドル安（アメリカにとって輸出有利）へ
- 円高（アメリカのライバル国に輸出不利）へ

| but | アメリカの赤字は止まらず。
1973年に**変動相場制**へ移行。

KEY TOPICS 通貨体制の変遷

●円相場の推移

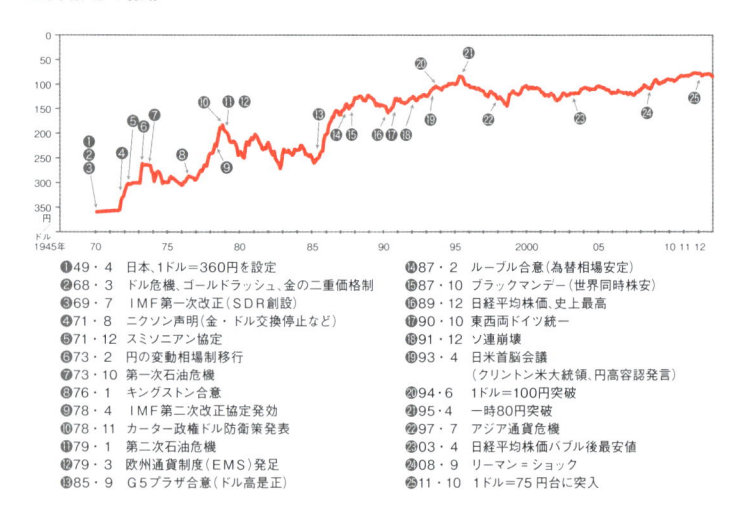

❶49・4　日本、1ドル＝360円を設定
❷68・3　ドル危機、ゴールドラッシュ、金の二重価格制
❸69・7　IMF第一次改正（SDR創設）
❹71・8　ニクソン声明（金・ドル交換停止など）
❺71・12　スミソニアン協定
❻73・2　円の変動相場制移行
❼73・10　第一次石油危機
❽76・1　キングストン合意
❾78・4　IMF第二次改正協定発効
❿78・11　カーター政権ドル防衛策発表
⓫79・1　第二次石油危機
⓬79・3　欧州通貨制度（EMS）発足
⓭85・9　G5プラザ合意（ドル高是正）
⓮87・2　ルーブル合意（為替相場安定）
⓯87・10　ブラックマンデー（世界同時株安）
⓰89・12　日経平均株価、史上最高
⓱90・10　東西両ドイツ統一
⓲91・12　ソ連崩壊
⓳93・4　日米首脳会議
　　　　　（クリントン米大統領、円高容認発言）
⓴94・6　1ドル＝100円突破
㉑95・4　一時80円突破
㉒97・7　アジア通貨危機
㉓03・4　日経平均株価バブル後最安値
㉔08・9　リーマン＝ショック
㉕11・10　1ドル＝75円台に突入

金本位制

　世界の為替のあり方は、戦後しばらくは**固定相場制**、そしてその後は**変動相場制**に移行した。戦前はそのどちらでもなく、**金本位制**が採られていた。

　金本位制は**通貨と金の交換を保証する**もので、通貨の価値は非常に安定する。しかし不況などが起こると、不安な自国の通貨よりも、安心できる金を持ちたがるため、**金の海外流出が止まらなくなり、金不足から制度が崩壊**する。実際、世界恐慌の直後に各国は金不足になって金本位制を離脱し、他国通貨を信用できなくなった結果、貿易の縮小と**ブロック経済**が起こり、最後には植民地の少ない国が暴れ出して第二次世界大戦に突入した。

固定相場制から変動相場制へ

戦後**ブレトン＝ウッズ体制**の下で誕生した**固定相場制**は、**アメリカドルだけが金と交換でき、各国はそのドルを使って貿易を行う**という「**変形の金本位制**」だった。これで各国は金保有量を気にせず貿易を行えるようになったが、**今度はアメリカ1国の信用不安から制度崩壊の危機**を迎えることになった。

その後の1971年には、ニクソン大統領が金とドルの交換停止を宣言する**ニクソン＝ショック**があり、同年の**スミソニアン協定**では固定相場制の再構築を図ったが、制度維持は難しく、ついに1973年、固定相場制は崩壊し、**変動相場制**へと移行した。

自由貿易体制

戦後の自由貿易体制である**GATT**（1995年より**WTO**）についても、戦争原因を除去し、自由貿易を確保できる体制になるよう工夫がなされている点に注意しながら学んでおこう。

●GATT／WTO参加国数と発展途上国の割合の推移

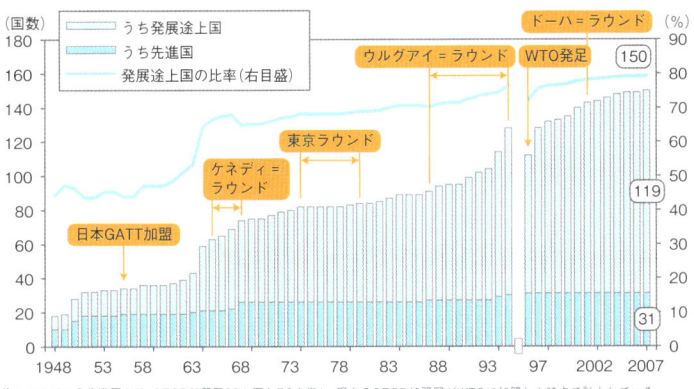

注：ここでいう先進国とは、OECD加盟国30か国とECを指し、現在のOECD加盟国がWTOに加盟した時点で計上している。

一問一答でキーワードチェック!

問題

1. 　❶　と金の交換を保証する**金本位制**は、**国の信用低下が「金流出→制度崩壊」**につながるため、　❷　後に崩壊し、世界貿易は縮小した。その後各国は、自国と植民地との間の　❸　に傾斜し、それが結果的に第二次世界大戦につながった。

2. 戦後世界では**通貨価値の混乱を防ぐ**ため、　❶　協定に基づいて　❷　（国際通貨基金）と　❸　（国際復興開発銀行）を設立し、さらには**貿易の縮小を防止**するため　❹　（関税と貿易に関する一般協定）を結んだ。

3. IMFは為替の安定を図って、　❶　を導入した。これはアメリカドルを　❷　（貿易用の決済通貨）としており、アメリカドルのみを金と交換可能とする　❸　である。またIMFは　❹　（通貨交換の制限）を原則禁止とし、赤字加盟国への**短期融資**も行った。

4. IBRDは別名「　❶　」とも呼ばれ、**戦後復興費用**と**途上国への援助用資金**を貸し出した。この融資は　❷　である。

解答

❶ 兌換紙幣
❷ 世界恐慌
❸ ブロック経済

❶ ブレトン＝ウッズ
❷ IMF
❸ IBRD
❹ GATT

❶ 固定相場制
❷ 基軸通貨
❸ 金ドル本位制
❹ 為替制限

❶ 世界銀行
❷ 長期融資

40. ブレトン・ウッズ体制とその崩壊

問題

5. (a) **GATTは単なる協定名**であり、1995年に ❶ となった時、**初めて正式な国際機関に昇格**した。

(b) GATTは**自由貿易**を守るため、❷ の引き下げと ❸ の撤廃を監視した。ただし例外的な ❹ （緊急輸入制限）は認めている。

(c) また**無差別平等主義**に基づき、1国に与えた条件は全加盟国に適用する ❺ と、自国民に与えた条件は全加盟国に適用する ❻ を採用した。さらに二国間交渉ではなく**多国間**での ❼ を奨励した。

6. 日本は1964年、**為替制限**可のIMF ❶ 条国から不可能なIMF ❷ 条国に移行した。また、日本は1963年に**輸入数量制限**可能なGATT ❸ 条国から、不可能なGATT ❹ 条国へ移行した。

7. (a) アメリカは1960年代より国際収支が悪化し、金の海外流出が進行した。ドル不足対策としてIMFは、第三の通貨である ❶ を創設したが効果が薄く、1971年ついに**ドルと金の交換停止が宣言**された（ ❷ ）。

(b) 各国は固定相場制再構築のため ❸ を結んだが、アメリカの赤字はその後も止まらず、1973年に ❹ へと移行した。

解答

❶ WTO（世界貿易機関）
❷ 関税
❸ 非関税障壁
❹ セーフガード
❺ 最恵国待遇
❻ 内国民待遇
❼ ラウンド交渉

❶ 14
❷ 8
❸ 12
❹ 11

❶ SDR
❷ ニクソン＝ショック（ドル＝ショック）
❸ スミソニアン協定
❹ 変動相場制

第2部 経済分野

センターレベルにチャレンジ!

次の問題の正誤を判定せよ。

問題

1 金本位制は通貨価値の安定を図るためには優れた制度だが、国の信用と対外支払い額が下がり続ければ、制度が維持できなくなる危険がある。

2 金本位制の崩壊後、国際貿易は減少し、各国は次第にブロック経済へと突入していった。

3 1944年に締結されたブレトン=ウッズ協定により、通貨体制の安定と自由貿易体制が模索され、IMF・IBRD・GATTの3つの国際機関が設立された。

4 固定相場制は、ドルだけを基軸通貨とし、ドルだけを金と交換可能とする金ドル本位制であった。

5 IBRDは、通貨価値の安定と戦後復興資金の貸出のために設立され、その融資は短期融資である。

6 GATTは、関税の撤廃や最恵国待遇、貿易当事国間での積極的な貿易交渉の促進などを目的としている。

7 GATTは工業製品の貿易だけを扱ったが、WTOはサービス貿易や知的所有権の問題も扱う。

8 米の国際収支悪化に伴い、固定相場制は制度維持が危ぶまれ始めたが、IMFはSDRと呼ばれる第三の通貨を発行してドル不足に対処した。

9 ニクソン=ショックでドルと金の交換が停止された後、IMF主要国はスミソニアン協定を結んで主要国の為替レートを変更し、固定相場制の再構築を図った。

10 国際通貨体制で見た場合、1973年以前をスミソニアン体制、以後をキングストン体制という。

40. ブレトン・ウッズ体制とその崩壊

解答 & 解説

1	×
2	○
3	×
4	○
5	×
6	×
7	×
8	×
9	○
10	○

1 対外支払い額は「上がり」続けないと、金流出からの制度崩壊につながらない。

2 金と交換できる通貨がなくなれば、他国通貨を受け取ることが怖くなり、自国と同じ通貨を使っている植民地との貿易が増える（＝**ブロック経済**）。

3 GATTだけは「**機関**」ではなく「**協定**」。機関設立は模索されたが、当時、米ソ対立などがあり断念した。

4 固定相場制では、**唯一金と交換可能なドルだけを貿易通貨にして、他国通貨はすべて「1ドル＝いくら」で表示**させる。そうすれば金保有国がアメリカのみでも、通貨価値は安定する。

5 通貨価値の安定をめざすのはIMF。さらにIBRDは経済力の弱い戦後復興国や途上国に資金を貸すのだから、**長期融資で気長に返済を待つ**ことになる。

6 関税は「撤廃」とあるが、できれば撤廃の方が自由貿易の方向性にかなうから、この表現は問題ない。しかし「貿易当事国間での交渉」ではなく「**多国間交渉**」。

7 GATTでは**ウルグアイ＝ラウンドから農産物の交渉**も始まっている。

8 **SDR（IMF特別引出権）**は、俗に金・ドルに次ぐ「**第三の通貨**」と呼ばれてはいるが、通貨ではなく単なる権利。

9 固定相場制の下では、ドルと金がセットで各国間を動くから、アメリカにドルが返ってくれば、セットで金も返ってくる。だから**アメリカを貿易黒字にしようとした**。

10 正しい文。このまま覚えておこう。

41 南北問題・地域経済統合

■南北問題

途上国と先進国の経済格差の問題。

原因 植民地時代以降の<u>モノカルチャー経済</u>→<u>累積債務</u>
  ▶特定の一次産品のみに依存。 ▶特に中南米

● 先進国に原因あり→解決に**先進国の協力**は不可欠。

対策

- **UNCTAD**（国連貿易開発会議）…**途上国からの要求**が結集する場（1964年〜）。

  - 途上国からの輸入品を低関税に（＝**一般特恵関税**）。
  - 一次産品の価格安定化／途上国への**援助**（GNP比1％を希望）。
    ▶ただし全体的には「**援助**よりも**貿易を**」。

  全体的に控え目→ but **石油危機**後は**強気で対等な要求**へ。

- **新国際経済秩序**（**NIEO**）宣言…**国連資源特別総会**（1974年）にて。

  - **天然資源の恒久主権**…ウチの国の資源は永久にウチのものと認めろ。の承認
    ▶**資源ナショナリズム**の考え
  - 一次産品**値上げ**
  - **多国籍企業**（特に**メジャー**（**国際石油資本**））の規制

■南南問題

途上国間の経済格差の問題。

- LDC（後発途上国）
  vs
- NIES／産油国
  ／BRICsなど

NIES 新興工業経済地域
特に**アジアNIES**（韓国・香港・台湾・シンガポール）は「**四匹の小竜**」と呼ばれるほどまでに発展。

BRICs ブラジル・ロシア・インド・中国
資源や人口が多く、潜在的経済力は大きい。

■欧州の統合

ドイツ・フランスを中心に統合が進む（→※イギリスは**消極的**）。

- ECSC（欧州**石炭鉄鋼**共同体）
- EEC（欧州**経済**共同体）
- EURATOM（欧州**原子力**共同体）

三者が統合して
EC（**欧州共同体**）に
（1967～1993年）

- 原加盟国は6か国→最大時12か国へ（イギリスも途中参加）。
- **単一国家同様**の市場作り。

   まず「**域内関税の撤廃**＋対外共通関税」から始める（＝関税同盟）。
   ➡1993年「**市場統合**」（＝**人・モノ・カネ・サービスの自由移動**）実現。

- **将来的な通貨統合**の準備…
  - **域内だけ固定相場制**を継続。
  - **ECU**（ユーロの前身）の実験的使用。

⬇

● **マーストリヒト**条約より**EU**（**欧州連合**）へ。

- 市場＋**政治統合**（共通の安保・議会・司法など）＋**通貨統合**をめざす。
- 単一通貨**ユーロ**を1999年に導入。2002年から一般流通スタート。
  ▶発行はECB（欧州中央銀行）／各国通貨は廃止（ただし**一部不参加国**もあり）。
- **旧東欧も参加**（2004年）し現在27か国に（※**旧東欧**は**NATO**にも加盟）。
- **EU憲法**採択（2004年）…ただし**国民投票否決国**が出たため**未発効**。

■その他の地域経済統合

- **APEC**（**アジア太平洋経済協力会議**）…日本・アメリカ・オーストラリア・ASEANなど。
- **AFTA**（**ASEAN自由貿易地域**）…ASEAN（東南アジア諸国連合）加盟国
- **NAFTA**（**北米自由貿易協定**）…アメリカ・メキシコ・カナダ。
- **MERCOSUR**（**南米南部共同市場**）…ブラジル・アルゼンチンなど。
  ※どれも**EUほどの入念な準備・実効力はない**。

第2部 経済分野

KEY TOPICS 南北問題・地域経済統合

● 地域経済統合の経済規模（2010年）

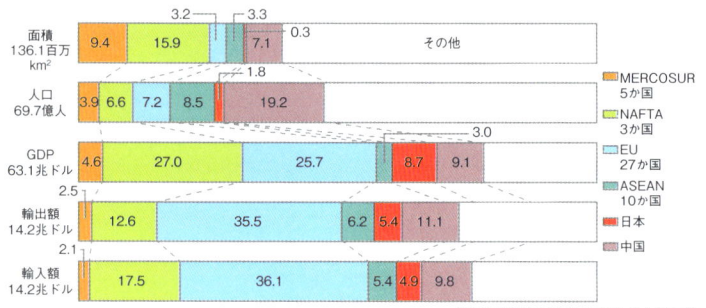

	MERCOSUR 5か国	NAFTA 3か国	EU 27か国	ASEAN 10か国	日本	中国	その他
面積 136.1百万km²	9.4	15.9	3.2	3.3	0.3	7.1	その他
人口 69.7億人	3.9	6.6	7.2	1.8	8.5	19.2	
GDP 63.1兆ドル	4.6	27.0	25.7	3.0	8.7	9.1	
輸出額 14.2兆ドル	2.5	12.6	35.5	6.2	5.4	11.1	
輸入額 14.2兆ドル	2.1	17.5	36.1	5.4	4.9	9.8	

（『世界国勢図会2012/13』などより作成）

　途上国と先進国の経済格差の問題を**南北問題**という。この問題は、**先進国による植民地支配がきっかけ**で起きた。途上国は**モノカルチャー経済**を強要され、経済構造が不安定になり、そのせいで中南米のような多額の**累積債務**を抱える国が生まれてしまったんだ。

　この問題を解決するために、途上国の意見を集約する場が、**UNCTAD（国連貿易開発会議）**だ。当初は控え目だった途上国の要求も、**石油危機を境にようやく強気**になってきた。

　欧州統合の動きはドイツ・フランスを中心に進み、その後ECからEUへと進むにつれ、次第に当初の**戦後復興を目的とするものから、巨大な経済エリア構築をめざすものへと発展**してきた。

　その欧州では**市場統合**と**通貨統合**がすでに実現しており、共通の市場・通貨の強みが存分に発揮されている。しかし、その反面、近年は**ギリシア**から始まった**欧州債務危機**の問題が欧州全体に影響を与えるなど、**悪い方向に欧州全体が引っぱられるという問題も顕在化**しつつある。

世界の主な地域経済統合

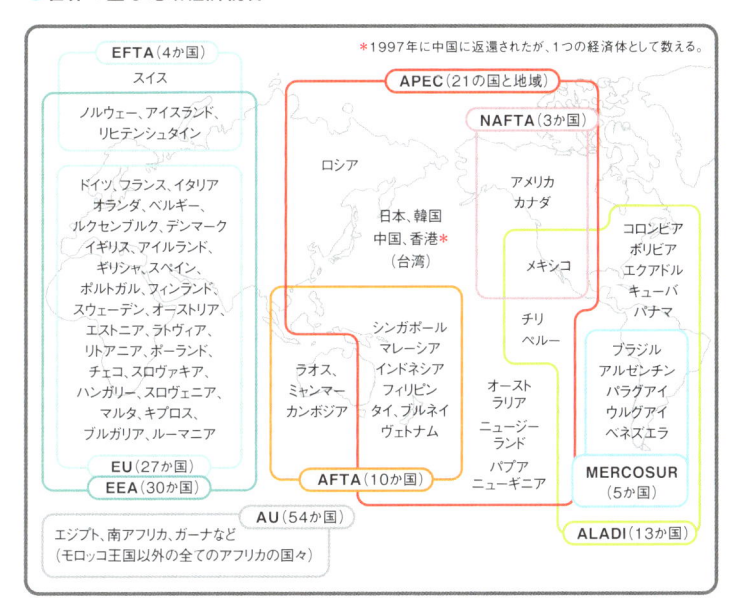

```
EFTA（4か国）
  スイス
  ノルウェー、アイスランド、リヒテンシュタイン

*1997年に中国に返還されたが、1つの経済体として数える。

APEC（21の国と地域）
  NAFTA（3か国）
    アメリカ、カナダ
    メキシコ
  ロシア
  日本、韓国、中国、香港*（台湾）
  チリ、ペルー
  オーストラリア、ニュージーランド
  パプアニューギニア

EU（27か国）／EEA（30か国）
  ドイツ、フランス、イタリア、オランダ、ベルギー、ルクセンブルク、デンマーク、イギリス、アイルランド、ギリシャ、スペイン、ポルトガル、フィンランド、スウェーデン、オーストリア、エストニア、ラトヴィア、リトアニア、ポーランド、チェコ、スロヴァキア、ハンガリー、スロヴェニア、マルタ、キプロス、ブルガリア、ルーマニア

AFTA（10か国）
  シンガポール、マレーシア、インドネシア、フィリピン、タイ、ブルネイ、ヴェトナム
  ラオス、ミャンマー、カンボジア

MERCOSUR（5か国）
  ブラジル、アルゼンチン、パラグアイ、ウルグアイ、ベネズエラ

ALADI（13か国）
  コロンビア、ボリビア、エクアドル、キューバ、パナマ

AU（54か国）
  エジプト、南アフリカ、ガーナなど（モロッコ王国以外の全てのアフリカの国々）
```

二国間や地域間の協定

- 自由貿易協定（**FTA**）…財・サービスの貿易自由化。
- **経済連携協定（EPA）**…FTA＋「投資ルール・知的財産権」なども含めた包括的な自由化。

日本の主要なEPAの現状

締結	シンガポール	2002年11月発効	フィリピン	2008年12月発効
	メキシコ	2005年4月発効	ASEAN	2008年12月発効
	マレーシア	2006年7月発効	スイス	2009年9月発効
	チリ	2007年9月発効	ベトナム	2009年10月発効
	タイ	2007年11月発効	インド	2011年8月発効
	インドネシア	2008年7月発効	ペルー	2012年3月発効
	ブルネイ	2008年7月発効		
交渉中	韓国	2003年12月〜（04年11月から中断）		
	中東湾岸諸国	2006年5月〜		
	オーストラリア	2007年4月〜		

(外務省資料)

一問一答でキーワードチェック!

問題

1. (a) 途上国は、先進国に植民地として支配されていた当時、❶ 経済(特定の一次産品への特化)を強要された。そのせいで経済が不安定になり、❷ などの問題が発生した。
   (b) ❷ 問題に関する重要用語には、❸ (**支払猶予令**。返済の一方的停止)、❹ (**返済繰り延べ**。返済の延期)、❺ (**債務不履行宣言**)などがある。

2. 途上国の意見を先進国に伝える場として設立された ❶ では、当初、途上国からの輸入品を低関税に抑える ❷ の導入や ❸ の価格安定化、GNP比 ❹ %の援助(後に **0.7%** に)などの要求が出された。しかし全体的には ❺ に見られるような「**援助よりも貿易を**」求める方向性だった(その後「**援助も貿易も**」へ)。

3. 第一次石油危機後の ❶ で、途上国は ❷ 宣言を発表し、先進国に対して **天然資源の** ❸ の承認、一次産品の値上げ、❹ (**国際石油資本**)をはじめとする **多国籍企業** の監視など、**対等な貿易** を要求した。

解答

❶ モノカルチャー
❷ 累積債務
❸ モラトリアム
❹ リスケジューリング
❺ デフォルト

❶ UNCTAD(国連貿易開発会議)
❷ 一般特恵関税
❸ 一次産品
❹ 1
❺ プレビッシュ報告

❶ 国連資源特別総会
❷ 新国際経済秩序(NIEO)
❸ 恒久主権
❹ メジャー

41. 南北問題・地域経済統合

問題

4. 途上国間の経済格差を ① というが、近年は韓国・香港などの ② だけでなく ③ （ブラジル・ロシア・インド・中国）の台頭もあり、最貧国である ④ （後発途上国）は苦しい立場に立たされている。

5. ECSC（欧州 ① 共同体）に始まった欧州統合の動きは、EC（欧州共同体）末期の1993年に ② を実現した後、EU（欧州連合）へと移行した。EUでは市場統合だけでなく、 ③ 統合と ④ 統合がめざされ、1999年に単一通貨である ⑤ が導入された。

6. 2004年には ① がEUと ② に加盟した。同年 ③ 条約が採択されたが、**フランス・オランダなどが国民投票で否決したため、発効していない。**

7. 二国間や地域間での財・サービスの貿易自由化の協定を ① 、そこに投資ルールや知的財産権まで加えたより包括的な協定を ② という。近年はアメリカ・カナダ・ASEANなどを加えたより自由度の高い ③ への参加交渉が注目されている。

解答

①**南南問題**
②**アジアNIES**
③**BRICs**
④**LDC**

①**石炭鉄鋼**
②**市場統合**
③**政治**
④**通貨**
⑤**ユーロ**

①**旧東欧諸国**
②**NATO**
③**EU憲法**

①**FTA（自由貿易協定）**
②**EPA（経済連携協定）**
③**TPP（環太平洋経済連携協定）**

センターレベルにチャレンジ!

次の問題の正誤を判定せよ。

問題

1 南北問題の主要因は、途上国を植民地支配した先進国が、途上国のモノカルチャー経済を阻害して自らの経済体制を強要したことである。

2 UNCTADの場で、途上国は先進国に関税率や貿易品目の扱いについて要求を伝えたが、その方向性は一貫して「援助よりも貿易を」だった。

3 第一次石油危機後の国連資源特別総会において、途上国は資源ナショナリズムの立場から、企業活動の監視も含めた対等な貿易要求を行った。

4 南南問題は最貧国(LDC)とBRICs・アジアNIES等の経済格差の問題で、LDCの大部分はアフリカにある。

5 BRICsとアジアNIESに共通しているのは、どちらも豊富な資源・人材・生産力を保有している点である。

6 欧州統合は、イギリス・フランス・ドイツを中心に進められている。

7 EC期には各国間で共通通貨ECUが使われ、EUでは各国通貨を廃止して単一通貨とし、ユーロを導入した。

8 EC末期には市場統合が実現し、加盟国間での人・モノ・金・サービスの自由移動が実現した。

9 EUは市場と通貨だけでなく、議会や安全保障・市民権も含めた政治統合もめざしている。

10 EUには旧東欧諸国も加盟しており、加盟国間には共通の憲法・EU憲法も適用されている。

11 TPPはEPAの一種だが、自由化の例外品目が設定できないため、交渉の難航が予想される。

41. 南北問題・地域経済統合

解答 & 解説

1 ✗ **モノカルチャー経済**は特定の一次産品に依存する経済体制で、先進国から特定の一次産品の生産を強要された結果生まれたもの。

2 ✗ 1960年代は「**援助よりも貿易を**」だったが、1970年代からは「**援助も貿易も**」となった。

3 ◯ **資源ナショナリズム**は「うちの資源はうちの国家・民族のもの」という意識。自国資源が先進国と渡り合う武器になると気づき、途上国は強気になった。

4 ◯ 南南問題についての正しい文。

5 ✗ これらは**BRICs**だけの特徴。**アジアNIES**は逆に、これらすべてが乏しいから、技術力で勝負した。

6 ✗ 欧州統合では、**イギリスは常に消極的**。

7 ✗ ECUは欧州通貨制度の計算単位として実験的に作られた単位で、一般流通するものではない。

8 ◯ ECからEUでは、単一国家同様の経済体制作りをめざしている。

9 ◯ 実際EUには**欧州議会**があり、18歳以上の加盟国民が有権者となって各国比例代表で議員を選出する。またEUの最高意思決定機関である**欧州理事会**議長を、**EU大統領**と呼ぶ。

10 ✗ **EU憲法**の方は**フランス・オランダが国民投票で否決したため未発効**。2009年のリスボン条約で代用している。

11 ✗ TPPは加盟国が多くなる分、例外品目が設定しにくいが「**できない**」わけではない。

42 日米貿易摩擦、ODA（政府開発援助）

■日米貿易摩擦

1960年代 繊維・食品などで摩擦。

1970年代 前半：鉄鋼→後半：カラーテレビで摩擦。

1980年代

| 産業構造の転換完了 | ＝ | 加工組立型→自動車
知識集約型→半導体 | 摩擦の本格化 |

日本の対応
企業の輸出自主規制／現地生産の拡大
内需拡大（＝公共事業等で需要増やして輸入拡大へ）

摩擦は消えず

1988年 アメリカの**通商法301条改正**…不公正貿易国への一方的制裁法。
▶＝スーパー301条

1989年 アメリカが日本を不公正貿易国と特定し、スーパー301条を適用へ。
▶日本はGATTへ提訴。

日米構造協議…日本に「市場開放」を要求。

- 大規模小売店舗法の緩和…アメリカから出店しやすくしろ。
- 独占禁止法の強化…排他的な系列取引をなくせ。
- 公共投資の拡大…内需拡大して輸入を増やせ。

大筋で合意。
↓
スーパー301条
解除

1993年 日米包括経済協議 　日本に「**アメリカからの輸入増（数値目標**示せ）」を要求。
➡ but 交渉決裂（特に自動車は、日本がWTOに提訴）。

1995年 アメリカ、対日本車でスーパー301条の適用を発表（法復活）。

↓

日本企業「**輸出自主規制＋輸入数値目標**」を自主的に発表。
➡これで和解し、スーパー301条は適用されなかった。

■ODA(政府開発援助)

途上国への公的な贈与・貸付。→**GNI比0.7%**が国際目標。

> OECD(経済協力開発機構。俗に「**先進国クラブ**」)に設置されているDAC(開発援助委員会)が、援助目標などを設定。

主な内容
- 資金援助…相手国への贈与や貸付。
- **技術移転**…主に機材などを提供して使い方を指導。
- **人材育成**への協力…専門家の派遣、留学生受入支援。
- 国内外の**NGO(非政府組織)への資金協力**。

ODA大綱の「**ODA実施4原則**」=
▶政府の方針
- ❶環境・開発の両立。
- ❷軍事目的の使用は不可。
- ❸相手国の軍拡路線移行への注意。
- ❹相手国の民主化・人権保障に注意。

日本のODAとその問題点

日本のODA
- 総額は世界第**5**位(※1990年代は**10年連続世界一**だった。)
- 対**アジア**が多い(**戦後補償**込み。)
- **アンタイドローン**(=使い道指定なし)比率が高い。
- 政府は**対アフリカODA増額**の方針(民主・自民とも)。

問題点

- GNI比が低い…**0.18**%はアメリカの**0.20**%と並ぶ**ワースト水準**。
- **贈与相当部分の比率**が低い…43.4%(→※DAC平均は88.0%)
  ▶グラント=エレメント
- 相手国の需要を無視…単なる**公共事業の海外輸出に近い**ものも多い。
  ▶→政府・商社・ゼネコンなどの談合。

KEY TOPICS 日米貿易摩擦・日本のODA

●日米中貿易関係（2011年度）

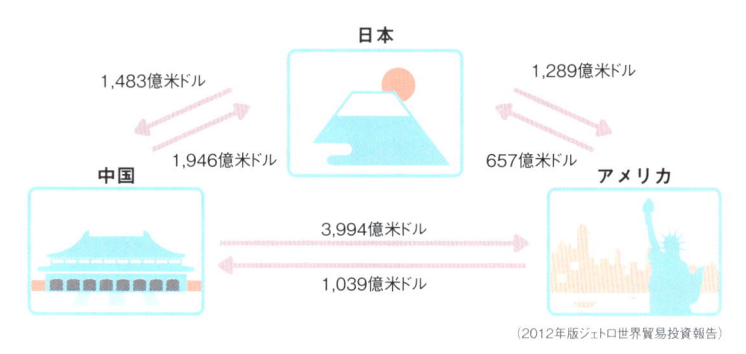

日本 ← 1,483億米ドル ← 中国
日本 → 1,946億米ドル → 中国
日本 → 1,289億米ドル → アメリカ
日本 ← 657億米ドル ← アメリカ
中国 → 3,994億米ドル → アメリカ
中国 ← 1,039億米ドル ← アメリカ

（2012年版ジェトロ世界貿易投資報告）

日米貿易摩擦の歴史は、日本の得意産業の歴史でもある。なぜなら日米貿易摩擦とは、「日本が得意産業のモノを売りすぎ、アメリカのモノを全然買わない」ことによる摩擦だからだ。

その摩擦が1980年前後より本格化した。**第二次石油危機**後の不況を、日本は欧米への輸出攻勢で乗り切ったが、アメリカは**レーガノミクス**（レーガンの経済政策）の失敗が重なって財政・貿易の「双子の赤字」に苦しんだ。そのころからアメリカで**ジャパン＝バッシング**（日本叩き）が激しくなり、ついにアメリカが**不公正貿易国に報復関税をかける制裁法であるスーパー301条**をちらつかせる二国間交渉の時代へと入っていくんだ。

ODA（政府開発援助）は、かつては日本が世界最大の供与国だった。ところが長引く不況で減額が続き、ついに今日では**第5位**にまで転落しちゃったんだ。その供与先も、かつての**アジア**中心から、次第に資源獲得競争の流れを受けて、**アフリカ**寄りへとシフトしつつある。ODAのあり方は時代とともにどんどん変わるから気をつけよう。

貿易摩擦に関連する内容

途上国扱いから先進国扱いへ

・GATT**12**条国→**11**条国(=購入の数量制限ができない)への移行(1963年)。
・IMF**14**条国→**8**条国(=通貨交換制限ができない)への移行(1964年)。

⬇

● この後、日本は**OECD**(=**先進国クラブ**)に加盟し、このあたりから**先進国の一員として貿易自由化の圧力**を受け始める。
・**資本の自由化**(1967~1973年)=**外国企業の日本への直接投資**の自由化。
　　　　　　　　　　　　　　▶つまり「外国企業の日本進出」。
➡現実には旧財閥系企業集団の**系列取引**(=グループ内だけでの取引)や政府の規制などで、**うまく機能していない**。

● **主要国のODAの動向**

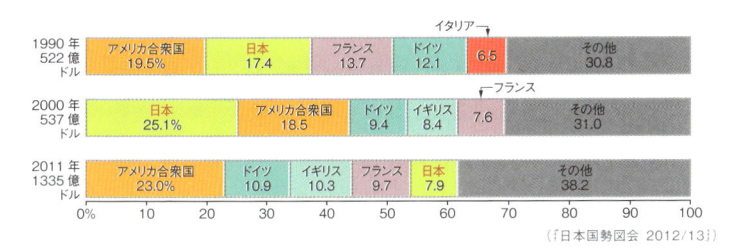

1990年	522億ドル	アメリカ合衆国 19.5% / 日本 17.4 / フランス 13.7 / ドイツ 12.1 / イタリア 6.5 / その他 30.8
2000年	537億ドル	日本 25.1% / アメリカ合衆国 18.5 / ドイツ 9.4 / イギリス 8.4 / フランス 7.6 / その他 31.0
2011年	1335億ドル	アメリカ合衆国 23.0% / ドイツ 10.9 / イギリス 10.3 / フランス 9.7 / 日本 7.9 / その他 38.2

(『日本国勢図会 2012/13』)

● **ODAの対GNI(GNP)比率の国際比較**

	ODA総額(億ドル) 2010年	ODA総額(億ドル) 2011年	2011年対GNI比(%)
アメリカ	303.5	307.5	0.20
ドイツ	129.9	145.3	0.40
イギリス	130.5	137.4	0.56
フランス	129.2	129.9	0.46
日本	110.2	106.0	0.18
オランダ	63.6	63.2	0.75
スウェーデン	45.3	56.1	1.02
カナダ	52.1	52.9	0.31
ノルウェー	45.8	49.4	1.00
オーストラリア	38.3	48.0	0.35
スペイン	59.5	42.6	0.29
イタリア	30.0	42.4	0.19
スイス	23.0	30.9	0.46
デンマーク	28.7	29.8	0.86
ベルギー	30.0	28.0	0.53
フィンランド	13.3	14.1	0.52
韓国	11.7	13.2	0.12
オーストリア	12.1	11.1	0.27
アイルランド	9.0	9.0	0.52

日本とアメリカの対GNI比の小ささを見よ! 金額は上位のこの2国も、GNIが大きいためこんなに%が低い。
日米は2007年、OECDから「**ODA貢献度ワースト**」といううれしくないお墨付きをもらった。

(注)外務省資料による。支出純額ベース。2011年は暫定値。東欧向け等を含まない。
(『日本国勢図会 2012/13』)

第2節 経済分野

一問一答でキーワードチェック!

問題

1. (a) **日米貿易摩擦**は、1960年代には**繊維・食品**などの分野で起こり、1970年代前半は ①、後半は ② と続き、1980年代の ③ と ④ から本格化した。
 (b) 日本は貿易摩擦への対策として、輸出の ⑤ ・ ⑥ の拡大・ ⑦ 策などを講じたが解消せず、激しい ⑧ (日本叩き)に遭った。

2. (a) 1988年、アメリカは通商法301条を改正して ① とし、日本の ② ・ ③ ・ ④ の3品目に対して ⑤ をかけた。
 (b) 1989年に開かれた ⑥ 協議において、アメリカは ⑦ 法の緩和・ ⑧ 法の強化・ ⑨ の拡大など、一連の**市場開放**を要求した。

3. 1993年の ① 協議では、アメリカは**規制緩和と輸入増**を要求したが、その際日本に輸入の ② を示すよう求めたことで交渉は決裂した。その後アメリカは、**対日本車でのスーパー301条適用を発表**したが、日本企業が自主的に ② を発表したことで、その**適用は回避**された。

解 答

❶ 鉄鋼
❷ カラーテレビ
❸ 自動車
❹ 半導体
❺ 自主規制
❻ 現地生産
❼ 内需拡大
❽ ジャパン=バッシング

❶ スーパー301条
❷ 人工衛星
❸ 木材
❹ スーパーコンピューター
❺ 報復関税
❻ 日米構造
❼ 大規模小売店舗
❽ 独占禁止
❾ 公共投資

❶ 日米包括経済
❷ 数値目標

42. 日米貿易摩擦、ODA（政府開発援助）

問題

4. 先進国から途上国への公的な贈与・借款を ① （政府開発援助）という。その援助目標は ② （経済協力開発機構）内の ③ （開発援助委員会）が設定し、目標数値はGNI比 ④ ％である。

5. ODAは相手国への資金援助だけでなく、 ① や ② 協力・ ③ への資金協力も含まれる。また日本政府のODAに対する方針として ④ が発表されている。

6. 日本のODAには、供与総額が多い（世界第 ① 位。1990年代は**10年連続世界一**）・ ② 向けが多い・ ③ （使い道指定なしの**ヒモなし援助比率**）が高いなどの特徴がある。また、近年は対 ④ ODA増額を発表している。

7. 日本のODAには、 ① 比が低い（2011年の数値で0.18％）・ ② （贈与相当部分の比率）が低い・ ③ （使い道指定ありの**ヒモつき援助**）の一部が相手国の需要とかみ合っていない、などの問題点がある。

解答

❶ODA
❷OECD
❸DAC
❹0.7

❶技術移転
❷人材育成
❸NGO
❹ODA大綱

❶5
❷アジア
❸アンタイドローン比率
❹アフリカ

❶GNI
❷グラント＝エレメント
❸タイドローン

センターレベルにチャレンジ！

次の問題の正誤を判定せよ。

問 題

1(a) 1960年代に繊維製品で始まった日米貿易摩擦は、1970年代には鉄鋼・カラーテレビにシフトし、1980年代の自動車・半導体で本格化した。

1(b) 摩擦対策として、日本は現地生産方式や内需縮小政策を実施したが、日本叩きの風潮は収束しなかった。

2 1989年、アメリカはスーパー301条を発動し、日本の主要な輸出品目に対して報復関税をかけた。

3 日米構造協議では、アメリカは日本に市場開放を求め、大規模小売店舗法の緩和や公共投資の拡大などを求めた。

4 日米包括経済協議では、アメリカは日本に対して輸入数値目標の設定を要求し、日本政府がそれを承諾することでスーパー301条の適用を回避した。

5 OECDは先進国から途上国に働きかける機関で、その下部機関であるUNCTADが援助目標などを決定する。

6 ODAは先進国から途上国への贈与・借款で、そこには資金援助だけでなく、技術移転や人材育成、NGOへの資金協力も含まれる。

7 ODAについての日本政府の大まかな指針はODA大綱で示され、具体的な行動計画は政府開発援助法に規定される。

8 日本のODAは、従来アジア向けが多かったが、資源獲得の必要から、近年は対アフリカODAを増額させる方針を発表している。

9 日本のODAは、対GNI比は高いものの金額は少なく、また贈与比率が低いことなどが問題視される。

42. 日米貿易摩擦、ODA（政府開発援助）

解答 & 解説

1(a) ○
1(b) ✕
2 ✕
3 ○
4 ✕
5 ✕
6 ○
7 ✕
8 ○
9 ✕

1(a) 日米貿易摩擦についての正しい文。思っている以上によく出るから、しっかりおさえておこう。

1(b) 内需は「拡大」策。つまり公共事業を増やして国民の需要を刺激し、モノを買わせようとする試み（国民が国産品を買えば、その分輸出に回す分が減る）。

2 1989年のスーパー301条は、人工衛星・木材・スーパーコンピューターと、主要な輸出品目以外に報復関税をかけてきた。

3 この時の市場開放要求とは「デパートなどの出店規制をなくし、排他的な旧財閥系の系列取引をなくし、内需を刺激する」こと。

4 いったん交渉が決裂した後、日本企業が自主的に輸入数値目標を発表したことで、スーパー301条の適用は回避された。

5 OECDの下部機関はDAC（開発援助委員会）。

6 ODAについての正しい文。

7 ODAは法律にはなっておらず、内閣が閣議決定したODA大綱で大枠の方針が定められるのみである。

8 日本のODAには戦後補償の観点もある。日韓基本条約と同時に結んだ協定で、韓国は戦後賠償請求権を放棄し、日本はその見返りも込めて多額の経済援助（つまりODA）を実施した。

9 日本のODAは、対GNI比は低いが金額は多い方で、贈与比率は低いのが特徴。なお、なぜかODAの単元では、GNPではなくGNI（国民総所得）で出ることが多い。

43 環境問題(1)
世界規模の環境問題とその対策

■世界規模の環境問題

●オゾン層の破壊

フロンガス使用　　　　オゾン層破壊　　　**紫外線直射**
▶スプレー等で使用　　　　　　　　　　　▶健康被害

対策　モントリオール議定書（1987年）

1995年末までに**特定フロンの製造・使用を全廃**。
　　　　　　　▶途上国は先進国に20年遅れて全廃へ。

●酸性雨

工場の煙や排ガス　　　大気中を　　　**周辺国に酸性雨**
┌硫黄酸化物（SOx）　　長距離移動　　▶森が枯れる
└窒素酸化物（NOx）　　　　　　　　　▶遺跡の破壊

対策　長距離越境大気汚染条約（1979年）などはあるが、対策は欧州中心。

●ダイオキシン：農薬やプラスチックの燃焼→発ガンや身体の障害

対策
- バーゼル条約（1989年）…有害廃棄物の越境移動禁止。
- ダイオキシン類対策特別措置法（1999年）

  排出量の大幅削減をめざす。
  ▶ゴミの高温処理でほぼ実現。

●環境ホルモン（＝内分泌かく乱化学物質）

ダイオキシン類が原因？→**ホルモンを混乱させ生殖異常**など発生。
▶まだ法的対策なし。　　▶『奪われし未来』（コルボーン）より注目。

●その他の環境問題への対策

・砂漠化防止条約（1994年）…熱帯雨林の減少・砂漠化の進行への対処。

・ワシントン条約（1973年）…絶滅のおそれのある野生動植物の種の国際
　　　　　　　　　　　　　　取引に関する条約。

・生物多様性条約（1992年）…
- 生物資源の保全と利用
- 遺伝子資源から得る利益の公平な分配。

- **ラムサール条約**（1971年）…湿地保全（→水鳥の生息地として重要）。

● **地球温暖化**

化石燃料の消費 → **温室効果ガス発生** ▶ CO_2、メタンなど → 極地の氷が溶け、**海面の上昇などが発生。**

対策
- **気候変動枠組み条約**（1992年）…あまり具体性がない。
- **京都議定書**（1997年）…**各国の具体的な削減数値目標**を設定。
  ▶ EU8%、アメリカ7%、日本6%。

➡ 先進国全体で**1990年比5.2%削減**を（2008～2012年で）。

特徴 **排出権（量）取引**…各国間で%の売買可（国家間＋企業間）。
▶ **森林吸収**分でも%を相殺可。

問題

- アメリカが離脱
  （世界第2位の排出国）
- 途上国は目標設定をせず。
  ▶ 中国は1位・インドは4位の排出国。
- 2013年～の目標設定なし。

➡ **ポスト京都議定書**（2013年～）では「**アメリカ・中国・インドの参加＋途上国の目標設定**」が重要だったが、結局「**現状の議定書延長**」で合意した。

その他
- **IPCC**（気候変動に関する政府間パネル）
- ゴア（映画『不都合な真実』で温暖化危機を訴えた。）

➡ **ノーベル平和賞**を受賞。

■環境問題への地球規模での取り組み

・**国連人間環境会議**（1972年・ストックホルム）…「**かけがえのない地球**」

成果
- **人間環境宣言**…「**経済成長→環境保護**」への転換を。
- **国連環境計画**（**UNEP**）…環境対策の中心機関。

・**国連環境開発会議**（＝**地球サミット**・1992年・リオデジャネイロ）

スローガン 「**持続可能な開発**」…
- 環境＋開発の両面を重視。
- 開発権の**世代間公平**を保持。

成果
- 気候変動枠組み条約／生物多様性条約／森林原則声明
- **リオ宣言**（憲法的文書）／**アジェンダ21**（行動原則）

KEY TOPICS　世界規模の環境問題

●CO₂国別排出割合（2010年）

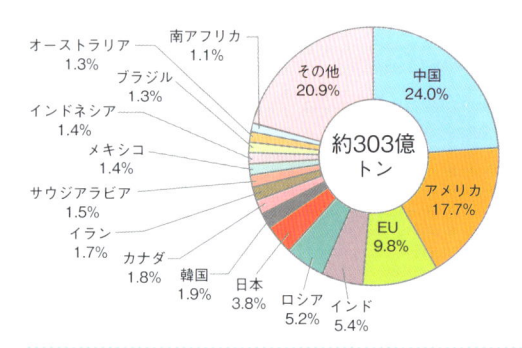

- その他 20.9%
- 中国 24.0%
- アメリカ 17.7%
- EU 9.8%
- インド 5.4%
- ロシア 5.2%
- 日本 3.8%
- 韓国 1.9%
- カナダ 1.8%
- イラン 1.7%
- サウジアラビア 1.5%
- メキシコ 1.4%
- インドネシア 1.4%
- ブラジル 1.3%
- オーストラリア 1.3%
- 南アフリカ 1.1%

約303億トン

（環境省資料より）

　地球環境問題が注目され始めたのは、世界が戦後復興〜高度成長をとげていた1960年代あたりからだ。その頃**カーソン**は『**沈黙の春**』で、ローマクラブは『**成長の限界**』でそれぞれ**環境問題の危機を訴え**、ついに1970年代、世界は**国連人間環境会議**で「**かけがえのない地球**」について**地球規模で討議**をするまでに至った。

　そのような地球環境に対する危機意識が大いなる転換点を迎えたのが、1992年の**地球サミット**だ。スローガンは「**持続可能な開発**」。ここで注目すべきは、**対策が環境保護対策一辺倒ではなく、ちゃんと人間にとってのおいしい部分・「開発」にも目が向けられている**点だ。

　今までの環境保護は、いわば無理なダイエットだった。つまり「おいしいものを食べ過ぎて太っちゃったから、今日から絶食しよう」みたいな形だ。でもそんな無理は、いつまでも続くはずがない。それよりも人間にとっておいしい部分も残した方が、ダイエットは無理なく続けられる。こうした無理のない環境対策を表したものが「**持続可能な開発**」というスローガンなんだ。

　この優れたスローガンは、20年以上を経た今でもまだ輝いている。だから**環境問題を見る際には、常にこの**「**持続可能な開発**」**を軸に考え**る習慣を身につけよう。

●リオ宣言とアジェンダ21

1992年の国連環境開発会議（＝地球サミット）で採択された。

- **リオ宣言**…「持続可能な開発」のための<u>憲法</u>的文書。

  - 開発権の世代間公平（現在＋将来）
  - 条約等の実現／国内法の整備
  - 女性、先住民、地域社会の役割
  - 各国の責任（共通だが差異あり）

  アジェンダ21で具体化をめざせ！

- **アジェンダ21**…具体的な**行動計画**。

  - 人口、貧困問題の解決
  - 森林保全、野生生物保護
  - 砂漠化、オゾン層の破壊防止

  途上国の問題がメイン。
  ↓
  ODA増額（GNI比0.7％）の再確認。

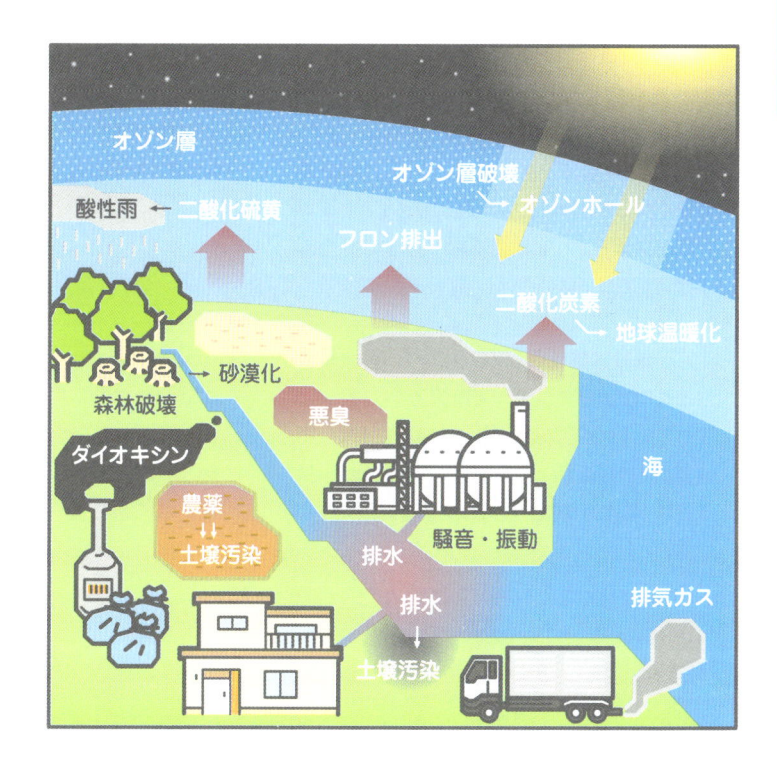

第2部 経済分野

335

一問一答でキーワードチェック!

問題

1. ❶ の使用で起こる**オゾン層の破壊**対策として ❷ が採択されたことで、先進国は**1995年末までに特定フロンガスの製造・使用を全廃**した。

2. **酸性雨**は、工場の煙や排気ガスに含まれる ❶ （SOx）や ❷ （NOx）が**大気中を長距離移動**することで**発生**する。対策として ❸ 条約などがある。

3. **ダイオキシン**は、**農薬やプラスチックの燃焼で発生**する。国際的な対策としては ❶ 条約、国内的な対策としては ❷ 法など、規制法がある。また ❸ （**内分泌かく乱化学物質**）による汚染もダイオキシン類が原因とされるが、原因物質はまだ完全には特定されてはいない。

4. **地球温暖化**は、化石燃料の消費で発生するCO_2などの ❶ が原因となる。対策としてまず1992年に ❷ が採択された。第3回締約国会議（ ❸ ）では ❹ が採択され、**具体的なCO_2削減数値目標**が設定された。

解答

❶ フロンガス
❷ モントリオール議定書

❶ 硫黄酸化物
❷ 窒素酸化物
❸ 長距離越境大気汚染

❶ バーゼル
❷ ダイオキシン類対策特別措置
❸ 環境ホルモン

❶ 温室効果ガス
❷ 気候変動枠組み条約
❸ COP3
❹ 京都議定書

43. 環境問題（1）
世界規模の環境問題とその対策

問題

5. (a) 京都議定書では各国間での **❶**（削減目標％の売買）が認められているほか、**❷** や植林でも％を相殺できる（削減期間は2008～2012年）。

(b) 2007年には、**❸**（気候変動に関する政府間パネル）とアメリカ元副大統領 **❹** がノーベル平和賞を受賞した。

6. 京都議定書は **❶** には温暖化ガスの削減目標の設定がなく、**❷** が離脱するなど、様々な問題があった。また**2013年以降の新たな目標設定**において途上国と対立し、**結局現状の議定書を延長する**ことで合意した。

7. (a) 環境問題への地球規模での取り組みは、「**❶**」をスローガンとする1972年の **❷** 会議より始まった。この時、環境対策の中心機関である **❸** が設置された。

(b) 1992年には「**❹**」をスローガンとする **❺** 会議（＝**地球サミット**）が開かれ、**❻** 条約と **❼** 条約が採択された。さらに環境問題に関する基本理念を示した **❽** と行動原則である **❾** も採択された。

解答

❶ 排出権取引
❷ 森林吸収分
❸ IPCC
❹ ゴア

❶ 途上国
❷ アメリカ

❶ かけがえのない地球
❷ 国連人間環境
❸ UNEP（国連環境計画）
❹ 持続可能な開発
❺ 国連環境開発
❻ 気候変動枠組み
❼ 生物多様性
❽ リオ宣言
❾ アジェンダ21

第2部 経済分野

センターレベルにチャレンジ！

次の問題の正誤を判定せよ。

問題

1 フロンガスの使用などによって引き起こされるオゾン層の破壊は、主に低緯度地域で観測されている。

2 1987年のモントリオール議定書に基づき、前世紀中に全世界で特定フロンの製造・使用は全廃された。

3 SOxやNOxが大量発生した国では、森が枯れる、遺跡が破壊されるなどの被害が観測されている。

4 ダイオキシンは、農薬やプラスチックの燃焼により発生する毒物とされるが、ごみを高温で処理することで発生を防げるとされている。

5 海面上昇の被害が深刻になり、国内に居住できる地域が激減して環境難民が発生し、他国への移住を余儀なくされた国民を抱える国も存在する。

6 京都議定書では、各国の具体的なCO_2削減数値目標が設定されており、また排出権取引や森林吸収分を削減努力と認めるなど、様々な工夫がなされた。

7 京都議定書には、途上国は目標設定していない、CO_2主要排出国の多くが不参加、などの問題があった。

8 2013年以降、京都議定書はさらに厳しい削減目標を設定して生まれ変わった。

9 国連環境開発会議では、気候変動枠組み条約、生物多様性条約などとともに、基本理念を示したリオ宣言と、行動原則であるアジェンダ21が採択された。

10 ラムサール条約は、遺伝子資源から得られる利益を各国に公平に分配することを規定した条約である。

43. 環境問題（1）
世界規模の環境問題とその対策

解答 & 解説

1	✗
2	✗
3	✗
4	○
5	○
6	○
7	○
8	✗
9	○
10	✗

1 低緯度地域とは赤道近くのこと。1980年代に**巨大なオゾンホールが発見されたのは南極上空**だから、高緯度地域。

2 フロンは工業化の過程で必要な物質だから、途上国は**先進国より遅れて全廃**することで合意した。

3 酸性雨は、原因物質発生国ではなく、それが長距離移動した後の周辺国に被害をもたらす。

4 ダイオキシン類はガス化溶融炉などの高温処理できる焼却炉でごみを焼却すれば発生しない。近年問題になることのあるダイオキシンは、古い焼却施設跡地で検出されたものが多い。

5 南太平洋のツバル共和国やキリバス共和国などの島国では、すでに近隣国への移住などが始まっている。

6 京都議定書には、単に頑張って削減をするだけでなく、様々な工夫も含めて結果的にCO_2が減ればよいという考え方が、随所に見て取れる。

7 途上国は温暖化だけでなく、あらゆる環境問題で先進国と対立している。

8 途上国と折り合いがつかず、結局京都議定書の数値目標をそのまま継続延長することで合意した。

9 国連環境開発会議（＝地球サミット）についての正しい文。センターに頻出なので、しっかり覚えておこう。

10 内容は生物多様性条約の一部。ラムサール条約は湿地保全条約。

44 環境問題（2）
日本の公害問題とその対策・リサイクルの動向

■日本の公害問題
日本の公害問題が本格化したのは**高度成長期**から。
●高度成長期の四大公害病

病名	水俣病（みなまた）	イタイイタイ病	四日市ぜんそく	新潟水俣病
原因	有機水銀	カドミウム	亜硫酸ガス	有機水銀
地域	熊本県水俣湾	富山県神通川	三重県四日市市	新潟県阿賀野川

1967年～1969年に提訴 ➡ ●**すべて原告（住民側）が勝訴**。
▶ **公害健康被害補償法**で救済。

公害対策
- **公害対策基本法**（1967年施行）

「**典型七公害**」を規定。公害防止行政の開始。
▶ 大気・水質・土壌・騒音・振動・地盤沈下・悪臭

　　　　　　問題　「**経済との調和**」条項
　　　　　　環境は経済のジャマにならない程度に（＝事実上の**産業優先**）。

※公害国会（1970年）…**公害関連の法整備**。→**環境庁**設置へ。
▶「経済との調和」条項も削除。

- **環境基本法**（1993年制定）…従来の**公害対策基本法を解消**して制定。

- **環境アセスメント法**（＝環境影響評価法・1997年制定）
　大規模開発事業（主に国の公共事業）の環境に与える影響を、**事前に調査**→事業計画の適否を判断。

公害防止行政の目安となるルール
- **汚染者負担**の原則（PPP）…**OECD**で**採択**された国際原則。いわゆる**外部不経済の内部化**。
- **無過失責任**の原則…企業側に過失なくとも、被害が出れば賠償。

■リサイクルの動向

- **循環型社会形成推進基本法**（2001年施行）

  …リサイクル関連法の軸となる法。

- **3つのR**… 廃棄物処理の優先順位　**リデュース** ▶発生抑制　**リユース** ▶再使用　**リサイクル** ▶再生利用

- **拡大生産者責任**…企業は「生産→**使用**→**廃棄**」まで一定の責任。

個別のリサイクル関連法

- **容器包装リサイクル法**（1997年施行）
  - 自治体　すべての容器包装ゴミの**回収義務**。
  - 企業　自治体から引き取り、**再商品化**（＝リサイクル）**義務**。
    - ▶※ただし**缶**は**再商品化義務なし**（自治体の回収のみ）。

- **家電リサイクル法**（2001年施行）

  家電四品目（＝冷蔵庫・洗濯機・エアコン・テレビ）
  - 小売店　回収義務
  - メーカー　再商品化（＝リサイクル）義務
  - 消費者　**リサイクル費用の負担義務**

  〔費用負担を嫌って**不法投棄**の増加。〕

- **自動車リサイクル法**（2002年制定）

  自動車購入時に、消費者がリサイクル費用を上乗せして支払う。

その他の用語

- **グリーン購入法**（2000年制定）…国や地方公共団体が極力環境負荷が小さいものを購入することを推進する。
- **ゼロ・エミッション**…資源の連鎖でめざす「**廃棄物ゼロ計画**」。
- **コジェネレーション**…エンジンなどの**廃熱を、動力や熱に利用**。
- **デポジット**方式…「**空き容器の返却→代金の一部返還**」方式。
  - ▶法制化はされていない。

KEY TOPICS 日本の公害問題・リサイクル

日本の公害問題

　公害問題は工業化の進展とともに発生する。だから日本の公害問題も、**明治の殖産興業期に官営工場が**設立されたあたりから始まっている。

　しかし問題が本格化したのは、高度経済成長期からだ。この時期は企業優先・産業優先の経済成長政策が採られたため、**企業の公害（いわゆる外部不経済）を政府が**黙認し、公害問題が深刻化していった。しかし1960年代後半に**四大公害病**訴訟が起こると、ようやく政府が重い腰を上げ、公害対策に乗り出したんだ。

　そして1992年の**地球サミット**を契機に、さらに公害対策は徹底されていく。日本はやや取りかかりが遅い面はあるが、**企業への排ガス規制の徹底など、世界最高レベルに厳しい環境基準**で問題に取り組んでいるものも多い。

リサイクル

　公害・環境問題から派生して、廃棄物処理の一形態として、近年

はリサイクルに対する関心も高まっている。日本でも様々な個別のリサイクル関連法が制定されている。

そしてそれらを束ねる法律が、循環型社会形成推進基本法だ。この法律では廃棄物処理の優先順位である「3つのR」(リデュース→リユース→リサイクル)や、従来までの生産者責任(生産段階で欠陥商品がないか)の考え方を拡大させた「拡大生産者責任」の考え方などが規定されている。

● リサイクル関連法

環境基本法

環境基本計画
循環(自然循環、社会の物質循環)

循環型社会形成推進基本法(基本的枠組み法)

循環型社会形成推進基本計画
国の他の計画の基本

- 社会の物質循環の確保
- 天然資源の消費の抑制
- 環境負荷の低減

廃棄物の適正処理　　　　　　　　　　　　リサイクルの推進

廃棄物処理法

環境大臣が定める基本方針
↓
廃棄物処理施設整備計画(2008年3月公表)
2008年〜2013年の5か年計画
事業量 ➡ 達成される成果
(事業費)　(アウトカム目標)

資源有効利用促進法

・識別表示
・1R

3R
リデュース
リユース
リサイクル

代表的な個別法

容器包装リサイクル法	家電リサイクル法	食品リサイクル法	建設リサイクル法	自動車リサイクル法
ビン　ペットボトル　紙製・プラスチック製容器包装等	エアコン、冷蔵庫等	食品残さ	建設廃材等	自動車

| グリーン購入法 | 公的機関が率先して再生品などの調達を推進 |

(環境省資料など)

▶ 一問一答でキーワードチェック！

問題

解答

1. 高度経済成長期の**四大公害病**は、熊本県の ① （有機水銀）・富山県の ② （カドミウム）・三重県の ③ （亜硫酸ガス）・新潟県の ④ （有機水銀）である。これらは1960年代後半に裁判が行われ、**すべて原告（住民側）が全面勝訴**した。

❶ 水俣病
❷ イタイイタイ病
❸ 四日市ぜんそく
❹ 新潟水俣病

2. 1967年に ① 法が施行されたことで、② （**大気汚染・水質汚濁・土壌汚染・騒音・振動・地盤沈下・悪臭**）が指定されたが、同法第1条には「 ③ 」条項があるなど、取組姿勢は甘かった。

❶ 公害対策基本
❷ 典型七公害
❸ 経済との調和

3. 1970年にはいわゆる「 ① 」が開かれ、公害関連の法整備が進んだ。その時**経済との調和条項の削除**とともに ② 設置法ができ、 ② が設置された。

❶ 公害国会
❷ 環境庁

4. （a）1993年、前年に開催された ① 会議を受けて、日本でも ② 法が制定され、従来の ③ 法は廃止された。

（b）また1997年には ④ 法が制定（OECD加盟国中最後）され、大規模事業への事前調査と環境への影響評価が行われることとなった。

❶ 国連人間環境
❷ 環境基本
❸ 公害対策基本
❹ 環境アセスメント

5. 公害行政の基本原則には、汚染した者がお金を負担（＝**外部不経済の内部化**）する

44. 環境問題（2）
日本の公害問題とその対策・リサイクルの動向

問題

　□❶□（PPP）と、企業側に法的過失がなくても、被害との因果関係が立証されれば損害賠償する□❷□がある。

6. 2000年に**リサイクル関連法**の軸となる法として□❶□が制定された（施行は2001年）。同法には廃棄物処理の優先順位である「**3つのR**」（□❷□・□❸□・□❹□）や、生産者の責任を使用・廃棄段階にまで求めた□❺□の規定がある。

7. (a) □❶□は、容器包装ごみの**企業への再商品化を義務づける**法だが、□❷□は再商品化義務の対象になっていない。
　(b) □❸□は、□❹□（**冷蔵庫・洗濯機・エアコン・テレビ**）に関して、**自治体**に□❺□義務、**メーカー**に□❻□義務、**消費者**に□❼□義務をそれぞれ課している。

8. (a) □❶□法では、国や地方公共団体などに対して環境物品調達などに努力義務を要請している。□❷□（廃棄物ゼロ計画）と空き容器などの□❸□制についての**法律は未制定**である。
　(b) □❹□は、廃熱を冷暖房や給湯などに利用するしくみである。

解答

❶汚染者負担の原則
❷無過失責任の原則

❶循環型社会形成推進基本法
❷リデュース
❸リユース
❹リサイクル
❺拡大生産者責任

❶容器包装リサイクル法
❷缶
❸家電リサイクル法
❹家電四品目
❺回収
❻再商品化
❼リサイクル費用の負担

❶グリーン購入
❷ゼロ・エミッション
❸デポジット
❹コジェネレーション

第2部 経済分野

センターレベルにチャレンジ!

次の問題の正誤を判定せよ。

問題

1 高度経済成長期に発生した四大公害病訴訟では、すべての裁判で原告である住民側が勝訴した。

2 高度経済成長期の公害被害は、企業の外部不経済を政府が黙認したことで深刻になったといえる。

3 1967年に施行された公害対策基本法は、公害の種類と対策を具体的に規定し、公害対策の厳しい規制を盛り込んだ実効力のある法律だった。

4 1993年に環境基本法が制定され、従来の公害対策基本法とともに、公害行政の新たな指針となった。

5 大規模開発事業の影響を事前に調査する環境アセスメント法を、日本は京都議定書を採択した1997年に世界に先駆けて制定した。

6 循環型社会形成推進基本法では、廃棄物処理の優先順位を定めるとともに、従来より拡大された企業責任の考え方が示された。

7 容器包装リサイクル法では、すべての容器包装ごみに関する自治体の回収義務と、同じく企業の再商品化義務が規定されている。

8 家電リサイクル法では、特定の家電製品に関して、小売店・メーカー・消費者の三者がそれぞれリサイクル費用の負担義務を負わされている。

9 2000年に制定されたグリーン購入法は国や地方公共団体が、できる限り環境負荷の小さなものを購入することを推進するものである。

44. 環境問題（2）
日本の公害問題とその対策・リサイクルの動向

解答 & 解説

1 ○
2 ○
3 ×
4 ×
5 ×
6 ○
7 ×
8 ×
9 ○

1 四大公害病訴訟についての正しい文。

2 **外部不経済**は市場の失敗の1つで、「売り手・買い手以外の人に不利益をもたらす」こと。こういう出題のされ方もよくするので注意。

3 第1条に「**経済との調和条項**」があったことを考えると、「厳しい規制を盛り込んで」はいなかった。同条項は**1970年**の「**公害国会**」で**削除**された。

4 **環境基本法**が制定されたことで、**従来の公害対策基本法は廃止**された。これは頻出なのでしっかり覚えよう。

5 日本が**環境アセスメント法**を制定したのは、**OECD加盟国の中で最も遅い**。

6 廃棄物処理の優先順位とは「**リデュース→リユース→リサイクル**」の「**3つのR**」のこと。問題文の後半は商品の「使用・廃棄」にまで生産者の責任を求める「**拡大生産者責任**」の考え方についての文章。

7 自治体の義務は正しいし、缶も含むが、「同じく」と書かれると、企業が同法の対象外品目である**缶**も再商品化義務を負うことになるから×。

8 **小売店には「回収義務」、メーカーには「再商品化義務」**と、役割分担方式で、それぞれ義務の内容が違うので注意。

9 **グリーン購入法**についての正しい文。

45 資源・エネルギー問題

■石油利用とその問題

● 枯渇が懸念される**石油利用のあり方**が、最大のテーマ。

- **一次エネルギー利用**…そのまま使う（車のガソリンなど）。
- **二次エネルギー利用**…加工する（電力など）。

⬇

> 日本では1960年代に**エネルギー革命**があり**石油依存度**が高まったが、**石油危機**を経て徐々に下がりつつある。

対策

- 価格が上がれば**海底油田などの開発**が進む。➡ **確認埋蔵量**の増加へ。
  ▶採掘して採算の合う埋蔵量
- 省エネルギー＋**バイオマス**（生物エネルギー）などの実用化。
- 燃費の良い車への乗り換え ➡ 自動車税の**グリーン化**税制を導入（2001年）。
  ▶燃費が良い→減税／燃費が悪い→増税
- **原子力**への転換… **長所** 再利用可／枯渇しにくい／温暖化対策

政府は2030年までに原子力発電の比率を「全体の30→50％」までupする予定だったが、**震災後の原発事故で計画は白紙**に。
▶54基あった原発は2012年5月までに**稼動ゼロ**に（2か月だけ）。

■原子力エネルギーとその問題

世界の主な原発事故…放射性物質の漏れや**臨界事故**などの発生

- スリーマイル島の放射能漏れ事故（アメリカ・1979年）
- **チェルノブイリ**原発事故（旧ソ連・1986年）
- **福島**第一原発での炉心溶解・水素爆発事故（日本・2011年）

  福島原発事故後の発電割合の変化
  2011年1月：火力54％／原子力24％／水力その他21％
  ⬇
  2012年1月：**火力74％／原子力4％**／水力その他22％

日本の原子力行政

- ❶**経済産業省**が推進。
- ❷原子力委員会（内閣府）が助言・提言。
- ❸**原子力安全・保安院**が企業等を規制。

➡ ❶と❸は同じ省なのに方針が矛盾。

▶経産省内

● 2012年「**原子力規制委員会**」設置。❷❸をまとめて移管。
　　　　▶環境省の外局として。

各国の動向

国により方針が分かれる（ドイツは全廃予定／フランスは推進）。

- **ドイツ**　メルケル首相は2022年までに**全廃**を宣言。
- **フランス**　全電力の**75%以上が原子力**（推進国）。

核燃料サイクル（再利用）のあり方

・**プルサーマル**…「ウラン＋**再処理使用済みウラン**（＝**プルトニウム**）」
　　　　　　　＝**MOX燃料**を使う。

・**高速増殖炉**…「MOXからウランを**消費量以上に増殖**」できるはずの画期的
　　　　　　　システム（　but　福井県の「**もんじゅ**」で事故）。

■今後注目されるエネルギー

バイオエタノール燃料　トウモロコシなどを原料とする**バイオマスの一種**。
　➡　but　穀物価格upの懸念。温暖化対策にならず。

シェールガス　炭化水素を含むシェール岩石から取れる**天然ガス**。
アメリカに莫大な埋蔵量があるが、温暖化は進行する。

再生可能エネルギー　風力・地熱・太陽光など、**自然界から無尽蔵に取り出してできるエネルギー**。
　➡2011年「**再生可能エネルギー法**」成立。
　　電力会社に買取義務へ。

第2部 経済分野

KEY TOPICS 日本の資源・エネルギー問題

資源・エネルギー問題といえば、少し前までは枯渇が懸念される石油が最大のテーマだった。

しかし、2011年の**東日本大震災**で**大規模な原発事故**が発生したことで、今日は**「原子力を使うべきか否か」が最大の関心事**になっている。

原子力は、うまく使えば非常に燃料効率がよい上に枯渇しにくい。しかも化石燃料を燃やさないため温暖化対策にもなる。しかし一旦事故が起こったら、取り返しがつかないほどの惨事になりかねない。政府としても本来ならば原子力メインにシフトする予定だったけど、**福島第一原発**で起きた事故の甚大さと関東一円での**計画停電**のデメリットなどを考えると、**もはや素直に推進するとは言えない状態**になっている。

そこで今日は、石油と原子力に代わるものとして、**再生可能エネルギー**に注目が集まっている。これは風力や太陽光など、**自然界から無尽蔵に取れるエネルギー**で、うまくすれば世界の電力需要をまかなえるほどのエネルギーが期待できる。ただし問題は**安定供給**。これがかなり難しく、今のところ**再生可能エネルギー法**で供給の推進をすることから手探りで取り組んでいるのが現状だ。

● 新しい原子力行政

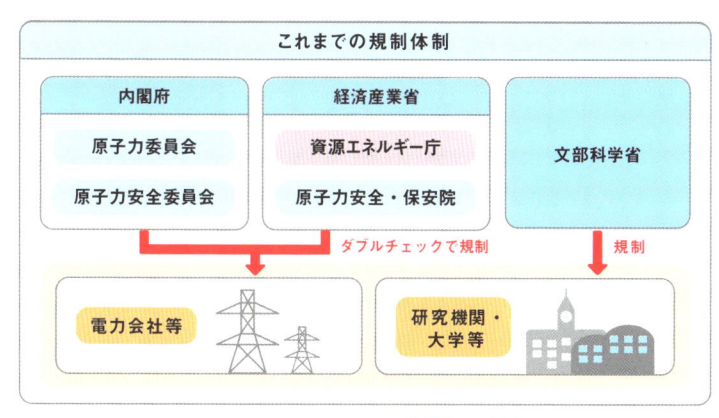

これまでの規制体制

- 内閣府
  - 原子力委員会
  - 原子力安全委員会
- 経済産業省
  - 資源エネルギー庁
  - 原子力安全・保安院

→ ダブルチェックで規制 → 電力会社等

- 文部科学省

→ 規制 → 研究機関・大学等

▼ **規制の一元化**

新しい規制体制

- 環境省
  - 外局: 原子力規制委員会（委員長＋委員4名（国会同意人事））／原子力規制庁（事務局）

→ 規制 → 電力会社・研究機関・大学等

- 経済産業省
  - 資源エネルギー庁

（内閣府資料）

● 再生可能エネルギーとは

枯渇性エネルギー

化石燃料のように利用によって枯渇するエネルギー

⇕

再生可能エネルギー

自然環境の中で繰り返し起こる現象から取り出せるエネルギー

発電分野	熱利用分野
太陽光発電　風力発電　地熱発電　バイオマス発電　中小規模水力発電	太陽熱利用　温度差熱利用　バイオマス熱利用　雪氷熱利用

バイオマス燃料製造

大規模水力発電　海洋エネルギー

※中小規模水力発電は1,000kW以下のもの。地熱発電は、バイナリー方式のものに限る。

（経済産業省資料など）

一問一答でキーワードチェック！

問題

1. 加工せずにそのまま使われるエネルギーを　①　、それを加工して作り出したエネルギーを　②　という。

2. 1960年代に日本では　①　革命があり、　②　から**石油中心**へと代わった。しかし、**石油危機**を契機に　③　は下がった。

3. 石油の取引価格が上がれば、極地や海底を開発しても採算が合い、　①　は増加する。しかし、それにも限りがあるため、省エネルギーや　②　（生物エネルギー）の実用化などに加えて、**原子力への転換**が不可避であると考えられていた。

4. (a) **原子力発電**には、枯渇しにくい、CO_2を出さないため　①　対策になる、再利用が可能である、などの長所がある。核燃料の再利用（**核燃料サイクル**）のあり方には、ウランと　②　を混ぜた**MOX燃料**を使う　③　と、MOX燃料から消費量以上のウランを増殖させる　④　を使った方法とがある。

   (b) 一方、原子力発電の短所は、事故の被害が甚大な点で、**放射性物質の漏れ**や水素爆発、　⑤　事故などが懸念される。実際、アメリカの　⑥　、旧ソ連の　⑦　、日本の**福島**では、原発事故が発生している。

解答

1. ❶**一次エネルギー**
   ❷**二次エネルギー**

2. ❶**エネルギー（流体）**
   ❷**石炭**
   ❸**石油依存度**

3. ❶**確認埋蔵量**
   ❷**バイオマス**

4. ❶**温暖化**
   ❷**プルトニウム**
   ❸**プルサーマル**
   ❹**高速増殖炉**
   ❺**臨界**
   ❻**スリーマイル島**
   ❼**チェルノブイリ**

45. 資源・エネルギー問題

問題

※原子力発電に関する**各国の方針はまちまち**で、ドイツは2022年までに**全廃**を宣言している。一方のフランスは、全電力の75％以上を原発でまかなっている。

5. (a) 日本の原子力行政は　❶　省が推進している。

　(b) 原子力利用の安全を図る　❷　は同省内にあったため、2012年に環境省下に新設した　❸　に移管された。

6. (a) 今後注目されるエネルギーとしては、トウモロコシなどを原料とする　❶　、アメリカに多く埋蔵されており、近年注目されている天然ガスの　❷　、自然界から無尽蔵に取り出せる風力・地熱・太陽光などの　❸　などがある。

　(b) 日本では2011年に　❹　が成立し、**電力会社に電気の買取義務**が生まれた。

解答

❶ 経済産業
❷ 原子力安全・保安院
❸ 原子力規制委員会

❶ バイオエタノール燃料
❷ シェールガス
❸ 再生可能エネルギー
❹ 再生可能エネルギー法

センターレベルにチャレンジ！

次の問題の正誤を判定せよ。

問題

1 自然界から採取したものをそのまま使うエネルギーを一次エネルギー、それを加工して使うエネルギーを二次エネルギーという。

2 日本は1960年代のエネルギー革命より石油依存度が高まって以来、その数値は一貫して上がり続けている。

3 石油資源の枯渇が懸念され価格が高騰してくると、確認埋蔵量は増加する。

4 原子力発電には、ウランの再利用ができる、温室効果ガスを出さないなどの長所があるが、発電コストがかかる、事故の被害が甚大であるなどの短所もある。

5 日本の原子力行政は経済産業省が推進しているが、事故のリスクを考えると、省内に推進を規制する部署を設ける必要性が指摘されている。

6 ドイツは将来的に原発を全廃すると宣言したが、経済規模を考えると、他国の原発に依存することになるとの批判もある。

7 核燃料サイクルのあり方としてはプルサーマルや高速増殖炉があるが、安全性・技術面・コストなどから考えると、実用段階には至っていないのが現状である。

8 近年はバイオエタノール燃料やアメリカで発見されたシェールガスが注目されるが、いずれも穀物価格への影響が懸念される、温暖化対策にならないなどの問題がある。

9 2011年、再生可能エネルギー法が制定されたことで、個人や企業が発電した再生可能エネルギーを電力会社が買い取ることが義務づけられた。

45. 資源・エネルギー問題

解答 & 解説

1 ◯
2 ×
3 ◯
4 ×
5 ×
6 ◯
7 ◯
8 ×
9 ◯

1 考え方は第一次産業（自然界に直接働きかける）・第二次産業（それを加工）と同じ。

2 **石油依存度**は高度経済成長期に上がり、1970年には**72%**に上がった。しかし二度の石油危機を経て次第に下がり、**2010年の震災前では40.1%**まで下がっていた。

3 **確認埋蔵量**は特殊な単語で「**採掘して採算の合う埋蔵量**」の意味。極地や深海に着手しても元が取れるほど原油価格が高騰すれば、確認埋蔵量は増加する。

4 原子力の発電コストは、むしろ火力よりコストはかからない。それより原発のデメリットは、とにかく安全性に問題があること。たとえ100年に1度しか事故がないと言われても、その1度の事故が甚大な被害をもたらす可能性がある。

5 以前は省内に規制機関である**原子力安全・保安院**があったが、方針が矛盾するとの理由から、**外部に原子力規制委員会**が設置された（2012年）。

6 ドイツのメルケル首相は**2022年までの全廃**を発表したが、ドイツの経済規模を維持するには、隣国のフランスの原発から電力を買うことになる可能性が高い。

7 核燃料サイクルについての正しい文。

8 **シェールガス**は岩から取れる天然ガスなので、穀物価格とは無関係。

9 再生可能エネルギー法についての正しい文。ただし**再生可能エネルギー**の一番の問題点は、**安定供給**が可能か否かである。この点もしっかり覚えておこう。

さくいん

あ

INF全廃条約	168、169
IMF14条国	231、313、327
IMF特別引出権（SDR）	309
IMF8条国	231、313、327
ILO102号条約	294、297、299
アイヌ文化振興法	29、33、61
アイルランド共和国軍（IRA）	175
アイルランド問題	175
アウシュビッツ収容所	30、32
アウトソーシング	250、253
アカウンタビリティ（説明責任）	60、64、191、195
赤字	300、302、304
赤字国債	223、231、235
悪臭	344
悪徳商法	256、258
朝日訴訟	60、62、64
アジア＝アフリカ会議	155、157
アジア太平洋経済協力会議（APEC）	317
アジア通貨危機	239
アジアNIES	316、321、323
アジアの一員	168、171
アジェンダ21	333、335、337
アダム＝スミス	183、187
新しい人権	37、62
斡旋	262、263、264、267
圧力団体	132、133、134、137
アパルトヘイト	29、33
アフガニスタン侵攻	155、168、170、173
AFTA	317
アフリカ人権憲章	31
アフリカの年	155
安倍内閣	143
アポイントメントセールス	258
天下り	124、128
アムネスティ＝インターナショナル	31
アメとムチ	294、296、299
アメリカ独立戦争	24
アラファト	178
アリストテレス	13、15
アルカイダ	80
UNCTAD（国連貿易開発会議）	316、318、320
安全保障理事会（安保理）	146、148、151
安全を求める権利	259
アンタイドローン	325、329
安保ただ乗り論	69
安保理（安全保障理事会）	146、148、151

い

EU憲法	317、323
EU大統領	323
委員会中心主義	85、89、91
家永教科書訴訟	52
イェリネック	10、12、19
硫黄酸化物	336
育児・介護休業法	271、275、291
育児休業	288
違憲状態	54、56
意思表明権	29、33
違憲立法審査権（法令審査権）	9、36、40、44、45、48、51、100、102
意見を聞いてもらう権利	259
いざなぎ景気	230、233、235
イスラエル	176
依存効果	261
イタイイタイ病	344
一次エネルギー	352
一次産品	320
一事不再理	57、59
1と2分の1政党制	142、145
一国一票制	146
一国二制度	175、183
一党独裁	182
一般意志	16、19
一般財源	109
一般特恵関税	316、320
一般判例法	15
一般物価指数（GDPデフレーター）	211
1票の格差	56
1府12省庁	125、129
移転収支	300
委任事務	108
委任立法	124、128
違反企業名の公表	275
イラク戦争	81
イラク復興支援特別措置法	77、81
イラン革命	238、242
医療費の3割負担	278
医療保険	280、282、297
岩戸景気	230、234
院外無責任（免責）特権	88
院内発言への免責	84
印パ紛争	174
インフレーション	214、216、218

う

ウィルソン	150
ウェーバー	128
ウェストファリア条約	146、148、150、153
ヴェルサイユ条約	150
疑わしきは罰せず	53
『宴のあと』事件	64
『奪われし未来』	332
浦和事件	95
売りオペ	214
ウルグアイ＝ラウンド	247、249、251、315

え

永久不可侵	36
英・北欧型	297、299
APEC	317
A規約	28、31、32

356

エージェンシー	125
ECU	317
エネルギー(流体)革命	348、352
愛媛玉串料訴訟	52、56
MSA協定	72
選ぶ権利	259
エリザベス救貧法	294、296
エロア資金	234
円高	233、235、238、240、242
円高不況	238、242
円高メリット	238、242

お

黄犬契約	265
王権神授説	19
欧州議会	323
欧州共同体(EC)	317、321
欧州経済共同体(EEC)	317
欧州原子力共同体(EURATOM)	317
欧州債務危機	318
欧州人権条約	31
欧州石炭鉄鋼共同体(ECSC)	317、321
欧州理事会	323
欧州連合(EU)	317、321
大きな政府	22、126、182
大蔵省資金運用部	223、227
大阪空港騒音訴訟	65
大津事件	93、95
ODA大綱	325
公の弾劾	93、97
送り付け商法	258
オサマ=ビン=ラディン	80
オスプレイ	77、81
オスロ=プロセス	165
汚染者負担の原則(PPP)	340、345
オゾン層の破壊	336
オタワ=プロセス	165
思いやり予算	69
オリンピック景気	230、235
恩恵	38、295、299
温室効果ガス	333、336
温暖化	352
オンブズマン	128
オンブズマン制度	124、131

か

買いオペ	214
海外からの純資産	209
海外からの純所得	209
改革・開放政策	182、187
外貨準備増減	300
外貨預金	215
階級政党	132、133、134
外国人参政権	65、67
外国人登録法	61、65
外国人労働者	272、275、304
介護保険	287、288、293
介護保険制度	291
解雇予告義務	266
解散	92、108、112
会社企業	190、192
解釈改憲	68、70、72、75
会社法	191、192、194
回収義務	345
海賊対処法	81
外為法	215、219
ガイドライン	76、80
ガイドライン関連法	76、79、80、83
開発援助委員会(DAC)	329、331
外部経済	200、202
外部不経済	199、200、202、205、342、347
外部不経済の内部化	340、344
下院優越	44、48
価格競争	203
価格の自動調節機能	202
核拡散防止条約(NPT)	162、164
閣議	92
格差社会	270
革新自治体	109、112
拡大再生産	190、194
拡大生産者責任	341、343、345、347
「核なき世界」演説	168、169、171、173
確認埋蔵量	348、352、355
核燃料サイクル	352
「核持ち込み」の密約	77
家計	192
かけがえのない地球	334、337
影の内閣	44、46、48
囲い込み運動	182、186、296
ガザ地区	174、177、178
貸し渋り	241
貸しはがし	241
カシミール地方	174、181
過剰融資	241、242
可処分所得	198
家事労働	211
課税権	24
寡占	199、202
寡占化	201、203
過疎化	255、256
価値尺度	214、218
価値貯蔵	218
課徴金	199、203
GATT	247、249、251、308、309、311、312
GATT11条国	231、313、327
GATT12条国	231、313、327
家電四品目	345
家電リサイクル法	341、345
寡頭制	9
カネ余り	240、242、245
カネミ油症事件	254、258
株式会社	191、192、195
株主	191、192、195
株主総会	191、195
株主代表訴訟	195
下方硬直化	199、201、202
過密化	256
神の見えざる手	187
ガリオア資金	234、307
カルテル	203
過労死	274
為替制限	308、312、313
為替ダンピング	305
官営工業	299、342
環境アセスメント法	340、344、347
環境基本法	340、344、347
環境権	65
環境庁	340、344

357

環境保全	247
環境ホルモン	336
看護師・介護士の受け入れ	
	271、275
慣習	12
慣習法	13
関税	313
関税障壁	301、305
関税と貿易に関する一般協定	
（GATT）	309、312
間接金融	
	190、194、214、230、237
間接税	206、210、226
間接選挙	45、48
間接民主制	16、19
完全競争市場	199、202
完全失業率	271、275
環太平洋経済連携協定（TPP）	
	321
カンボジアPKO	151
官民人材交流センター	
	128、131
管理価格	199、201、203、205
官僚主義	128、131
官僚制	124、126、128、131

き

議員政党	132、135、137
議員特権	86
議院内閣制	
	44、46、48、49、86、92、94、96
議会	16、112
議会解散権	47、49
機関委任事務	108、110、113
基幹産業	230、234
企業	192
企業再生機構	239
企業・団体献金	135
企業別組合	265、270、274、277
気候変動枠組み条約	
	333、336、337
議事機関	112
基軸通貨	312
期日前投票	117、121
技術移転	325、329

基準割引率及び基準貸付利率	
	214、219
規制	124
規制緩和	109、185
規則	100、104
貴族院	43
貴族議員	44
起訴相当	101、105
基礎年金	278、282
起訴猶予処分	105
北大西洋条約機構（NATO）	
	154
北朝鮮	179
キノホルム	258
規模の利益	201、203
君が代不起立	52
金正恩	177
逆ザヤ	251
逆資産効果	243
規約人権委員会	28、32、35
逆進性	222、226
キャスティングボート	134
キャッチセールス	258
キャピタルゲイン	195
牛肉・オレンジの輸入自由化	
	251、253
キューバ危機	
	154、156、163、164
旧ユーゴ問題	174、178
旧敵国条項	151
教育権	27
協会管掌型	278、282
狭義の国民所得（NI）	206、210
供給	200、202
供給曲線	198、200、202、205
狂牛病（BSE）	254、258
共済組合	282
共済年金	278、282
協賛	36、40
共産党総書記	45、49
共産党の一党支配	185、187
教書送付権	45、47、49、51
行政委員会	92、95
行政改革	126
行政改革会議	125、129、131
行政機関	64
行政権の拡大	124、126
行政国家	124

行政裁判	97
行政指導	128
強制的措置	151
行政の民主化	126
供託金	121
協調介入	240、242
共同防衛義務	69、71、73
京都議定書	333、336、339
恐怖からの自由	28、32
業務規制	216、219
狂乱物価	255、259
共和党	49
極東条項	78
許認可	124、128
拒否権	108、112、146、151
緊急集会	88
緊急調整	264、267
緊急勅令	36、40
緊急特別総会	153
金権政治	132
均衡財政	230
均衡点	198、202
銀行の銀行	214、218
欽定憲法	36、38、40
金ドル本位制	308、312
金本位制	308、310、312
金融監督庁	219
金融再生委員会	219
金融再生法	239、243
金融政策	214、218
金融庁	215、219
金融の自由化	215、216、219
金融派生商品（デリバティブ）	
	215、219
金融持株会社	215、219
金利政策	216、219
近隣窮乏化政策	305

く

クーリング＝オフ制度	
	254、259、261
国地方係争処理委員会	115
組合管掌型	278、282
クラウディング＝アウト	
	223、227
クラスター爆弾禁止条約	
	162、163、165

グラスノスチ	155	
グラント=エレメント	325、329	
グリーン購入法	341、345、347	
グリーン税制	348	
クリントン	177、178	
クルド人問題	181	
グローバル	215、219	
グローバル=スタンダード	215、219	
黒字	300、302、304	
グロティウス	11、12、15、146、150、153	
軍備増強義務	69、71、73	
君臨すれども統治せず	22、44	

け

ケアプラン	287、291
ケアマネージャー	291
経営者	192、195
計画経済	182、185、187
計画審理	101、105
計画停電	350
景気変動の調整弁	246、250
経済協力開発機構（OECD）	325、329
経済産業省	349、353
経済主体	192
経済成長優先政策	248
経済成長率	207、208、211
経済的・社会的・文化的権利に関する規約	28、32
経済的自由	53
経済特区	182、187、189
「経済との調和」条項	340、344、347
経済難民	29、33、35
経済の二重構造	246、248、250
経済連携協定（EPA）	275、319、321
警察予備隊	72、75
刑事裁判	97
刑事事件	104
刑事被告人	57
刑事補償請求権	60、64
傾斜生産方式	230、232、234、237

経常移転	300
経常移転収支	304
経常収支	300
軽薄短小型	231、233、235、237
系列企業	246、250
系列取引	324、327
ケインズ	187
ケインズ経済学	183
欠陥商品	256
欠乏からの自由	28、32、35
ゲティスバーグ演説	10
ケネディ	154、156、161、259
ゲリマンダー	116、120
限界効用学派	187
限界集落	286、291、293
献金	134
健康で文化的な最低限度の生活	22、60
健康保険	282
検察審査会	101、105、107
原子力安全・保安院	349、353、355
原子力規制委員会	349、353、355
原子力発電	352
原子力への転換	352
減税	185
建国国債	223
建設的不信任決議制	44
減反政策	247、251
現地生産の拡大	324、328
原発事故	302、350
憲法改正	85
憲法改正の発議	85、89
憲法研究会	37、41
憲法裁判所	102
憲法審査会	37、41
憲法前文	75
憲法第96条	85
憲法第13条	60、62
憲法第25条	60
憲法第28条	264
憲法第41条	88
憲法第43条	88
憲法調査会	37、39、41
憲法問題調査委員会	37、41、43
権利行使の主体	29、33
権利章典	22、24

権利請願	22、24
減量経営	231、235
権力分立	11、27
言論と表明の自由	28、32

こ

ゴア	333、337
コアビタシオン	44、49、51
公営化	117
公益委員	262
公益事業	267
公害	199、211
公害健康被害補償法	340
公害国会	344、347
公開市場操作	214、216、218
公害対策基本法	340、344
交換（流通）手段	218
公企業	192
後期高齢者医療制度	278、279、282、285
高級官僚	49
恒久主権	320
公共財	199、200、202
公共（固有）事務	113
公共投資	328
公共の福祉	22、27、36、52、53、55、57
合計特殊出生率	286、290
抗告	93
合資会社	191、192、197
公私混合企業	192
公衆衛生	280
工場制機械工業	182、186
工場制手工業（マニュファクチュア）	182、186、189
公職選挙法	121
公職追放	138、140、142、145
硬性憲法	36、40、41、43
公正取引委員会	97、199、201、203、205
厚生年金	278、282
交戦権の否認	70、72
控訴	93
構造改革特区	109、113
高速増殖炉	349、352
拘束名簿式	116、120
公訴時効の廃止	101、105

359

公聴会		89
公定歩合操作		214、216、218
公的資金		239、243、245
公的扶助		280、283、296
合同会社		191、192、194、197
高等教育の無償化		28、32、35
高度経済成長		234、340
高度成長の歪み		248
公判前整理手続き		100、103、104、107
幸福追求権		60、62、65
公法		13
公務員の争議権		28、32
公務員の労働三権		263、265、267
合名会社		191
公明党		143
拷問・残虐刑の禁止		57
高齢化社会		288、290
高齢化率		286、288、290
高齢社会		286、288、290
コーク		9
コーポレート＝ガバナンス		191、195
ゴールド＝プラン		287、291
国債依存度		225
国際慣習法		150
国際機関への拠出金		304
国際協調主義		71
国際刑事裁判所		147、151
国際刑事裁判所条約		153
国際原子力機関（IAEA）		162、163、164、167
国債残高		224、225
国際司法裁判所		147、151
国際収支		304
国際収支の天井		230、234、235
国際人権規約		28、30、32
国際石油資本（メジャー）		316、320
国際通貨基金（IMF）		308、312
国際標準（グローバル＝スタンダード）		215、216、219
国際分業		187、301、302
国際法		146、148、150
国際連合		146、148
国際連盟		146、148、150
国事行為		36、41、84、96
国政調査権		85、89
国籍条項		61、65、67
国籍法		52
国体の護持		41、43
国内総生産（GDP）		213
国富		206、208、210、213
国民		36、41
国民皆保険・皆年金		297
国民健康保険		282
国民資産		213
国民主権		8
国民純生産（NNP）		206、210、213
国民純福祉（NNW）		209、211、213
国民所得		206、208、213
国民所得倍増計画		230、234
国民審査		93、97、123
国民生活センター		254
国民政党		132、133、134
国民総所得（GNI）		206
国民総生産（GNP）		206、210
国民投票		36、39、85
国民投票法		37、39、41
国民年金		278、282
国民負担率		286、288、291
国民保護法		77
国連環境開発会議		333、337
国連環境計画（UNEP）		333、337
国連軍縮委員会		162、165
国連軍縮特別総会		165、167
国連資源特別総会		320
国連中心主義		168、171
国連難民高等弁務官事務所（UNHCR）		29、33、61
国連人間環境会議		333、334、337、344
国連平和維持活動（PKO）		148、151
国連貿易開発会議（UNCTAD）		318、320
コジェネレーション		341、345
児島惟謙		95
55年体制		138、140、142、145
55年体制の崩壊		139、140
個人情報保護法		129
個人の尊重		62
護送船団方式		215、216、219、221
コソボ		174、178
誇大広告		256
国家		17
国会審議活性化法		85、89
国会同意人事		85
国家からの自由		24
国家公務員倫理審査会		124
国家による自由		25
国家の三要素		10、12、15
国家賠償請求権		60、64
国家への自由		24
国家法人説		19
国家有機体説		19
国旗・国歌法		139
国権の最高機関		84、86、88
国権の発動		72
国庫支出金		109、113
COP3		336
固定資産税		113
固定資本減耗分		206、210
固定相場制		308、310、311、312
古典学派		187
子ども		288
子ども手当		287、288、291、293
子どもの権利条約		29、33
個別的自衛権		68、73
戸別訪問		117、121
コミンフォルム		161
コメの輸入自由化		249、251
コモン＝ロー		8、13、15
固有（公共）事務		108、113
雇用保険		279、283
ゴルバチョフ		155、157
コングロマリット		203、205
コンツェルン		203
コンプライアンス		191、195

さ

サービス	202
サービス残業	274
サービス収支	300、304
サービス貿易	309
財	202
在外邦人の参政権	117、121
最恵国待遇	309、313

罪刑法定主義	53、57、59	
最高意思決定権	12	
最高裁判所（英）	44、48	
最高法院	48	
再商品化義務	345	
再審請求	64、67	
財政	224	
財政赤字	185	
再生可能エネルギー	349、350、353、355	
再生可能エネルギー法	349、350、353	
財政構造改革法	239	
財政再生団体	109、113	
財政政策	222	
財政投融資	223、227、229	
財政の硬直化	223、227、229	
財政の自動安定化装置	229	
在宅サービス	291	
最低基準	262、266	
最低資本金制度	191、194、197	
最低輸入義務（ミニマム＝アクセス）	247、251	
財テク	238、242	
財投	223	
財投改革	223	
財投機関	223	
財投機関債	223、227、229	
財投債	223	
財閥解体	199、201、203、230、234、237	
裁判員制度	100、103、104	
裁判官	57	
裁判迅速化	105	
再販売価格維持制度	199、203、205	
歳費給付	84	
歳費給付特権	88	
債務不履行宣言	320	
裁量労働制	262、264、266、269	
さきがけ	143	
砂漠化防止条約	332	
サプライサイド経済学	183、187、189	
差別禁止規定	275	
差別的労働の禁止	266	
サリドマイド	258	

サリドマイド事件	254	
残虐刑	28、33、57、59	
産業革命	22、184	
産業構造の転換	231、235、240	
産業再生機構	239	
産業の空洞化	238、245	
産業優先政策	230	
3K	271	
三権分立	13、45、47	
三公社の民営化	125、126、129	
3C	235	
三十年戦争	146、150	
三種の神器	230、234	
三審制	93、97	
酸性雨	336、339	
参政権	22、23、24	
三大雇用慣行	270、274	
三ちゃん農業	247、251	
暫定自治協定	174	
サンフランシスコ平和条約	69	
三位一体改革	109、110、113、115	
三面等価の原則	207、208、210、213	
三割自治	109、113	

し

GHQ民政局	37	
GNP1％枠	69	
GDPデフレーター（一般物価指数）	207、211	
自衛隊	72	
自衛隊の海外派遣	69、73、75	
自衛隊の海外派兵の禁止	69、73、75	
シェールガス	349、353、355	
ジェノサイド禁止	29	
ジェンダー	61	
時間外労働の禁止	266	
私企業	192	
事業税	113	
資金運用部	223、227	
資金管理団体	132、135	
死刑廃止条約	28、29、33、35	
資源ナショナリズム	316、323	
資源の最適配分	198	
資源配分調整	222、226	

自己資本	190、194、197	
自己に不利益な供述・自白の強要の禁止	57	
自己破産	254、256、258、261	
自己保存	18、21	
資産	206	
資産効果	238、243	
事実認定	104	
自主規制	324、328	
自主財源	109	
支出国民所得	207、210	
自主流通米	247、251、253	
市場	200、202	
市場開放要求	324、328、331	
市場からの離脱	202	
市場占有率	203	
市場統合	317、318、321	
市場の失敗	200、202、222	
事情判決	52、59	
市場への参入	202	
私人間適用	52	
次世代育成支援対策推進法	286、291	
施設サービス	291	
事前運動	121	
慈善活動	191	
事前協議制度	69、73、75	
自然権	8、12、17、18、21	
自然状態	17、18	
自然法	8、10、11、12、17、18	
持続可能な開発	333、334、337	
下請企業	246、250	
時短目標	274	
時短目標の設定	270	
自治事務	108、113、115	
市中消化の原則	223、227	
市町村合併	110	
失業保険	279	
執行機関	112	
実質事項	153	
実質成長率	208	
実質値	207、211	
実定法	8、11、13	
疾病保険	296	
実力	68、72	
児童虐待防止法	61	
自動車リサイクル法	341	
児童手当	287、291、293	

361

児童の使用禁止	266	社会保障	222、226	住民税	113
支配権	8	社会保障の財源	297、299	住民投票権	61
地場産業	246、250	社会保障の四本柱	280	住民投票条例	109、115
支払準備率操作	214、216、218	社会保障法	294、297	祝祭日の給与	28、32
支払手段	214、218	社会民主党	143	主権	10、12、15
支払猶予令	320	シャッター街	259	主権国家	146
地盤沈下	344	ジャパン＝バッシング	326、328	主体思想	177
死票	116、120	自由	184	首長	99、112
シビリアン＝コントロール（文民統制）	68	周恩来	155、157	恤救規則	294、295、297
私法	13	集会の自由	52	出入国管理及び難民認定法	275
司法権の独立	93、95、97	衆議院定数訴訟	54	出入国管理法	61、65、271
司法制度改革	103	衆議院定数不均衡	52、56	ジュネーブ軍縮会議（CD）	162、165、167
資本移転	300	衆議院の解散	92、96	守秘義務	100
資本移転収支	304	衆議院の優越	84、86、88、91	需要	200、202
資本家	182、184	19世紀的権利	24	需要曲線	198、200、202、205
資本収支	300	就業規則	266	循環型社会形成推進基本法	341、345
資本集約型産業	305	衆愚制	9	準司法的機能	92、97、99、205
資本主義	186	自由権	22、23、24	準主業農家	251
資本主義の矛盾	22、185	自由権規約	28、32	準通貨	217
資本循環	190、192、194	重工業化	230	準立法的機能	92、97
資本装備率	246、250、253	重厚長大型	231、233、235	上院改革	44、48
資本の自由化	231、327	私有財産	19	常会	84、88
資本の本源的蓄積	186	私有財産制	21	証券投資	305
市民革命	22、23	私有財産の否定	185、187	上告	93
『市民政府二論（統治論二篇）』	16、18	自由主義との協調	171	少子化	290
市民的・政治的権利に関する規約	28、32	重商主義	182、184、186	勝者独占方式	45、48、51
事務総長	147	終身雇用制	270、272、274	小選挙区制	116、120
指紋押捺制度	65	終審裁判	95、97	小選挙区比例代表並立制	116、118、120
シャウプ勧告	230	終審裁判所	93	象徴	36、39、41
社会契約説	16、17、18	修正積立方式	278、282、285	譲渡性預金（CD）	217
『社会契約論』	16、19	集団安全保障	146、148、150、153	常任委員会	89
社会権	22、23、25、27	集団的自衛権	68、73	証人喚問	85、86
社会権規約	28、32	集中豪雨型輸出	238、240、242	常任理事国	148、151
社会主義	187	18世紀的権利	23、24	少年法改正	101
社会主義市場経済	183、187、189	集票	134	消費	210
社会的責任（CSR）	195	周辺事態	78、80	消費者運動	256
社会的動物	13	周辺事態法	76、79	消費者基本法	254、256、259
社会党	143	自由貿易	301、313	消費者契約法	254、259
社外取締役	195	自由貿易協定（FTA）	319、321	消費者庁	254、256
社会福祉	280、283	自由放任	187	消費者の4つの権利	254、256、259
社会法	13	自由放任経済	182、183、186	消費者米価	247、251
社会保険	280、283	自由民権運動	43	消費者保護基本法	254、256、259
社会保険庁の解体	278、282	住民自治	108、110、112		
社会保険の三部作	296	自由民主党（英）	134		
		自由民主党（日本）	138、141、142	消費者問題	256

消費税	226、237	
消費税増税	222	
商品経済	184	
商品情報	202	
商品の同質性	202	
情報開示(ディスクロージャー)	215	
情報公開法	60、64、124、129	
条約	49、150	
条約の承認	88	
昭和40年不況	237	
ショートステイ	287	
殖産興業	299、342	
食の安全	258	
食品偽装	258	
職務給	270、274	
食料安全保障論	251	
食糧管理制度	247、249、251	
食糧管理特別会計	251	
食料・農業・農村基本法	247、251	
助言と承認	36、41、43、92、96	
女子差別撤廃条約	29	
女子参政権	25、27	
職能主義	97	
ショップ制	265	
ジョディ゠ウィリアムズ	163、165	
所得収支	300、304	
所得税	226	
所得の再分配	222、224、226、229	
所得保障	275	
所得捕捉率	222、226	
処分	100、104	
所有と経営の分離	191、192、195、197	
所有物	16、18	
地雷禁止国際キャンペーン	162、163、165	
知らされる権利	259、261	
自立経営農家	247、251、253	
知る権利	60、64、125	
新ガイドライン	76、79、80	
信教の自由	28、32	
人権宣言	24	
人権の包括規定	62	

新国際経済秩序(NIEO)	316、320	
人材育成	325、329	
新自由主義	185、187	
人種差別撤廃条約	29、33	
新食糧法	247、251、253	
心身の故障	97	
人身の自由	53、55、57	
新START	168、169、171	
新生党	141、143	
神聖不可侵	40、43	
新全総	255、259	
新テロ特措法	77	
振動	344	
新農業基本法	253	
真の豊かさ	211	
臣民	36、38、40	
人民	10、12	
人民公社	182	
人民の、人民による、人民のための政治	8、10	
人民のロビイスト	256	
神武景気	230、234	
深夜労働の禁止	266	
「深夜労働の禁止」規定の撤廃	262	
信用創造	217	
森林吸収分	333、337	
森林法共有林分割制限規定	57	
森林法訴訟	53、55、59	
新冷戦	161	

す

水質汚濁	344
垂直的公平	222、226、229
垂直的分業	301、305、307
水平的公平	222、226
水平的分業	301、305
数値目標	324、328
スーパー301条	324、326、328、331
枢密院	37、41
START	168、169、170
STARTⅡ	168
スタグフレーション	218、221、231、235、237
ストック	206、210

スト予告義務	267
ストライキ	262
砂川事件	72
砂川市有地神社違憲訴訟	55
砂川市有地神社訴訟	56
スプロール現象	255
スペンサー	19
スミソニアン協定	231、309、311、313
スモン	258
スモン病	261
スリーマイル島	352

せ

政界再編	143
生活関連社会資本	255
生活自助の原則	294、297、299
生活保護費の減額	283、285
生活保護法	279、283
政教分離	52、55
政教分離の原則	56
政権獲得	134
政権選択	121
政見放送	121
政策金利	219
生産請負制	182
生産国民所得	207、210
生産者米価	247、251
生産責任(請負)制	182、187、189
生産費	206
政治資金規正法	132、133、135
政治統合	317、321
政治不信	138
精神的自由	52
製造業への派遣	274
製造物責任法	254、259
生存権	22、23、25、27、55、60、62、65
『成長の限界』	334
政党交付金	132、135、137
政党助成法	132、133、135、137
政府	192
政府委員の廃止	85、89
政府開発援助(ODA)	326、329
生物多様性条約	332、337

363

政府の銀行	214、218
成文法	13
政務次官の廃止	85、89
整理回収機構	239、243
勢力均衡	150
セーフガード	313
世界恐慌	182、185、186、308、312
世界銀行（IBRD）	308、312
世界人権宣言	28、30、32
世界同時不況	242
世界貿易機関（WTO）	309、313
石炭から石油へ	352
惜敗率	117
石油依存度	348、352、355
石油危機	233、279、316、352
セクショナリズム	128
セクハラ防止義務	271、275
世代間公平	333
絶対王政	184
設備投資	230
説明責任（アカウンタビリティ）	60、64
瀬戸際外交	175、179
セルビア	174、178、181
ゼロ・エミッション	341、345
ゼロ金利	239、245
ゼロ金利政策	243
全会一致制	92、150
尖閣諸島	177
尖閣諸島国有化	179
尖閣諸島問題	175、179、181
選挙管理委員会	115
選挙区	120、121
選挙公営	121
先軍政治	177、179
専決処分	109、113
全国健康保険協会	282
全国人民代表大会	45、49
全国総合開発計画	255、256、259
全国民の代表	86、88
全国労働関係法（ワグナー法）	294、296、299
戦後復興費用	312
戦後補償	331
先住権規定	67

僣主制	9
専守防衛	68、73
先進国クラブ	325、327
潜水艦発射弾道ミサイル（SLBM）	170
『戦争と平和の法』	150、153
戦争放棄	70
全体意志	16、21
全体の奉仕者	123
選択議定書	28
選択的拡大	247、251
遷都論	255、259
専門機関	147
戦略核兵器削減条約（START）	168、170
戦略兵器制限交渉（SALT）	168、169、170
戦略防衛構想（SDI）	155、161
戦力不保持	70、72

そ

騒音	344
総会	151
争議権	262、263、267
総需要抑制政策	231、235
総生産額	206
増税なき財政再建	125、129
相続税	226
SOHO	253
遡及処罰の禁止	53、57、59、101、105、107
族議員	132、135
その他資本収支	300、307
その他投資	305
SALT	168、169、170
尊属殺人重罰規定	52

た

第一次石油危機	231、235、285
ダイオキシン	336、339
ダイオキシン類対策特別措置法	332、336
対外純資産	206
対外独立性	12
大気汚染	344
待機児童	293

大規模小売店舗法	246、248、250、253、328
大規模小売店舗立地法	246、250、255
耐久消費財ブーム	230、234
第五共和政	51
第五福竜丸事件	163、164
第二国定住難民	29
第三の通貨	315
大衆政党	133、134
対人地雷全面禁止条約	162、163、165
大臣政務官	89
大臣任免権	96
大政翼賛会	138、142、145、299
大選挙区制	116
代替財	198、205
大統領	48
大統領制	45、49
大統領選挙人	45、48
タイドローン	329
第二次世界大戦	308
第二次石油危機	238、240、242、326
第二種兼業農家	247、251
第二次臨時行政調査会	125、129
大日本産業報国会	294、295、296、299
大日本帝国憲法	36、38、40
第二の予算	223、227、229
逮捕拘禁権	24
太陽政策	175
第四次中東戦争	235
大陸型	297、299
大陸間弾道ミサイル（ICBM）	170
代理署名	81
兌換紙幣	312
多極化	157
竹島	177
竹島問題	153、175、179
多国間交渉	313、315
多国籍企業	316、320
立会演説会	121、123
DAC	325、329、331
多党化	138、142、145
多党制	116、120

他人資本	190、194、197
タフト＝ハートレー法	294、296、299
ダライ＝ラマ14世	174
タリバン	80
弾劾決議（アメリカ）	45、49、51
弾劾裁判所	85、89、99
団塊の世代	286
短期融資	312
団結権	262、267
男子普通選挙	25
単純労働者	271
男女共同参画社会基本法	61
男女雇用機会均等法	29、271、275
男女同一賃金の原則	266
団体委任事務	113
団体交渉権	262、267
団体自治	108、110、112、115
ダンバートン＝オークス会議	146
ダンピング	305

ち

治安維持法	294、295、296
治安警察法	295、296
小さな政府	22、25、126、182、183、185、186
チェコ事件	154
チェチェン	178
チェチェン紛争	174、181
チェルノブイリ	348、352
地下核実験	164、167
地価・株価	211
地球温暖化	336
地球サミット	333、334、337、342
蓄積	206
地産地消	247、253
窒素酸化物	336
知的財産高等裁判所	101
知的所有権	309
チトー	155、174、178
チベット・ウィグル問題	174

地方交付税交付金	109、113、115
地方自治	36、40
地方自治の本旨	108、110、112
地方税	109、113
地方の政党化	115
地方分権一括法	108、113
チャーチスト運動	22、23、24、27、294、295、296
中央省庁の再編	125、126、129
中間生産物	206、210
中期防	77
中期防衛力整備計画	69、70、72
中距離核戦力（INF）全廃条約	168、169
中国漁船衝突事件	179
中国の国連復帰	155
中古品	211
仲裁	262、263、264、267
中小企業	248
中小企業基本法	246、248、250
中心市街地活性化法	255
中選挙区制	118、120
中ソ対立	154、161
中東戦争	176、178
長期融資	312
長距離移動	336
長距離越境大気汚染条約	332、336
超高齢社会	286、288、290
朝鮮戦争	72
朝鮮特需	230、232、234
超然内閣	43
調停	262、263、264、267
超低金利	242
重複立候補	116、120
直接金融	190、194、197、214
直接税	226
直接請求権	108、110、112
直接選挙	116
直接投資	300、305
直接民主制	16、19、21
直間比率	222、227
賃金	210
『沈黙の春』	334

つ

通貨	217
通貨統合	317、318、321
通信傍受法	139
津地鎮祭訴訟	52、56
積立方式	278、282

て

抵抗権	16、19
デイサービス	287
定住外国人の参政権	117、121、123
ディスクロージャー（情報開示）	195、215
定足数	85
テクノクラート	128
デタント	157
鉄工組合	294、295、296
「鉄のカーテン」演説	154、156
テネシー川流域開発公社（TVA）	186
デフォルト	320
デフレーション	214、216、218
デポジット	341、345
デモンストレーション効果	261
デリバティブ（金融派生商品）	215、219
テロ対策特別措置法	77、80
典型七公害	340、344
天然資源の恒久主権	320
天皇大権	36、40
天賦人権	27

と

ドイモイ（刷新）	183、187
東欧革命	155、157
党議拘束	132、135、137
投資	210
当事者主義	93、97、99
投資収支	300、305
同質	202
道州制	109、113、115
党首討論	85、89、91
投資ルール	309
統帥権	36、40

365

統治権	15	
統治権の総攬	40、43	
統治行為論	68、71、72、75	
統治論二篇（市民政府二論）		
	16、18	
道徳	12	
同輩中の主席	92、96、99	
投票の秘密	123	
ドーナツ化現象	255	
トーリー党	134	
トクヴィル	110、112	
特殊法人	223	
独占	199、202	
独占禁止法		
	199、201、203、328	
特定商取引法	261	
特別委員会	89	
特別抗告	93	
特別国会（特会）		
	84、88、92、99	
特別裁判所		
	93、95、97、99、102	
特別養護老人ホーム	287	
独立企業	246、250	
独立行政法人	125、129	
独立国家共同体（CIS）	155	
独立宣言	24	
特例国債	223、227、229	
ド＝ゴール	51、157、161	
土壌汚染	344	
途上国への援助用資金	312	
ドッジ＝ライン	230、232、234	
ドメスティック・バイオレンス（DV）防止法	61	
トラスト	203	
取締役	191、192、195	
努力義務	275	
トルーマン＝ドクトリン	154	
ドル＝ショック	309、313	
ドル高是正	245	
ドル安	238、240、242	
奴隷的拘束および苦役からの自由		
	53	
ドント式	116、120	

な

内閣総理大臣の指名	84、88	
内閣提出法案	124、128	
内閣の首長	92、96	
内閣の助言と承認		
	36、41、43、96、192	
内閣不信任決議	92	
内閣不信任決議権		
	48、84、89、96	
内国民待遇	309、313	
内需拡大	324、328	
内部留保	190	
内分泌かく乱化学物質	336	
中曽根康弘	56	
長沼ナイキ基地訴訟	68、95	
長沼ナイキ事件	68、73	
流れ	206	
名護市辺野古	81、83	
ナショナル＝ミニマム	280	
NATO	154、317、321	
7条解散	84、96	
NAFTA	317	
なべ底不況	237	
南南問題	321	
南米南部共同市場（MERCOSUR）		
	317	
南北朝鮮問題	175	
南北問題	318	
難民	29	
難民に地位に関する条約（難民条約）	29、33	

に

新潟水俣病	344	
NIES	316	
NIEO	316、320	
ニクソン＝ショック（ドル＝ショック）	309、311、313	
二次エネルギー	352	
二重処罰の禁止	59	
20世紀的権利	25	
二大政党制	48、116、120	
日銀短観	218	
日銀法改正	218、221	
日米安全保障条約	71、73	
日米安保共同宣言	76、80、83	
日米構造協議	324、328	
日米地位協定	69、73	
日米防衛協力のための指針（ガイドライン）	80	
日米貿易摩擦	240、242、328	
日米貿易摩擦の品目	324、328	
日米包括経済協議	324、328	
日韓基本条約	168、171	
日韓新漁業協定	175	
日韓請求権協定	173	
日ソ共同宣言		
	168、171、173、175	
ニッチ産業	250	
日中共同声明	168、171、173	
日中平和友好条約	173	
日本外交の三原則	168、171	
日本銀行	214、218、229	
日本銀行政策委員会	214、218	
日本経団連	132、135	
日本国憲法	36、41	
日本司法支援センター	105	
日本社会党	138、141、142	
日本版金融ビッグバン		
	199、215、216、219、221	
『日本列島改造論』	255	
ニューディール政策		
	182、185、186、294、295、296、297	
認定子ども園	286、291	

ね

ねじれ国会	85、86	
ネルー	155、157	
年金保険	280	
年功序列型賃金	270、272、274	

の

農協	132、135	
農業基本法	247、251	
農業問題	249	
農工間の二重構造	253	
農産物の自由化	247	
農地改革	230、234、237	
能力給	270、274	
ノーマライゼーション		
	279、283、285	
ノン＝ルフールマンの原則		
	29、35	

は

バージニア権利章典	27
バーゼル条約	332、336
パート労働法	271
バイオエタノール燃料	349、353
バイオマス	348、352
排出権(量)取引	333、337
陪審員	104
陪審制	100、107
排他的経済水域	8、12、15
配当金	191、195
パグウォッシュ会議	163、164
派遣切り	270、274、277
派遣労働	272
派遣労働者	274
派閥争い	142
バブル景気	238、240、243
バブル崩壊	238
歯舞群島・色丹島	168、171、173
バリアフリー	279、283
バルト三国	155、161
パレスチナ暫定自治協定	177、178
パレスチナ難民	176、178
パレスチナ紛争	174
パレスチナ問題	176
反ケインズ主義	183
判決	104
バンドン	155
万人の万人に対する闘争	16、18、21
判例法	13

ひ

PL法	254
B規約	28、31、32
B規約に関する選択議定書	28、31
B規約の第一選択議定書	28、32
B規約の第二選択議定書	28、33
PKO協力法	147、148、151
PKO参加5原則	147、148
ヒエラルキー	128
被害者参加制度	100、103、104、107
非価格競争	201、203、205
非核三原則	68
比較生産費説	187、301、302
比較優位	301、307
東インド会社	186
東ティモール問題	174、178、181
東日本大震災	302、350
非関税障壁	301、305、309、313
非拘束名簿式	116、120、123
ビスマルク	294、296、299
非政府組織(NGO)	325
非同盟主義	154
非同盟諸国首脳会議	155、161
1つの中国	168、175、183
一人別枠方式	56、117、119
秘密会	85
秘密選挙	116
ヒモ付き援助	329
ヒモなし援助	329
100条調査権	112
日雇い派遣	270、274、277
評決	100、104
平等	182、185
平等選挙	116
平賀書簡問題	93、95
ビルト=イン=スタビライザー(財政の自動安定化装置)	222、224、226、229
比例区	121
比例代表制	120

ふ

フィスカル=ポリシー	222、224、226、229
フィラデルフィア宣言	294、297、299
フィランソロピー	191、195
フィルマー	19
フェア	215、219
付加価値	206、210
賦課方式	278、282
不起訴処分	105
不況カルテル	199、203
複合企業	205
福祉元年	279、283
福祉国家	22、126
福島	348、352
福島第一原発	163、350
福祉見直し論	279、283、285
福祉六法	279、283
副大臣	85、89
不在者投票	121
不信任	92
不信任決議	108、112
不信任決議権	49
不正受給	283
不逮捕特権	84、88
2つの中国	175
普通選挙	25、116
物価スライド制	279、283
物価変動	207、211
復興金融金庫債	230、237
普天間飛行場	77、81、83
不動産融資総量規制	241、243
不当表示	256
不当労働行為	262、264、267
部分開放	247
部分的核実験禁止条約(PTBT)	162、164
不文法	8、13
プライス	110、112
プライス=リーダー	203
プライバシーの権利	60、64
ブラクトン	9
プラザ合意	238、240、242、245
プラハ演説	169
フランス革命	24
フリー	215、219
フリーライダー	199
BRICs	316、321、323
不良債権	239、241
不良債権処理	243
武力攻撃事態	77、80、83
武力攻撃予測事態	77
武力の行使	72
プルサーマル	349、352
ふるさと納税	109
フルシチョフ	154、156、161
フルタイム労働者	271
プルトニウム	349、352
フレックスタイム制	262、264、266

ブレトン＝ウッズ協定 308、312	**ほ**	ホッブズ 16、17、18
ブレトン＝ウッズ体制 308、311	保安隊 72	北方領土問題 175、177、179
プレビッシュ報告 320	ホイッグ党 134	輔弼 36、40
フロー 206、210	法 12	ボランティア 211
プログラム 55	法案拒否権 45、47、49、51	堀木訴訟 62、64
プログラム規定 60	防衛計画大綱 77	ポリシー＝ミックス 222
プログラム規定説 62、64、67	貿易収支 300、304	ポリス的動物 13
プロシア 38	貿易の促進 308	ホロコースト 30、32
プロシア憲法 43	貿易摩擦 238	本会議 89
ブロック経済 308、310、312、315	法科大学院（ロースクール） 103	本会議中心主義 91
フロンガス 332、336、339	包括的核実験禁止条約（CTBT） 162、164	**ま**
分配国民所得 207、210	封建制 184、186	マーシャル＝プラン 154、161
文民統制（シビリアン＝コントロール） 68	放射性物質 352	マーストリヒト条約 317
	法人税 226	マイナス成長 231、235
	法治主義 9、13	マグナ＝カルタ 22、24
へ	法定受託事務 108、113、115	マクロ経済スライド 279
ペイオフ 239、245	法定手続きの保障 53、57	まちづくり三法 255、259
ペイオフ解禁 239	法テラス 101、105、107	マッカーサー三原則 37、41
ペイオフ凍結 239、243	法の支配 9、11、13	マッカーサー草案 37、41
米州人権条約 31	『法の精神』 9、13	松本案 41
平成景気 243	報復関税 328	窓口規制 218
平成の大合併 109、113	泡沫候補 121	マニフェスト 117、121、123
平和維持軍（PKF） 147	訪問介護ステーション 287	マニュファクチュア（工場制手工業） 182、186、189
平和共存 154	法律 100、104	マネーストック 217
平和原則14か条 146、150	法律案の議決 88	マネタリズム 183、187、189
平和五原則 155	法律の範囲内 13	マルタ会談 155、157
平和10原則 155	法律の留保 9、13、36、40、43	マルチ商法 258
平和条約 171	法律万能主義 13	マンデラ 29
平和的生存権 35、71、75	ボーダン 12	
「平和のための結集」決議 146、153	ホームヘルパー 287	**み**
ベバリッジ報告 294、295、297、299	補完財 198	見えざる手 183、187
ベリンダバ条約 167	北米自由貿易協定（NAFTA） 317	3つのR 341、343、345、347
ベルリンの壁崩壊 157	保護貿易 183、301、305	みなし労働時間制 266
ベルリン封鎖 156	保守合同 138、141	水俣病 344
ペレストロイカ 155、157	保守党 48、134	南スーダン 181
変形労働時間制 266	補助金 109、206、210	ミニマム＝アクセス（最低輸入義務） 247、251
弁護士 105	ポスト京都議定書 333	宮沢内閣 143
返済繰り延べ 320	ポストハーベスト農薬 254、258	未臨海核実験 164、167
ベンチャー企業 246、250	ボスニア＝ヘルツェゴビナ 174、178	民営化 185
変動相場制 309、310、311、313	細川連立内閣 135、139、143	民間設備投資 237
	北海道旧土人保護法 29、33、61	民事裁判 97
	ホットライン 154	民主集中制 45、49
		民主主義の学校 108、110、112

民主政治	8、11
民主党	49、143
民族自決権	28
民族浄化	174、178
民族紛争	155、157
民定憲法	36、41、43

む

無過失責任	254、259、340
無過失責任の原則	261、345
無限責任社員	191、194
無差別平等主義	313
無償援助	304
無担保コール翌日物金利	219、239、243、245
無党派知事	109、112

め

名望家政党	133、134
名目成長率	208
名目値	207、211
命令	100、104
メジャー（国際石油資本）	316、320
メセナ	191、195
MERCOSUR	317

も

持株会社	203、215
持株会社の解禁	199、215
モスクワ五輪	168
モスクワ条約	168、170
MOX燃料	349、352
モノカルチャー経済	316、318、320、323
モラトリアム	320
モラルハザード	191
森永ヒ素ミルク事件	258
もんじゅ	349
問責決議	85、86
モンテスキュー	9、13、15、45、47、49
モントリオール議定書	332、336

や

薬害	258
薬害エイズ	261
薬事法訴訟	53、55、59
薬事法薬局開設距離制限規定	57
夜警国家	22、25、126、189
靖国神社への公式参拝	56、59
ヤルタ会談	154、156

ゆ

唯一の発券銀行	214、218
唯一の立法機関	84、88
友愛会	295、296
有害商品	256
有形資産	206、210
有限会社	191、192、194
有権者	134
有限責任社員	191、194
有効求人倍率	271、275
有効需要	182、183、185、186、187、189
有事関連法制	79
有事法制	80、83
夕張市	109
郵便法訴訟	60、64
EURATOM	317
ユーロ	317、321
雪解け	156
ユニオン＝ショップ	265
輸入数量制限	301、305、313
UNEP（国連環境計画）	333、337
ゆりかごから墓場まで	294、297

よ

要介護認定	287、291
容器包装リサイクル法	341、345
幼保一体化	286、291
預金保険機構	239、245
抑制と均衡	9、11、13
抑留・拘禁の禁止	57
予算	84
予算先議権	48、51、89
予算の議決	88
預託制度	223
四日市ぜんそく	344
四つの現代化（近代化）	182、187
四つの自由	28、30、32
ヨルダン川西岸地区	174、177、178
四全総	255、259
四大公害病	342、344
四匹の小竜	316

ら

ラウンド交渉	309、313
ラッセル＝アインシュタイン宣言	164、167
ラッダイト運動	24、294、296
ラムサール条約	333、339
ラルフ＝ネーダー	256

り

リーマンショック	274
『リヴァイアサン』	16、18
利益誘導	132
リオ宣言	333、335、337
リカード	183、187、302
リクルート事件	138、141、142、145
リサイクル	341、343、345、347
リサイクル関連法	343、345
リサイクル費用の負担義務	345
利子・配当	304
利子・地代・配当	210
利潤	190、194、210
利潤の最大化	192
リスケジューリング	320
リストラ	235
理性	8、12、15
立法機関	86
立法国家	124
リデュース	341、343、345、347
リユース	341、343、345、347
流通手段	218
領域	10、12

領域支配	12
両院協議会	84
量刑決定	104
量的緩和	239
量的緩和政策	243
リンカーン	10
臨界事故	348、352
臨時会	88

る

累進課税	222、226
累積債務	316、318、320
ルーズベルト	30、32、186
ルソー	16、17、19

れ

令状主義	53、57
冷戦	68
レイチェル＝カーソン	334
レーガノミクス	326
列島改造	259
連合	132、135
連座制	117、121、123
連帯責任	92

ろ

労災保険	283
老人医療費の無料化	283
老人福祉法	279
老人保健制度	282、285
老人保健法	279
労働委員会	262、264、267
労働関係調整法	264、267
労働基準法	264、266
労働協約	262、266、269
労働組合期成会	294、296
労働組合組織率	270
労働組合法	264、267
労働契約	266
労働権	27
労働審判	101、105
労働三権	262、264、267
労働三法	230、234、237
労働者	182、184
労働者移動の自由化	272、277
労働者災害保険	296
労働者災害補償保険	283
労働者派遣事業	274
労働者派遣法	270、274
労働集約型産業	305
労働審判法	101
労働生産性	246、250、253
労働党	48、137、295
老老介護	287
ロースクール（法科大学院）	103
69条解散	84、96
6章半活動	147、151
六か国協議	175、177、179
ロッキード事件	138、142、145
ロック	13、16、17、18
ロックアウト（作業所閉鎖）	262、269
ロビイスト	135、137

わ

ワーキング＝プア	270、274
ワークシェアリング	271、274
ワイマール憲法	22、25、294
ワグナー法（全国労働関係法）	294、295、296、299
ワシントン条約	332
ワルシャワ条約機構（WTO）	154、161

アルファベット

AFTA	317
APEC	317
ASEAN自由貿易協定（AFTA）	317
BRICs	316、321、323
BSE（狂牛病）	254、258
CD（ジュネーブ軍縮会議）	162、165、167
CD（譲渡性預金）	217
CIS	155
COP3	336
CSR	195
CTBT	162、164
DAC	325、329、331
EC	317、321
ECSC	317、321
ECU	317
EEC	317
EPA	272、275、319、321
EU	317、321
EURATOM	317
EU憲法	317、321
FA	231
FTA	319、321
GATT	247、249、251、308、309、311、312
GDP	183、209
GHQ	234
GNI	206、329
GNP	206、209、210、235
IAEA	162、163、164、167
IBRD	308、312
ICBM	170
IMF	308、312
IPCC	333、337
IRA（アイルランド共和国軍）	175
LDC	321
ME	231
MERCOSUR	317
MSA協定	72
NAFTA	317
NATO	154、317、321
NGO	325、329
NI	206
NIEO	316、320
NIES	316
NNP	206、210
NNW	209、211、213
NOx	332
NPT	162、164
NPT再検討会議	162、164、167
OA	231
ODA	300、305、326、329
ODA大綱	325、329
OECD	325、327、329
PCB	254、258
PKF	147
PKO	148、151
PL法	254
PPP	340、345
PTBT	162、164
SALT	168、169、170
SDI	155、161
SDR（IMF特別引出権）	309、313、315
SLBM	170
SOx	332
START	168、169、170
STARTⅡ	168
TPP	321
TVA	186
UNCTAD	316、318、320
UNEP	333、337
UNHCR	29、33、61
UNTAC	151
WTO	154、161、309、311、313

著者紹介

蔭山克秀
(かげやま かつひで)

代々木ゼミナール公民科講師。
愛媛県出身。
早稲田大学卒業。

　学生時代はバブル期だったが、時代に逆行するかのように激安の学生寮に住み、むさ苦しくも早大生らしい青春を謳歌する。大学は授業以外のすべてが楽しく、3年留年。その間にバブルが崩壊し、就職活動で凍死。さすがにこの時期、大いに人生に悩む。しかし、それらがすべて今日代ゼミで教壇に立つ上での糧になっていると信じている。

　授業では政治分野・経済分野・倫理分野の区別なく、受験に必要なすべての範囲を偏りなく、しかもわかりやすく教えることをモットーとしている。生徒からは「先生の政・経のわかりやすさと面白さは別次元!」と、熱烈に支持されている。

　著書は『蔭山のセンター倫理』『蔭山のセンター現代社会』『蔭山のセンター政治・経済』『蔭山のセンター倫理ポイント&キーワード』(以上、学研教育出版)、『決定版　蔭山克秀の政治・経済が面白いほどわかる本』(中経出版)など多数。

　何事もほどほどに行動することが苦手で、熱中しやすい。現在の趣味は散歩(毎回20km近く歩く)、マンガ読書(最新作から旧作まで一気に20～30冊読む)。

スタッフ

ブックデザイン	グルーヴィジョンズ
イラストレーション	濱口博文(Hama-House Illustrations)
図版作成協力	関谷由香理
編集協力	佐野美穂、高木直子、佐藤玲子、株式会社U-Tee
DTP	株式会社ジャパンアート
印刷	株式会社リーブルテック